9783925205798

Auf der Suche

Osho über die „Zehn Stiere des Zen"

OSHO
VERLAG

Die Vorgabe zu diesem Buch ist das gesprochene Wort Oshos. Seine „Talks",
über „Die zehn Stiere des Zen", 1977 aus dem Stegreif vor einer großen Zuhö-
rerschaft in der Osho Commune in Poona gehalten, wurden vom Tonband übersetzt. Die Redaktion der deutschen Übersetzung folgt der englischen Buchaus-
gabe und gibt wie diese so genau wie möglich den spontanen Redefluß Oshos
wieder.

Die deutschen Texte von „Die zehn Stiere des Zen" in dieser Ausgabe folgen
der englischen Übersetzung von Nyogen Senzaki und Paul Reps. Diese, sowie
die Illustrationen von Tomikichiro Tokuriki, wurden dem Buch Zen Flesh, Zen
Bones entnommen (Penguin Books 1973).

Titel der Originalausgabe
The Search, Talks on the Ten Bulls of Zen

1. Auflage 1981, Sambuddha Verlag

2. Auflage 1996
© Copyright, auch der Übersetzung:
Osho International Foundation, Zürich, 1996
Übersetzung: Swami Prem Nirvano, Ma Deva Shanta
Umschlaggestaltung: Ma Deva Bunda
Druck: Wiener Verlag, Himberg, Österreich
Printed in Austria

Inhalt

4 Vorwort

9 Die Suche nach dem Stier
Das Entdecken der Spuren

43 Frag nicht warum!

69 Ein Diskurs ohne Worte

81 Der Stier wird entdeckt
Der Stier wird gefangen

119 Das Glück kennt kein Morgen

155 Der Stier wird gezähmt
Der Heimritt auf dem Stier

189 Komm rein!

221 Der Stier ist transzendiert
Stier und Selbst sind transzendiert

255 Das Ziel heißt Leben!

283 Rückkehr zur Quelle
In der Welt

316 Über Osho

Eine Reise nach innen

Wir beginnen heute eine einmalige Pilgerreise…"

Das sagt Osho in seiner Einführung zu dieser Geschichte, die so alt ist, daß niemand ihren Ursprung kennt. Sie stammt aus China und bestand anfangs aus einer Folge von nur acht Bildern – ein taoistischer Comic Strip, simple Verkehrszeichen auf der Straße nach innen.

Im zwölften Jahrhundert fügte der chinesische Meister Kakuan der alten Erleuchtungsfibel noch zwei weitere Bilder hinzu, und seither wird die Geschichte als „Die zehn Stiere des Zen" überliefert.

Wie kommt ein Erleuchteter darauf, eine Bildgeschichte zu malen, in der ein Mann nach einem Stier sucht, den er verloren hat, dann seine Spuren findet und in einem wahren Kraftakt den Widerstand des Tieres bricht, es zähmt und auf seinem Rücken flötespielend nach Hause reitet? Und wieso erzählt er die gleiche Geschichte dann noch einmal in poetischen Versen, und verdreifacht die Lektion durch Prosa-Kommentare? Und wieso führt, acht Jahrhunderte später, ein moderner Mystiker an zehn aufeinanderfolgenden Morgen seinen Schülern Bild für Bild vor, wie exakt und relevant diese Reisebeschreibung aus grauer Vorzeit noch heute ist?

Weil es sich um die Reise des Menschen, um unsere eigenen Suche handelt. Und weil der Stier nichts anderes symbolisiert als die ursprüngliche Lebens- und Kraftquelle des Menschen.

„Diese zehn Stiere sind Sinnbild der Suche, der Suche, die ich den Menschen nenne", sagt uns Osho. „Der Stier, das ist eure Energie, die unbekannte, fremde Energie, die du bist... Kakuan malte in zehn Bildern die ganze Suche des Menschen – und der Mensch ist eine Suche".

Die zwei Bilder, die Kakuan hinzufügte, sind von besonderer Bedeutung. Nach dem achten und ursprünglich letzten Bild – ein leerer Kreis, Inbegriff der Erleuchtung – erscheint nun als neuntes Bild eine Naturidylle: die Welt ist auch nach ihrer Transzendierung noch da – schöner denn je! Und auf dem letzten Bild verläßt der Erleuchtete seine selbstgenügsame Abgeschiedenheit und geht, in der einen Hand den Wanderstab, in der anderen eine Weinflasche, schnurstracks zum Jahrmarkt der Welt und ist Mensch unter Menschen. Diese letzte Station ist Osho besonders lieb und wichtig: Erleuchtung ist nicht nur etwas Jenseitiges, sondern ebenso Diesseitiges.

Wie wohl keinem spirituellen Meister vor ihm ist Osho gerade daran gelegen, die höchsten Gipfel des Bewußtseins in die Reichweite jedes Menschen zu holen, herunter von den goldenen Altären, wo eifersüchtige und machtbesessene Priester sie für sich gepachtet zu haben vorgaben.

Oshos Antworten auf die Fragen seiner Zuhörer – kapitelweise mit seinen Kommentaren zur Bildgeschichte abwechselnd – sind eine einzige Illustration hierfür. Hier erweist sich der erleuchtete Meister auch als Meister der Sprache, die wir kennen, der Welt, in der wir leben, und versteht uns das mit seinem augenzwinkernden Humor und so manchem saftigen Seitenhieb klarzumachen. Um so mehr geht uns seine Erkenntnis unter die Haut, ebenso mitreißend wie beängstigend – aber da steht er schon bereit und macht uns Mut. Schließlich ist der Weg zu eigener Erkenntnis ein ständiger, alle inneren Kräfte erfordernder Hindernislauf über bisherige Wertschätzungen, Selbstverständlichkeiten, Wünsche hinweg. Dies wissend, vertreibt uns Osho die Zeit, betört uns, umgarnt uns, besticht uns – damit wir nicht aufgeben. Und sieht er uns gar einschlafen, macht er uns mit einem Guß kalten Wassers wieder wach.

So ist denn dieses Buch, je tiefer man sich darauf einzulassen bereit ist, selbst diese Reise nach innen, mit all ihren Gefahren und Überraschungen und Ekstasen.

Viel Spaß auf der Suche nach dem eigenen Stier!

Ma Prem Jivana

Am 27. Februar 1989 beschlossen die Schüler von Bhagwan Shree Rajneesh, ihn künftig OSHO zu nennen.

„Osho", ein Wort aus dem Japanischen, wurde zuerst von dem Schüler Eka als Anrede für seinen Meister Bodhidharma verwendet.

„O" bedeutet „mit großer Hochachtung, Liebe und Dankbarkeit" sowie „Synchronizität" und „Harmonie".

„SHO" bedeutet „multidimensionale Erweiterung des Bewußtseins" und „die Existenz regnet aus allen Richtungen herab".

Die Suche nach dem Stier
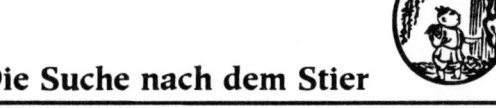

Die Entdeckung der Fußspuren

Die Suche nach dem Stier

Im Weidegrund dieser Welt
biege ich unermüdlich
die hohen Halme beiseite,
auf der Suche nach dem Stier.
Namenlosen Flüssen folgend,
verirrt auf den verworrenen Pfaden ferner Gebirge,
kraftlos und lebensmüde,
kann ich den Stier nicht finden.
Ich höre nur die Grillen durch den nächtlichen Wald zirpen.

Kommentar:

Der Stier ist nie verlorengegangen. Wozu ihn also suchen?
Nur weil ich von meiner wahren Natur abgeschnitten bin, vermag ich ihn nicht zu finden. In meiner Sinnesverwirrung verliere ich sogar seine Fährte. Weit von der Heimat entfernt weiß
ich vor lauter Kreuzwegen nicht, welcher Pfad der richtige ist.
Ich bin verstrickt in Gier und Angst, in Gut und Böse.

Das Entdecken der Spuren

Am Flußufer entlang, unter den Bäumen,
entdecke ich Spuren!
Sogar unter dem duftenden Grase,
entdecke ich seine Fährte.
Tief in fernen Gebirgen wird sie gefunden.
Diese Fährte ist so wenig zu übersehen, wie die eigene Nase,
die zum Himmel hochblickt.

Kommentar:

Im Augenblick, da ich die Lehre verstehe, sehe ich die Spuren des Stiers. Später lerne ich, daß ebenso, wie aus einem einzigen Metall viele Werkzeuge gemacht sind, so auch Myriaden von Einzelwesen aus dem Stoff des Selbst gemacht sind. Wie kann ich, solange ich noch nicht klar sehe, das Wahre vom Unwahren unterscheiden? Zwar bin ich noch nicht durch das Tor getreten, doch den Pfad habe ich jetzt erkannt.

Wir beginnen heute eine einmalige Pilgerreise. Die „Zehn Stiere des Zen" sind einzigartig in der Geschichte des menschlichen Bewußtseins. Die Wahrheit ist auf manche Weise ausgedrückt worden, und es hat sich immer wieder gezeigt: Man kann anstellen, was man will, sie bleibt trotzdem unausgedrückt. Wie immer man sie auch darstellt, sie entzieht sich, sie ist nicht zu greifen. Sie spottet jeder Beschreibung.

Alle Worte, die man für sie gebraucht, können sie nicht fassen. Und kaum hat man sie ausgesprochen, fühlt man sich schon frustriert, als wäre das Wesentliche weggelassen und nur das Unwesentliche zum Ausdruck gebracht worden.

Die „Zehn Zen-Stiere" stellen den einmaligen Versuch dar, das Unausdrückbare auszudrücken. Zunächst also etwas über die Geschichte dieser zehn Stiere.

Ursprünglich gab es nur acht, nicht zehn Bilder. Und sie waren nicht buddhistisch, sondern taoistisch. Ihr Anfang liegt im dunkeln. Niemand weiß, wie es mit ihnen begann, wer die ersten Stiere gemalt hat. Aber im zwölften Jahrhundert hat sie ein chinesischer Zen-Meister namens Kakuan erneut gemalt.

Und nicht nur das, er fügte noch zwei Bilder hinzu, und aus acht wurden zehn. Die taoistischen Bilder hörten mit dem achten auf; das achte ist Leere, Nichts. Aber Kakuan fügte zwei neue Bilder hinzu. Und diese sind genau der Beitrag des Zen zum religiösen Bewußtsein.

Wer sich auf die Reise nach Innen begibt, der verläßt die Welt, der entsagt allem, was ihn auf seinem Wege behindern könnte. Er gibt alles auf, was nicht wesentlich ist, um das Wesentliche suchen, erforschen zu können. Er sucht sich von Lasten freizumachen, damit die Reise leichter fällt. Denn die Reise, diese Reise, geht in die Höhe, zur höchsten Höhe hinauf, die es gibt; zum eigentlichen Gipfel menschlicher Möglichkeiten, zum letzten Höhepunkt. Man verläßt die Welt, man entsagt der Welt... nicht nur der Welt, man entsagt dem Geist, denn der Geist ist die Ursache der gesamten Welt. Die ganze Welt der Begierden, die Welt des Besitzes, ist nur die äußere Seite. Die Innenseite ist der Geist: der begehrliche Geist, der lüsterne Geist, der eifersüchtige, rivalisierende Geist, der Geist voller Gedanken das ist der Same!

Man entsagt dem Äußeren, man entsagt dem Inneren, man wird immer leerer... genau das ist Meditation. Man wird vollkommen leer aber ist das das Ende? Die taoistischen Bilder endeten mit der Leere. Kakuan sagt: Es ist nicht das Ende. Man kehrt in die Welt zurück. Man kehrt zum Marktplatz zurück. Erst dann ist der Kreis geschlossen. Freilich, man kommt völlig erneuert zurück. Man kommt nicht mit dem Alten zurück, das Alte ist fort, fort für immer. Man kommt völlig erneuert, wiederauferstanden, wiedergeboren zurück. Es war zwar nicht dieser Mensch, der fortgegangen war; dieser Mensch kommt absolut zum ersten Mal, taufrisch. Aber: man kehrt in die Welt zurück! Wieder lebt man in der Welt und lebt dennoch jenseits von ihr. Wieder wird man ganz gewöhnlich, man hackt Holz, holt Wasser vom Brunnen, geht, sitzt und schläft; man wird absolut gewöhnlich. Die Leere tief im Innern bleibt unberührt. Man lebt in der Welt, aber die Welt ist nicht mehr in deinem Kopf, die Welt ist nicht mehr in dir. Du lebst unberührt, wie eine Lotusblüte.

Diese beiden Bilder bringen den Sucher zur Welt zurück, und Kakuan hat etwas ungeheuer Schönes getan. Man kommt zum Markt zurück, und mehr als das: man kommt mit einer Flasche Wein, betrunken, vom Göttlichen trunken, um anderen zu helfen, betrunken zu werden, denn es gibt viele, die durstig sind, und es gibt viele, die suchen, viele, die auf dem Weg dahinstolpern. Es gibt viele, die in tiefer Dunkelheit stecken. Man kommt zur Welt zurück aus Mitgefühl. Man hilft anderen Pilgern, das Ziel zu erreichen. Man selbst ist angekommen, jetzt hilft man anderen, anzukommen. Man ist erleuchtet worden; jetzt hilft man anderen, zum gleichen Ziel zu gelangen. Und jeder, aber auch jeder, sucht nach dem gleichen Ziel.

Die acht Stiere des Taoismus sind gut, aber nicht genug. Schön, aber irgendwas fehlt ihnen. Leere das ist vollkommen; aber es gibt noch eine Vollkommenheit mehr zu erreichen. Leere ist vollkommen, laßt es mich wiederholen, und trotzdem gibt es da noch eine Vollkommenheit mehr zu erreichen. Leere ist auf negative Weise vollkommen. Man hat entsagt; das ist negativ, denn man hat noch nicht geliebt. Das Positive fehlt. Das Unglück ist fort, das Elend verschwunden, aber man ist noch nicht ekstatisch. Man hat das Schweigen erlangt und Schweigen ist wundervoll, aber Schweigen ist noch nicht Erfüllung, ist kein Überströmen. Es ist kein seliger Tanz deiner innersten Natur.

Hier geht Kakuan nun über den Taoismus und den Buddhismus hinaus denn beide enden sie in der Leere, als wäre die Reise dort zu Ende. Man ist auf dem Everest angekommen: kühl, gesammelt, still. Welchen Sinn hat es jetzt, zum Markt zurückzukehren? Aber wenn aus deiner Meditation nicht auch Mitgefühl wird, dann versteckt sich darin irgendwie noch dein Ego, dann ist deine Meditation noch selbstsüchtig.

Wenn du nicht weinst, wenn dir nicht Tränen in die Augen kommen um anderer willen, und wenn du dich nicht aufmachst, zurück in die Welt zu gehen, um Leuten zu helfen, die vor sich hinstolpern, dann ist deine Meditation irgendwie noch nicht religiös. Sie hat dir geholfen, du magst dich sehr, sehr wohlfühlen, aber wenn sie nicht zu Mitgefühl wird und nach allen Seiten aus dir strömt, dann ist der Baum ins Stocken geraten und hat noch nicht geblüht. Der Baum ist grün, gesund, sieht vollkommen schön aus, aber ein Baum ohne Blüten bleibt unerfüllt. Ein Baum ohne Blüten mag schön aussehen, aber es gibt noch eine Vollkommenheit mehr zu erlangen. Der Baum muß aufblühen, der Baum muß seinen Duft an die Winde verströmen, auf daß sie ihn in die entferntesten Winkel der Schöpfung tragen können.

Kakuan bringt den Sucher in die Welt zurück. Natürlich ist er ein völlig anderer, und selbstverständlich kann die Welt nicht mehr die gleiche sein. Er kommt zum Markt, aber bleibt in seiner Meditation. Jetzt kann das Marktgewühl nicht mehr zur Ablenkung werden. Solange der Markt zur Ablenkung wird, solange ist deine Meditation noch nicht vollendet. Solange dich irgend etwas ablenken kann, war deine Meditation etwas Aufgesetztes, du hast dich selber still gemacht, du hast dich irgendwie kontrolliert. Deine Meditation ist immer noch nicht spontan, sie ist kein natürliches Strömen, sie ist dir nicht geschehen;

du machst, daß sie geschieht. Daher die Angst, zum Markt zurückzukehren.

Ihr könnt viele Sannyasins im Himalaja finden, die dort festsitzen beim „achten Stier" leer, still, nichts ist verkehrt mit ihnen. Soviel läßt sich sagen, daß nichts mit ihnen verkehrt ist, aber man kann nicht behaupten, daß sie aufgeblüht wären, man kann nicht sagen, daß sie ihren Duft den Winden überlassen hätten. Ihr Licht brennt noch immer nur für sie selbst. Das hat etwas Häßliches an sich. Man mag es nicht sofort sehen, aber wenn man tiefer blickt erkennt man, daß dies Selbstsucht ist. Am Anfang ist es gut selbstsüchtig zu sein, sonst kann man überhaupt nicht wachsen. Aber am Ende, wenn die Meditation wirklich zur Erfüllung kommt, zu einem Crescendo, muß das Ego verschwinden, muß die Selbstsucht verschwinden. Du mußt eins werden mit dem Ganzen.

Und nicht nur das Kakuan sagt, daß man mit einer Flasche Wein zurückkehrt. Ungeheuer wichtig: man kehrt betrunken vom Göttlichen zurück! Man ist nicht nur still, man tanzt, man singt, man wird kreativ. Man läuft nicht einfach nur fort und versteckt sich in einer Höhle. Man ist jetzt so frei, daß es nicht nötig ist, sich irgendwo zu verstecken. Jetzt besteht man nur noch aus Freiheit. Die Welt wird zum neuen Abenteuer. So schließt sich der Kreis: aus der Welt heraus in die Welt zurück. Vom Marktplatz ausgehend auf dem Marktplatz endend. Natürlich vollkommen verändert, denn jetzt hast du keine bestimmte Vorstellung mehr, so daß der Marktplatz so schön für dich ist wie der stille Himalaja. Da gibt es keinen Unterschied. Und die Menschen haben Durst. Du hilfst ihnen, du zeigst ihnen den Weg.

Buddha hat gesagt, daß es zwei Möglichkeiten gibt, wenn jemand zum *Siddha* wird, wenn jemand angekommen ist. Entweder bleibt er dort, wohin er gelangt ist, völlig zufrieden, ohne herauszukommen; dann wird er sein wie ein Teich – frisch, kühl, still, ohne Wellen, nur Teich, gewissermaßen statisch, kein strömender Fluß. Buddha gebrauchte zwei Wörter: Wenn man wie ein stiller Teich wird, nennt er es *Arhat*. *Arhat* bezeichnet einen, der sich vollendet hat, ohne sich aber überhaupt noch um andere zu kümmern. Und das zweite Wort, was er benutzt, ist *Bodhisattva*. Wenn deine Meditation zu Mitgefühl aufblüht, so bist du zum *Bodhisattva* geworden; dann hilfst du anderen und teilst deine Ekstase mit anderen.

Kakuan malte zehn Bilder von der gesamten Suche des Menschen und der Mensch ist eine Suche. Er ist nicht nur ein Sucher: er ist Suche. Vom Augenblick der Empfängnis an beginnt die Suche. Wenn ihr die Wissenschaftler fragt, werden sie sagen, daß der Mann, wenn er sich mit der Frau vereinigt, Millionen von Zellen ausstößt, und daß diese Zellen dann anfangen, blindlings loszurennen, dem weiblichen Ei entgegen. Sie wissen nicht, wo es ist, aber sie haben es eilig. Die Suche hat begonnen. Es sind ganz winzige Zellen, aber sie suchen das Ei.

Eine von ihnen wird ankommen; andere sterben unterwegs. Eine von ihnen wird das Ei erreichen, wird in die Welt geboren werden. Von diesem Augenblick an beginnt das Suchen, geht das Forschen los. Bis zum Tod geht das Suchen weiter.

Sokrates lag im Sterben. Seine Jünger weinten und schluchzten. Das war natürlich, aber er sagte zu ihnen: „Schluß! Stört mich nicht, laßt mich den Tod erforschen. Lenkt mich nicht ab. Ihr könnt später weinen, ich werde bald fort sein. Jetzt im Augenblick laßt mich sehen, was das ist: Tod. Ich habe mein ganzes Leben lang auf diesen Moment gewartet, wo ich in die Wirklichkeit des Todes eindringen kann."

Er wurde vergiftet. Er lag auf seinem Bett und sah zu, was

Tod ist, er erforschte den Tod. Und dann sagte er zu seinen Jüngern: „Meine Füße werden taub, aber ich bin um nichts weniger geworden als ich vorher war. Nichts ist mir weggenommen worden. Das Gefühl meines Daseins ist so heil wie zuvor. Meine Füße sind fort." Dann sagte er: „Meine Beine sind fort, aber ich bin noch der gleiche. Ich kann nicht sehen, daß ich irgendwie weniger geworden wäre. Ich bin nach wie vor das Ganze." Dann sagte er: „Mein Magen fühlt sich taub an, meine Hände sind starr." Aber er war richtig aufgeregt, begeistert. Er sagte: „Trotzdem sage ich euch, ich bin der gleiche, nichts ist mir genommen worden." Und dann fing er zu lächeln an, und er sagte: „Dies zeigt, daß der Tod früher oder später auch mein Herz wegnehmen wird aber mich kann er nicht wegnehmen." Dann sagte er: „Meine Hände sind fort, jetzt sinkt auch mein Herz, und dieses sind jetzt meine letzten Worte, weil meine Zunge taub wird. Aber ich sage euch, vergeßt es nicht, dies sind meine letzten Worte: Ich bin noch der gleiche, unversehrt!"

Das ist Suche bis in den Tod. Von seiner Empfängnis bis zu seinem Ende ist der Mensch eine Suche, die Suche nach der Wahrheit! Und wenn du nicht nach der Wahrheit suchst, bist du kein Mensch. Dann hast du versagt. Dann siehst du höchstens wie ein Mensch aus, bist aber keiner. Nur dem Anschein nach bist du Mensch, aber nicht in deinem Herzen. Und laß dich nicht vom Schein trügen denn wenn du in den Spiegel blickst, magst du glauben, daß du ein Mensch bist. Das beweist gar nichts. Solange deine Suche nicht zu solchen Höhen aufgestiegen ist, daß deine gesamte Energie zur Suche geworden ist, daß du selbst die Suche bist, solange bist du kein Mensch.

Das ist der Unterschied zwischen dem Menschen und anderen Tieren. Sie leben, sie suchen nicht. Sie leben einfach, sie forschen nicht. Kein Tier hat je gefragt: „Was ist Wahrheit? Was

ist Leben? Was ist der Sinn des Lebens? Warum sind wir hier?
Wo kommen wir her? Für welchen Zweck sind wir bestimmt?" Kein Baum, kein Vogel, kein Tier – diese ganze
große Erde hat nie so gefragt. Dieser unermeßlich große Himmel hat sich nie danach erkundigt.

Hierin liegt das Außerordentliche des Menschen. Er ist zwar
sehr klein, und doch größer als der Himmel, denn eines an ihm
ist einmalig: die Suche. Selbst der unendliche Himmel ist nicht
so unendlich wie der Mensch, denn der Himmel mag ein Ende
haben, aber die Suche des Menschen kennt kein Ende. Sie ist
eine ewige Pilgerfahrt anfangslos, endlos.

Diese zehn Stiere sind eine bildliche Darstellung der Suche;
der Suche, die ich den Menschen nenne! Kakuan malte die Bilder, war aber nicht zufrieden. Es sind ungeheuer schöne Bilder,
dennoch, er war nicht zufrieden. Die Wahrheit ist so beschaffen, daß du tun kannst, was du willst du bleibst unzufrieden. Sie
kann nicht ausgedrückt werden. Daraufhin schrieb er Gedichte,
als Ergänzung. Erst malte er die zehn Bilder; unzufrieden dann,
schrieb er zehn kleine Gedichte zur Ergänzung. Was immer in
den Bildern fehlte, wollte er mit den Gedichten ausdrücken.
Wiederum fühlte er sich unzufrieden. Da schrieb er zehn
Kommentare in Prosa. Ich weiß, daß er selbst dann noch unzufrieden gewesen sein muß, aber danach gibt es nichts mehr zu
tun: Die Wahrheit ist unendlich, der Ausdruck ist begrenzt;
aber Kakuan hat sein Bestes getan. Niemand vor ihm oder nach
ihm hat es ihm je gleich getan.

Malerei ist die Sprache des Unbewußten, die Sprache der
Vorstellung, die Sprache der Kinder. Kinder denken in Bildern,
darum müssen in Kinderbüchern so viele Bilder sein, farbige
Bilder. Text ist nur wenig da, und die Bilder sind sehr groß, weil
das der einzige Weg ist, Kinder zum Lesenlernen zu bewegen.

Sie können nämlich nur durch Bilder lernen. Der primitive Geist denkt in Bildern.

Aus diesem Grund wird angenommen, daß Sprachen wie Chinesisch zu den ältesten gehören, denn sie sind bildlich. Die Sprache hat kein Alphabet das Chinesische, Japanische, Koreanische hat keinerlei Alphabet, sondern Tausende von Bildern. Darum ist es so schwer, Chinesisch zu lernen. Ein Alphabet macht die Sache sehr einfach. Für jedes Ding ein Bild! Und wie viele Dinge gibt es nicht auf der Welt!

Und Bilder können nicht sehr genau sein. Sie geben nur einen Hinweis. Wenn man zum Beispiel „Krieg" auf Chinesisch schreiben will, oder „Streit", „Konflikt", dann hat das Chinesische ein Piktogramm dafür: ein kleines Dach, und unter dem Dach sitzen zwei Frauen, das bedeutet Streit. Ein Dach, zwei Frauen. Mit anderen Worten: ein Ehemann und zwei Frauen: Streit! Aber das ist nur ein Hinweis, ein Wink. Kinder denken in Bildern, in Träumen. Was immer sie zu denken haben, sie müssen es sich erst in Bildern vorstellen; und so machen es alle Primitiven. Es ist die Sprache des Unbewußten. Ihr macht es immer noch so. Ihr mögt euch noch so gut artikulieren und noch so geschickt logisch argumentieren können, nachts träumt ihr trotzdem in Bildern. Je primitiver du bist, desto farbiger deine Bilder. Je zivilisierter du bist, desto blasser werden deine Bilder, sie werden mit der Zeit schwarzweiß.

Schwarzweiß, das ist die Sprache der Zivilisation. Farbig wie der Regenbogen, das ist die Sprache der Primitiven. Schwarzweiß ist keine wirkliche Sprache, aber wir, das heißt, alle, die in der aristotelischen Logik erzogen worden sind, wir neigen dazu, in Schwarz und Weiß zu denken, in Gut und Schlecht, Tag und Nacht, Sommer und Winter, Gott und Teufel... Schwarz und Weiß! Andere Zwischenstufen gibt es nicht. Wer ist zwischen Gott und Teufel? Niemand. Das ist nicht möglich. Seht euch einen Regenbogen an: sieben Farben. Schwarz auf einer Seite, weiß auf der anderen Seite, und zwischen diesen beiden eine ganze Skala von Farben, Stufe für Stufe.

Das ganze Leben ist farbig. Denkt in Farben! Denkt nicht in Schwarzweiß! Dies ist eine der größten Seuchen, die die Menschheit befallen hat. Der Name der Seuche ist „Aristotelitis". Sie kommt von Aristoteles. Ihr sagt: „Dieser Mensch ist gut." Was meint ihr damit? Und dann sagt ihr: „Der da ist schlecht." Was meint ihr damit? Ihr sagt: „Dieser Mensch ist ein Heiliger, und der da ist ein Sünder." Was meint ihr damit? Habt ihr je einen Sünder gesehen in dem der Heilige vollkommen verschwunden ist? Habt ihr je einen Heiligen gesehen, in dem der Sünder vollkommen verschwunden ist? Der Unterschied mag ein gradweiser sein, aber schwarzweiß ist er nicht.

Schwarzweiß-Denken macht die Menschheit schizophren. Ihr sagt: „Dies ist mein Freund, und das ist mein Feind." Aber der Feind kann morgen zum Freund werden, und der Freund kann morgen zum Feind werden. Also kann der Unterschied allenfalls relativ sein, nicht absolut. Denkt farbig, denkt nicht Schwarzweiß.

Bildlichkeit ist die Sprache der Kinder und aller primitiven Völker, die Sprache des Unbewußten. Euer Unbewußtes denkt ebenfalls in Bildern.

Kakuan hat es erst mit der Sprache des Unbewußten versucht, weil das die tiefste ist: Er malte diese zehn Stiere. Aber er fühlte sich unbefriedigt und schrieb daraufhin zehn Gedichte zur Ergänzung, als Anhang. Lyrik ist das Mittelding zwischen dem Bewußten und dem Unbewußten: eine Brücke, ein nebliges Land, wo die Dinge nicht ganz im Dunkeln liegen und nicht ganz im Licht, sondern irgendwo dazwischen. Darum kann die Lyrik auch da noch Hinweise geben, wo die Prosa versagt. Prosa ist zu oberflächlich. Lyrik geht tiefer. Lyrik ist indirekter, aber bedeutungsvoller, reicher. Aber noch immer fühlte er sich unbefriedigt. Da schrieb er Prosa-Kommentare.

Erst also schrieb er in der Sprache des Unbewußten, der Sprache der Maler, Bildhauer, Träumer. Dann schrieb er in der Sprache der Dichter, die Brücke zwischen dem Unbewußten und dem Bewußten, die Sprache aller Kunst. Und schließlich schrieb er in der Sprache der Logik, der Vernunft, des Aristoteles, des Bewußten. Darum nenne ich dieses Experiment einmalig, niemand sonst hat das getan. Buddha sprach in Prosa. Meera sang Lieder. Unbekannte Maler und Bildhauer haben vieles geschaffen: Ajanta, Ellora, das Taj Mahal. Aber nie hat ein einziger Mensch alle drei Dinge auf einmal getan.

Kakuan ist einmalig, und er muß ein großer Meister gewesen sein. Seine Malerei ist hervorragend, seine Gedichte sind hervorragend, seine Prosa ist hervorragend. Es kommt selten vor, daß ein Mann auf allen Ebenen, in allen Dimensionen des Bewußtseins so außergewöhnlich begabt ist.

Und nun die Gedichte Kakuans:

Die Suche nach dem Stier

Im Weidegrund dieser Welt
biege ich unermüdlich
die hohen Halme beiseite,
auf der Suche nach dem Stier.

Der Stier ist das Symbol für Energie, Vitalität, Dynamik. Der Stier bedeutet das Leben selbst. Der Stier bedeutet deine eigene innere Kraft, dein Potential. Der Stier ist ein Symbol, das dürft ihr nicht vergessen. Jeder von euch ist schon dort, ihr habt auch dies Leben, aber ihr wißt nicht, was Leben heißt. Ihr habt die Energie, aber ihr wißt nicht, woher diese Energie kommt und welchem Ziel diese Energie zustrebt. Du bist diese Energie. Aber trotzdem ist dir nicht bewußt, was diese Energie ist. Unbewußt lebst du dahin. Du hast dir die fundamentale Frage noch nicht gestellt: Wer bin ich? Diese Frage ist das gleiche wie die „Suche nach dem Stier". Wer bin ich? Und wie kannst du nur weiterleben, solange du das noch nicht erkannt hast? So wird das Ganze sinnlos enden, denn die eigentliche Frage ist weder gestellt noch beantwortet worden. Solange du dich selbst nicht kennst, wird alles, was du tust, sinnlos sein. Erste Bedingung ist es, sich selbst zu kennen. Aber was geschieht? Wir gehen immer am Grundsätzlichsten vorbei und kümmern uns um Nebensächlichkeiten.

Ich habe eine Anekdote gehört:

Eine junge Frau plante ihre Hochzeit. Sie besuchte das Hotel, wo der Empfang stattfinden sollte. Sie sah sich alles ganz genau an, gab Anweisungen, wo die Bowle stehen sollte, wo die Brautjungfern stehen sollten, und sagte dann zum Hotel-Manager: „Beim Empfang wird meine Mutter hier stehen und ich neben ihr, und hier zu meiner Rechten wird dann... na, wie heißt er denn gleich?... zu stehen kommen."

Sie hatte den Namen des Bräutigams vergessen! Im Leben kommt es laufend vor, daß ihr euch eingehend um das Sinnlose kümmert und das Allerwichtigste vollkommen vergeßt.

Was ist dein Name? Der Name, unter dem du dich selbst kennst, ist nur ein gegebener Name, er ist rein zweckmäßig. Jeder andere Name würde es auch tun. Du heißt „Ram", du könntest „Hari" genannt werden, es macht keinen Unterschied. Was ist dein wirklicher Name? Was ist dein ursprüngliches Gesicht? Wer bist du? Du magst große Häuser bauen, du magst große Wagen kaufen, du magst dies und das zustande bringen, und wenn du stirbst, hinterläßt du ein dickes Konto auf der Bank alles unwichtig, und du bist nie auf die wirkliche Suche gegangen, wer du bist.

Der Stier bedeutet deine Energie – die unbekannte, fremde Energie, die du bist. Die ungeheure Energie, aus der du entstanden bist und die in dir weiterwächst wie ein Baum. Das, was diese Energie ist, das symbolisiert der „Stier".

Im Weidegrund dieser Welt
biege ich unermüdlich die hohen Halme beiseite,
auf der Suche nach dem Stier.

Was sind die hohen Halme? Symbolisch. Dichtung spricht in Symbolen. Malerei malt Symbole, Dichtung spricht Symbole. Das hohe Gras sind die Begierden, darin geht dein Stier verloren. Soviele Begierden, die an dir herumzerren! So viele Wünsche! Ein ständiges Tauziehen: Ein Verlangen zieht dich nach Norden, ein anderes nach Süden.

Das ganze Leben ist ein einziges Gerenne hinter allen möglichen Wünschen her. Am Ende erreicht man nichts; nichts als Enttäuschungen, ein Haufen zerschlagener Träume. Schau zurück, was hast du erreicht? Du bist gerannt und gerannt, wo hat es dich hingebracht? Das sind die hohen Gräser…

Geld zieht dich an, Macht zieht dich an, ohne daß du dich fragst: „Warum soll ich hinter diesen Dingen herrennen?" Wir rennen immerzu. Ja, und weil die ganze Gesellschaft rennt, bekommt jedes Kind die Seuche vererbt. Jeder rennt, das Kind lernt durch Nachahmung. Der Vater rennt, die Mutter rennt, der Bruder rennt, die Nachbarschaft rennt, alle rennen hinter Macht, Ansehen, Geld, weltlichen Dingen her. Unbewußt wird das Kind ebenfalls in den Hauptstrom des Lebens hineingezwungen. Ehe das Kind zu denken anfangen kann, rennt es schon.

In unseren Schulen lehren wir den Konkurrenzkampf, nichts anderes. In unseren Schulen bereiten wir die Kinder auf den größeren Konkurrenzkampf des Lebens vor. Dort wird tatsächlich nichts anderes getan als geprobt, wie man zu kämpfen hat, wie man sich profiliert, wie man andere hinter sich zurückläßt, wie man an die Spitze kommt. Aber niemand stellt die Grundfrage: Wozu? Wozu soll man überhaupt an die Spitze wollen? Was machst du, wenn du an der Spitze bist? Wenn du der Präsident eines Landes bist, was machst du dann? Wie kann dich das erfüllen?

Es ist so, als würden wir jemanden, der Durst hat, auf eine Fährte schicken, die zu immer mehr Geld führt. Er geht hin, kämpft sich ab, häuft viel Geld an, aber Geld hat mit Durst überhaupt nichts zu tun! Dann plötzlich fühlt er sich frustriert. Dann sagt er: „Geld bringt nichts. Aber jetzt ist es zu spät."

Sieh nach, was dein inneres Bedürfnis ist, und dann arbeite dafür, und arbeite dafür mit Fleiß und Intelligenz. Aber sieh erst nach, was dein inneres Bedürfnis ist. Und das innere Bedürfnis kann erst erkannt werden, wenn du erkennst, wer du bist.

Wenn du verstehen kannst, was deine Energie ist, wirst du auch verstehen können, was dich erfüllen wird. Andernfalls rennst du immer weiter, ohne dich zu kennen. Du rennst fast wie ein Wahnsinniger. Halte am Wegrand an, meditiere ein wenig, überdenke, was du tust, wofür du es tust. Renne nicht wie im Fieber, denn dein Gerenne treibt dich nur dazu, immer schneller zu rennen. Dein Rennen macht dich mit der Zeit unfähig, anzuhalten. Du wirst immer weiter irgend etwas tun; es wird zur Gewohnheit. Nur so fühlst du dich noch lebendig.

Ich kenne Leute, die genug Geld verdient haben. Sie könnten sich jetzt zur Ruhe setzen. Und wirklich, ihr ganzes Leben lang haben sie gesagt, daß sie sich zurückziehen würden, sobald sie genug Geld verdient hätten. Aber sie setzen sich nicht zur Ruhe.

Ich kenne einen Mann, bei dem ich in den letzten zwanzig Jahren oft zu Gast war. Jedesmal, wenn ich in Kalkutta war, wohnte ich bei ihm, und jedesmal sagte er: „Ich zieh mich bald zurück; ich hab jetzt genug. Es müssen nur noch ein paar Dinge geregelt werden, denn es ist nicht gut, unabgeschlossene Dinge zu hinterlassen. Aber dann zieh ich mich zurück."

Als ich ihn das letzte Mal besuchte, fragte ich ihn: „Wann denn? Willst du dich etwa nach deinem Tod zur Ruhe setzen? Und immer sagst du, daß du erst deine Geschäfte abschließen mußt, und immer fängst du etwas Neues an, also können sie nie abgeschlossen werden."

Er sagte: „Nein, jetzt hab ich den Termin festgesetzt. In zehn Jahren werde ich mich zur Ruhe setzen."

Damals war er sechzig. Jetzt ist er tot. Er hat hart gearbeitet und gelebt wie ein Bettler, in der einzigen Hoffnung, eines Tages zu genießen. Aber als er Geld hatte, war er besessen, mehr zu haben, immer mehr...

Etwas muß grundsätzlich verstanden werden: Diese Dinge werden dich nicht erfüllen, denn es sind keine Grundbedürfnisse. Man braucht etwas anderes. Aber dies „andere" muß in dir selbst gesucht werden. Niemand anderer kann dir die Richtung zeigen. Du hast deine Bestimmung in dir. Du hast den Bauplan in dir. Ehe du anfängst, hinter etwas herzurennen, ist es das Allerwichtigste, die Augen zu schließen, dich auf dich selber einzustimmen, auf deine Energie, und auf sie zu hören und was immer sie sagt, ist gut für dich. Dann wirst du Erfüllung spüren. Nach und nach wirst du deiner Blütezeit näherkommen, deinem Aufblühen.

Aber die Menschen haben Angst, sie selbst zu werden. Die Leute haben große Angst, sie selbst zu sein; denn wenn du versuchst, du selbst zu sein, wirst du allein sein. Jeder ist einmalig und allein. Wenn du versuchst, du selbst zu sein, wirst du Alleinheit erfahren. Und so folgen die Leute den anderen, der Masse; sie werden eins mit der Masse. Dort fühlen sie sich nicht allein, sie sind von Menschen umgeben, es sind so viele Leute da! Wenn du meditierst, bist du allein. Aber wenn du wie verrückt hinterm Geld her bist, wirst du nie allein sein die ganze Welt rennt in die gleiche Richtung. Wenn du nach Gott suchst, bist du allein, aber wenn du Politik willst, Macht, dann ist die ganze Welt mit von der Partie, du wirst nie alleingelassen.

Alle haben Angst vor dem Alleinsein. Und wenn die Leute Angst vorm Alleinsein haben, können sie sich niemals selbst erkennen, können sie nie auf die Suche nach dem Stier gehen.

Walter Kaufmann hat ein neues Wort geprägt für eine ganz bestimmte Angst, die es zwar schon immer gab, für die aber bisher kein Wort existierte. Er nennt sie „Decidophobie" Entscheidungsangst. Die Leute haben Angst davor, selbst zu entscheiden: „Decidophobie". Sie lassen andere für sich entscheiden, sie wollen nicht die Verantwortung tragen.

Du bist zufällig in eine Hindu-Familie hineingeboren worden, oder in eine christliche Familie. Damals hast du dir deine Religion von deinen Eltern aussuchen lassen. Wie können deine Eltern über deine Religion entscheiden? Wer sind sie, über deine Religion zu entscheiden? Und wie kann das durch die

Geburt geschehen? Geburt hat nichts mit Religion zu tun. Wie kann die Geburt entscheiden? Die Eltern deiner Eltern haben die Religion für sie bestimmt, und so weiter und so fort. Und du wirst die Religion deiner Kinder bestimmen.

Geborgt! Es muß eine tiefe Angst geben, auf sich selbst gestellt zu entscheiden. Die Angst ist, daß du dich irren kannst, wenn du selbst entscheidest; wer weiß, vielleicht entscheidest du dich falsch? Es ist besser, andere entscheiden zu lassen. Sie wissen mehr, sie haben mehr Erfahrung. Laß die Tradition entscheiden, laß die Gesellschaft entscheiden, laß die Politiker entscheiden, laß die Priester entscheiden. Eines ist gewiß: Andere müssen entscheiden, damit du frei bist von der Verantwortung dich entscheiden zu müssen.

Daher folgen die Leute ständig anderen, und jeder verfehlt ständig seine eigene Individualität.

Man kann Entscheidungen auf zwei Arten vermeiden. Die eine ist: laß andere entscheiden. Die zweite: entscheide nie, laß dich einfach treiben. Beides ist das gleiche, denn es geht darum, die Verantwortung für deine Entscheidung nicht zu übernehmen. Die junge Generation hat die zweite Form gewählt – sich treiben zu lassen. Die ältere Generation hatte die erste Form gewählt: andere für sich entscheiden zu lassen. Du wirst deinem Vater vielleicht nicht erlauben, für dich zu entscheiden, aber das heißt nicht, daß du selbst entscheiden wirst. Du wirst nur dahintreiben, alles so tun, wie es grad kommt... du wirst zu Treibholz.

So oder so wird die Suche unmöglich. Die Suche bedeutet Entschlossenheit. Die Suche bedeutet: ein Risiko eingehen. Merkt euch also dies Wort „Decidophobie" Entscheidungsangst. Hab keine Angst, laß sie fallen, wer sonst soll für dich entscheiden? Niemand kann für dich entscheiden. Sicher, andere können helfen, andere können den Weg zeigen, aber die Entscheidung muß deine eigene sein. Denn durch deine Entscheidung wird deine Seele geboren.

Je entschiedener du wirst, desto einheitlicher wirst du. Je mehr du die Verantwortung für dein volles Engagement auf dich nimmst... das ist natürlich sehr gefährlich, aber das Leben ist gefährlich.

Ich weiß, es gibt viele Möglichkeiten, sich zu verirren, aber dies Risiko muß eingegangen werden. Die Möglichkeit sich zu irren ist da, aber man lernt aus Irrtümern. Leben ist Lernen durch Irrtum.

Ich habe gehört:

Im achtzehnten Jahrhundert gab es in Frankreich eine kraftlose und privilegierte Aristokratie, und ein armer Gelehrter wurde eingestellt, um dem Sproß eines der Herzogshäuser der Nation die Geometrie beizubringen.

Mit viel Geduld führte der Gelehrte den jungen Edelmann durch eine der frühesten Theoreme des Euklid, aber bei jeder Pause lächelte der junge Mann liebenswürdig und sagte: „Guter Mann, ich kann nicht folgen."

Seufzend machte der Gelehrte die Sache einfacher, ging langsamer vor, benutzte eine elementarere Sprache, aber dennoch sagte der junge Edelmann: „Guter Mann, ich kann Ihnen nicht folgen."

Verzweifelt klagte endlich der Gelehrte: „Monseigneur, ich schwöre Euch, daß es so ist, wie ich es sage!"

Woraufhin der Edelmann aufstand, sich höflich verbeugte und antwortete: „Aber warum haben Sie das nicht gleich gesagt! Wir hätten dann zum nächsten Theorem übergehen können. Wenn Sie mit Ihrem Ehrenwort dafür einstehen, hätte ich mir nicht träumen lassen, Sie anzuzweifeln."

Aber das Leben hat nichts mit irgendeines Menschen Ehrenwort zu tun. Es ist kein Theorem. Es ist keine Theorie. Du kannst nichts annehmen, nur weil irgendein anderer mit Autorität erklärt, daß es so ist. Autorität ist ein Trick. Dahinter versteckt ihr eure Angst.

Du mußt entscheiden. Entscheidungen können tödlich sein, aber anders geht es nicht. Du magst in die Irre gehen, aber daran ist nichts verkehrt. Indem du in die Irre gehst, wirst du etwas lernen, wirst du reicher werden. Du kannst zurückkommen und du wirst froh sein, daß du dich verirrt hast, denn es gibt viele Dinge, die du nur lernen kannst, indem du dich verirrst, und es gibt Tausende von Dingen, die nur gelernt werden können, wenn du Mut genug hast, Fehler zu machen. Du mußt dir nur eines merken: Mach nicht immer wieder den gleichen Fehler.

Wenn Religion von anderen entschieden wird ist keine Suche nötig. Dein Vater sagt: „Gott ist." Deine Mutter glaubt an Himmel und Hölle, also glaubst du's auch. Die Autorität, die Priester, die Politiker. Sie sagen etwas, und du glaubst es. Du drückst dich. Indem du glaubst, gehst du dem Vertrauen aus dem Weg. Glaube ist der Feind des Vertrauens. Vertraue dem Leben! Glaube nicht den Ideologien, vermeide sie! Vermeide jeden Glauben: Hinduismus, Islam, Christentum. Suche auf dich selbst gestellt. Du findest vielleicht die gleiche Wahrheit. Du kommst dort an, denn es gibt nur eine Wahrheit. Hast du sie einmal gefunden, kannst du sagen: „Ja, die Bibel hat recht!", aber nicht eher. Hast du sie einmal gefunden, kannst du sagen: „Ja, die Veden haben recht!" aber nicht eher. Solange du es nicht erfahren hast, solange du nicht ein Zeuge dafür bist, persönlich, sind alle Veden und alle Bibeln nichts wert. Sie werden dich belasten, sie werden dich nicht freier machen.

Im Weidegrund dieser Welt
biege ich unermüdlich
die hohen Halme beiseite
auf der Suche nach dem Stier.
Namenlosen Flüssen folgend,
verirrt auf den verworrenen Pfaden ferner Gebirge,
kraftlos und lebensmüde,
kann ich den Stier nicht finden.
Ich höre nur die Grillen durch den nächtlichen Wald zirpen.

Die Suche ist schwierig, weil die Wahrheit unbekannt ist.
Die Suche ist schwierig, weil die Wahrheit nicht nur unbekannt
ist, sie ist unkennbar. Die Suche ist schwierig, weil der Sucher
sein ganzes Leben dafür riskieren muß. Daher sagt Kakuan:
„Namenlosen Flüssen folgend…" Folgst du den Heiligen
Schriften, dann folgst du Flüssen mit Namen. Wenn du einer
bestimmten Religion folgst, einer Sekte, einer Kirche, dann be-
sitzt du eine Landkarte und es kann keine Karte für die Wahrheit geben. Es kann keine Karte geben, denn die Wahrheit ist
privat, nicht öffentlich. Karten können alle einsehen. Sie sind
nötig, damit auch andere folgen können. Auf der Karte sind
nur Autobahnen verzeichnet, keine schmalen Fußpfade, und
Religion ist ein Fußpfad, keine Autobahn. Du kannst nicht als
Christ oder Hindu oder Mohammedaner zu Gott gelangen.
Du erreichst ihn als du, als du in deiner Authentizität, und du
kannst nicht dem Pfad eines anderen folgen.

Namenlosen Flüssen folgend,
verirrt auf den verworrenen Pfaden ferner Gebirge,
kraftlos und lebensmüde,
kann ich den Stier nicht finden.

Und es kommt auf der Suche der Augenblick, da man sich vollkommen erschöpft fühlt, müde. Man meint, es wäre besser gewesen, man hätte diese Suche nie begonnen. Man fühlt sich so frustriert, daß man anfängt, neidisch auf jene zu werden, die sich nie um solche Dinge gekümmert haben. Dies ist natürlich, aber das ist genau der Moment, wo die wahre Suche beginnt.

Diese erschöpfte Energie, diese Müdigkeit, ist die des Geistes. Der Geist ist müde, weil er nur allzu gerne Landkarten folgt. Über das Bekannte bleibt der Geist Herr: Vor dem Unbekannten, dem Fremden, ist der Geist absolut ratlos. Der Geist kann nicht kapieren, was los ist, der Geist fühlt sich müde, der Geist fühlt sich erschöpft. Der Geist sagt: „Was tust du nur? Warum verschwendest du dein Leben? Geh zurück! Komm wieder in die Welt, sei wie andere Leute! Folge der Masse, gib es auf, individuell sein zu wollen."

Daher seht ihr niemals Hippies, die älter als fünfunddreissig sind. Spätestens dann sind sie müde, spätestens dann beginnen sie, an die Ehe zu denken, an ein gesichertes Leben, an ein Haus. Spätestens dann werden aus ihnen angepaßte Leute. Spätestens dann haben sie die ganze Revolution und die Rebellion und all den Unfug vergessen. Sie schließen sich dem Status quo an. Müde, erschöpft, ja, sogar reuig, mit gewissen Schuldgefühlen.

Dieser Augenblick kommt bei jedem, der sucht. Es ist ein entscheidender Augenblick. Und wenn du weitergehen kannst, selbst im Gefühl der Erschöpfung, der Müdigkeit, der Frustration, wenn du dennoch immer weitergehen kannst, dann gibt der Verstand es auf, und die ersten Lichtblitze der Meditation erscheinen.

Das zweite Gedicht:

Am Flußufer entlang, unter den Bäumen,
entdecke ich Spuren!

Wenn du weitergehst, wenn du nicht auf den Verstand hörst,
und auf sein Spiel von Müdigkeit und Erschöpfung, von diesem
und jenem...

Der Verstand will dich zurückzerren, zurück zur Herde, zur
Masse. Der Verstand will, daß du dich einer Ideologie an-
schließt, einer Kirche, so daß du nicht jeden Schritt allein zu
entscheiden brauchst. Alles ist schon entschieden, alles ist fix
und fertig. Du brauchst bloß dran zu glauben.

Am Flußufer entlang, unter den Bäumen,
entdecke ich Spuren!
Sogar unter dem duftenden Grase,
entdecke ich seine Fährte.
Tief in fernen Gebirgen wird sie gefunden.
Diese Fährte ist so wenig zu übersehen, wie die eigene Nase,
die zum Himmel hochblickt.

Der Verstand fiel. Und den Verstand gibst du nur auf, wenn du
immer weiter und weitergehst, auch wenn der Verstand dir rät,
anzuhalten. Wenn du nicht auf den Verstand hörst und du zu
ihm sagst: „Ich will weiterfragen, ich will weiterforschen, wenn
du müde bist, kannst du gern hinfallen," dann wird er sich noch
ein wenig an deine Fersen heften, aber wenn du nicht hinhörst
und du distanziert und unbetroffen bleibst und deine Augen dort
aufs Ziel gerichtet hältst, auf den Stier, so wirst du auf Spuren
stoßen. Sie sind immer dagewesen, nur du warst zu übervoll von
Gedanken, zu sehr vom eigenen Geist umwölkt. Daher warst du
nicht imstande, diese unmerklichen Fußspuren zu sehen.

Am Flußufer entlang, unter den Bäumen, entdecke ich Spuren!
Sogar unter dem duftenden Grase…

Ich sagte euch, daß die hohen Grashalme die Begierden darstellen. Und nun findet ihr sogar unter dem Gras, sogar unter euren Begierden die gleichen Spuren des Stiers! Selbst unter Begierden findet ihr Gott verborgen. Sogar unter den sogenannten weltlichen Dingen habt ihr etwas Jenseitiges gesucht.

Wenn ein Mensch nach immer mehr Geld sucht, wonach sucht er dann in Wirklichkeit? Nach Geld? Wenn er Geld sucht, würde er an einen Punkt kommen, wo er zufrieden sein kann… aber dieser Punkt kommt nie. Es scheint, er sucht nach etwas anderem.

Aus Versehen nach Geld suchend, will er etwas anderes finden. Er will reich sein… Laßt es mich einmal so sagen:

Ein Mensch, der nach Geld sucht, will reich sein; aber er weiß nicht, daß reich sein etwas völlig anderes ist, als Geld zu haben. Reich zu sein heißt, alle Erfahrungen machen zu können, die das Leben dir geben kann. Reich zu sein heißt, ein Regenbogen zu sein, nicht schwarzweiß, sondern alle Farben auf einmal. Reich sein heißt reif sein, hellwach, lebendig.

Der Mann, der nach Geld sucht, sucht nach etwas anderem. Darum ist nichts gewonnen, wenn er zu Geld kommt. Der Mensch, der nach Macht sucht, wonach sucht er wirklich? Er möchte wie Gott sein; und wer in der Welt Macht hat, sagt er sich, kann so tun als sei er Gott. Hinter seiner Suche nach Macht versteckt sich die gleiche Suche nach Gott. Wenn er also zur Macht gelangt, fühlt er sich plötzlich machtlos, innerlich impotent. Außen: Reichtümer, innen: arm, ein Bettler.

Sogar unter dem duftenden Grase,
entdecke ich seine Fährte.

Tief in fernen Gebirgen wird sie gefunden.
Diese Fährte ist so wenig zu übersehen, wie die eigene Nase,
die zum Himmel hochblickt.

Und dann ist man überrascht. „Wie war es möglich, daß ich diese Spuren nicht sehen konnte? Sie sind direkt vor mir! Sie sind immer dagewesen, wie meine eigene Nase!" Aber wenn deine Augen geschlossen sind, oder umwölkt, dann kannst du nicht sehen.

Ich habe eine Anekdote gehört:

Es war spät, und wegen ein paar Umleitungen hatte sich ein Mann völlig verfahren. Er hielt bei einem Bauernhaus, um nach dem Weg zu fragen: „Fahre ich so richtig nach Atlanta?" fragte er die Frau, die ihm aufmachte.

„In welche Richtung fahren Sie denn?" fragte sie.

Unsicher, in welche Richtung er eigentlich fuhr, versuchte er es noch einmal: „Ich meine, zeigen meine Scheinwerfer in die richtige Richtung?"

„Ja", sagte die Frau, „wenigstens die roten."

So ist eure Situation. Je schneller du rennst, desto verwirrter bist du. Je eiliger du es hast, umso mehr Verwirrung befällt dich.

Und nach und nach verlierst du jeden Orientierungssinn. Du zischst einfach nur immer herum, von hierhin nach dorthin. Geschwindigkeit wird zum Selbstzweck, man meint, irgendwie schon irgendwo anzukommen, wenn man nur rennt. Von daher die Sucht nach Geschwindigkeit. Es ist eine Neurose.

Die gesamte Wissenschaft ist damit beschäftigt, alles noch schneller zu machen. Niemand fragt, wo die Reise hingeht.

Und wie ich sehe, zeigen eure Rücklichter in die richtige Richtung.

Irgendwo weit hinter euch habt ihr euer Zuhause schon verlassen. Irgendwo an der wahren Quelle eures Wesens liegt eure Heimat. Aber in einem Punkt habt ihr es gut: nämlich, daß ihr machen könnt, was ihr wollt, ihr könnt euch nicht sehr weit von der Heimat entfernen, denn was immer ihr tut, es ist eine Art Schlafwandelei.

Eine Frau kam aufgeregt zum Arzt: „Herr Doktor, mein Mann leidet an Gedankenflucht... "

Der Arzt sagte: „Keine Angst, er kann nicht sehr weit kommen, ich kenne Ihren Mann."

Ich kenne euch. Ihr könnt nicht weit kommen, denn in Wirklichkeit träumt ihr nur von der Geschwindigkeit, von Fortbewegung, vom Ziel. Ihr seid fest am Schlafen. Es spielt sich alles nur in eurem Kopf ab, nicht in Wirklichkeit.

Daher sagt Zen, daß sich die Erleuchtung noch im gleichen Augenblick, wo du reif bist, ereignen kann eben weil ihr nicht sehr weit zu gehen braucht. Wenn eure Reise eine wirkliche Reise wäre, dann wäre plötzliche Erleuchtung nicht möglich. Dann müßtet ihr erst zurückkommen. Ihr müßtet die gleiche Entfernung wieder zurücklegen.

Und ihr seid schon seit Millionen von Leben unterwegs. Wenn die gleiche Entfernung zurückgelegt werden müßte, dann wäre Erleuchtung praktisch unmöglich. Wenn Erleuchtung stufenweise geschehen würde, wäre sie fast unmöglich. Zen sagt, daß es schnell geht: Genauso, wie einer fest schläft und dabei träumt, er wäre zum Mond gefahren. Wenn er aber am Morgen die Augen aufmacht, wo wird er sich dann wiederfinden? Auf dem Mond? Er wird sich hier und jetzt wiederfinden. Der Mond wird mit dem Traum zugleich verschwinden. Die Welt ist ein Traum. Nicht, daß sie nicht existierte; nicht, daß sie nicht da wäre; die Welt ist deshalb ein Traum, weil die Welt, so wie ihr sie euch denkt, nichts als euer Traum ist; denn ihr schlaft. Unbewußt, schlaftrunken bewegt ihr euch und macht alles mögliche. Ein Glück, daß ihr euch nicht weit entfernen könnt. Ihr könnt gleich jetzt in diesem Augenblick wach werden.

Nun zum Prosa-Kommentar des ersten Sutras:

Der Stier ist nie verlorengegangen. Wozu ihn also suchen? Nur weil ich von meiner wahren Natur abgeschnitten bin, vermag ich ihn nicht zu finden. In meiner Sinnesverwirrung verliere ich sogar seine Fährte. Weit von der Heimat entfernt, weiß ich vor lauter Kreuzwegen nicht, welcher Pfad der richtige ist. Ich bin verstrickt in Gier und Angst, in Gut und Böse.

Der Stier war nie verloren... denn der Stier bist du. Der Stier ist deine Energie, er ist dein Leben. Der Ursprung deiner Dynamik, das ist der Stier. Der Stier war nie verlorengegangen. Wozu ihn also suchen? Wenn du das verstehen kannst, dann brauchst du ihn auch nicht zu suchen. Dann reicht genau diese Einsicht. Aber wenn dir diese Einsicht nicht dämmert, dann mußt du auf die Suche gehen.

Die Suche wird dir nicht etwa helfen, zum Ziel zu gelangen, denn das Ziel war nie verloren. Die Suche hilft dir nur, die Habgier, Angst, Besitzwut, Eifersucht, Haß, Bosheit fallenzulassen. Die Suche hilft dir nur dabei, die Hindernisse auszuräumen. Und sind die Hindernisse einmal fort, stellt man plötzlich fest: „Ich bin immer hier gewesen! Ich bin nie woanders hingegangen!" Die ganze Suche ist also gewissermaßen negativ. Es ist genau, wie wenn jemand aus einem Marmorblock eine Statue macht. Was tut er? Er schlägt nur die unwesentlichen Teile ab, und nach und nach kommt das Bild zum Vorschein.

Jemand fragte Michelangelo, er machte gerade eine Jesusstatue und jemand sagte: „Deine Statue ist großartig!" Er antwortete: „Ich habe nichts getan, Jesus hielt sich in dem Marmorblock verborgen. Ich habe ihm lediglich zur Freiheit verholfen. Er steckte schon drin, es war nur ein bißchen zuviel Marmor da, mehr als nötig; überflüssiges Zeug war da, ich habe alles Überflüssige weggehauen. Ich habe ihn einfach freigelegt. Ich habe nichts geschaffen."

Tatsächlich war der Marmorblock von den Bauleuten weggeworfen worden. Als er um die Kirche ging, die sich im Bau befand, fragte Michelangelo die Bauleute: „Warum ist dieser Marmorblock weggeworfen worden?"

Sie sagten: „Er ist wertlos." Da nahm er ihn mit und eine der schönsten Jesus-Statuen, die je geschaffen wurden, ging daraus hervor. Michelangelo sagte immer: „Als ich an diesem Marmorblock vorbeiging, rief mich Jesus. Verborgen im Stein sagte er: ‚Michelangelo, komm und befreie mich!' und ich habe nur die negative Arbeit getan."

Der Stier ist bereits da. Der Sucher ist das Gesuchte. Nur ein paar überflüssige Dinge sind in dir angehäuft. Die Suche ist negativ. Laß diese Dinge fallen, und entdecke dich in deinem vollen Glanz!

Der Stier ist nie verloren gegangen. Wozu ihn also suchen? Nur weil ich von meiner wahren Natur abgeschnitten bin, vermag ich ihn nicht zu finden. In meiner Sinnesverwirrung verliere ich sogar

*seine Fährte. Weit von der Heimat entfernt, weiß ich vor lauter
Kreuzwegen nicht, welcher Pfad der richtige ist. Ich bin verstrickt
in Gier und Angst, in Gut und Böse.*

Der Kommentar zum zweiten Sutra:

*Im Augenblick, da ich die Lehre verstehe, sehe ich die Spuren des
Stiers. Später lerne ich, daß ebenso, wie aus einem einzigen Metall
viele Werkzeuge gemacht sind, so auch Myriaden von Einzelwesen aus dem Stoff des Selbst gemacht sind. Wie kann ich, solange
ich noch nicht klar sehe, das Wahre vom Unwahren unterscheiden? Zwar bin ich noch nicht durch das Tor getreten, doch den
Pfad habe ich jetzt erkannt.*

*Im Augenblick, da ich die Lehre verstehe, sehe ich die Spuren des
Stiers.*

„Im Augenblick, da ich die Lehre verstehe…" Buddhas, Millionen von Buddhas hat es auf Erden gegeben. Sie alle lehrten
das gleiche. Sie können gar nicht anders. Wahrheit gibt es nur
eine, Beschreibungen dagegen viele. Die Wahrheit ist eins – sie
haben alle nur von ihr gesprochen. Nun, wenn ihr zu verstehen
versucht, werdet ihr die Spuren des Stiers erkennen. Aber statt
zu verstehen, versucht ihr zu folgen. Und da geht ihr fehl.

Folgen ist nicht Verstehen. Verstehen ist sehr, sehr tief. Wenn
du verstehst, wirst du kein Buddhist. Wenn du verstehst, wirst
du selbst zum Buddha. Wenn du verstehst, wirst du kein
Christ. Wenn du verstehst, wirst du selbst ein Christus. Folgen
macht dich zum Christen. Verstehen macht dich zum Christus.
Und der Unterschied ist gewaltig!

Folgen ist wiederum Entscheidungsangst. Folgen bedeutet:

„Jetzt werde ich einfach blind folgen. Jetzt stellt sich gar nicht erst das Problem einer eigenen Entscheidung. Jetzt geh ich hin, wo immer du hingehst". Verstehen ist: „Was immer du sagst, ich werde es mir anhören, ich werde darüber meditieren. Und wenn mir die Einsicht kommt und ich mit deinem Verständnis übereinstimmen kann, dann werde ich meinem Verständnis folgen."

Lehrer sind eine Hilfe, sie zeigen nur den Weg. Hängt euch nicht an sie. Folgen ist Anklammern. Es kommt aus Angst, nicht aus Verstehen. Bist du erst ein Gefolgsmensch, verlierst du die Spur. Wenn du erst einmal ein Gefolgsmensch bist, dann ist eines gewiß: daß du nicht mehr auf der Suche bist. Du kannst Theist werden und sagen: „Gott ist. Ich glaube an Gott." Du kannst Atheist werden und sagen: „Ich glaube nicht an Gott. Ich bin ein Atheist oder ein Kommunist... ", aber in beiden Fällen bist du einer Kirche beigetreten. Du hast dich einer Ideologie, einem Dogma angeschlossen. Du bist einem Mob, einer Masse beigetreten.

Die Suche ist individuell und voller Gefahren. Man muß allein gehen. Aber das ist das Schöne daran. In tiefer Alleinheit, nur in tiefer Alleinheit, wo nicht einmal ein Gedanke mehr da ist, tritt Gott in dich ein; oder: er offenbart sich dir. In tiefer Alleinheit wird Intelligenz zur Flamme – hell! In tiefer Alleinheit umgeben dich Schweigen und Seligkeit. In tiefer Alleinheit öffnen sich Augen, öffnet sich dein Wesen. Die Suche ist individuell.

Was mache ich hier? Ich versuche, euch zu Individuen zu machen. Ihr würdet gern Teil einer Masse werden. Das würde euch gefallen, denn es ist sehr bequem und angenehm, blind zu folgen. Aber ich bin nicht hier, um euch blind zu machen. Ich bin nicht hier, um euch zu erlauben, daß ihr euch an mich hängt, denn dann bin ich euch überhaupt keine Hilfe. Ich erlaube euch, mir nahe zu sein, aber nicht, euch an mich zu klammern. Ich gebe euch jede Möglichkeit, mich zu verstehen, aber ich werde euch nicht erlauben, an mich zu glauben. Der Unterschied ist fein, aber groß. Und bleibt wach, denn euer Verstand wird dazu neigen, alle Verantwortung auf mich abzuschieben.

Das ist es, was ihr meint, wenn ihr sagt: „Ich habe mich dir ausgeliefert." Es ist keine Hingabe aus Vertrauen, es kommt aus der „Decidophobie", der Entscheidungsangst, der Angst, allein zu sein. Nein, ich bin nicht dazu hier, euch die Reise bequem zu machen, denn sie kann nicht angenehm und bequem gemacht werden. Sie muß hart sein; sie ist hart; es geht bergauf. Und im letzten Augenblick, in jenem endgültigen Augenblick, den die Zen-Leute *Satori* nennen, werde sogar ich nicht mehr bei dir sein. Nur bis zur Schwelle können wir Reisegefährten sein. Wenn du durch das Tor trittst, gehst du allein.

Den ganzen Weg lang muß ich euch also darauf vorbereiten, allein zu sein. Ich muß euch helfen, die Angst aufzugeben, muß euch helfen, selbst zu entscheiden. Vertraut euch dem Leben an, es ist kein anderes Vertrauen nötig. Vertraut dem Leben, und es führt euch spontan und ganz natürlich zum Höchsten, zur Wahrheit, zu Gott, oder wie immer ihr es nennen wollt.

Der Strom des Lebens fließt dem Meer zu. Wenn du vertraust, fließt du mit dem Strom. Du bist ja schon im Fluß, klammerst dich aber an ein paar tote Wurzeln am Ufer, oder willst gegen die Strömung ankämpfen. Du klammerst dich an Schriften, klammerst dich an Dogmen, Ideologien, und erlaubst dem Fluß nicht, dich mitzunehmen. Gib alle Ideologien auf, alle Dogmen, alle Schriften. Das Leben ist die einzige Schrift, die einzige Bibel. Vertraue ihm und laß dich von ihm zum Meer tragen, zum Letzten und Höchsten.

Frag nicht warum!

Die erste Frage:
Ich weiß nicht, warum ich hier bin…

Das weiß niemand und man kann es auch nicht wissen, und man braucht es auch gar nicht zu wissen. Diese ständige Fragerei: „Warum bin ich hier?", „warum tu ich dies?" – diese ständige Sucht nach dem „Warum?" ist eine Krankheit des Geistes. Keine Antwort wird dich je befriedigen, weil das Warum immer von neuem gefragt werden kann. Wenn ich dir antworte, daß du „hier bist aus dem und dem Grunde", dann wird das Warum nur ein bißchen weiter weggeschoben, das ist alles. Du wirst erneut fragen: „Warum?" Das Warum hat kein Ende.

Wenn du das erstmal verstanden hast, hörst du damit auf. Warum ist lächerlich. Statt zu fragen: „Warum bin ich hier?", nimm lieber die Gelegenheit wahr und blühe hier auf, fang an, authentisch zu leben. Und das Schöne ist: Sobald du anfängst, authentisch und wahr zu leben, sobald du mit all dem unsinnigen Grübeln aufhörst und dich am Leben zu freuen beginnst, sobald du kein Philosoph mehr bist, bekommst du Antwort auf das War-um. Aber nicht durch irgendeinen Außenstehenden... die Ant-wort kommt aus deiner eigenen Lebensenergie.

Die Antwort ist möglich, aber sie kommt nicht als Antwort, sie kommt als gelebte Erfahrung. Die Antwort wird existentiell sein, nicht intellektuell. Die Frage ist intellektuell. Laß sie fallen! Sei lieber! Sonst kannst du ewig weiterfragen. Seit Urzeiten hat der Mensch Millionen von Fragen gestellt, nicht eine einzige ist durch Spekulation, durch Denken, Logik, Vernunft gelöst wor-den. Nicht eine einzige! Im Gegenteil: Jedesmal, wenn Leute versucht haben, eine Frage zu beantworten, haben sich aus der Antwort tausendundeine neue Frage ergeben.

„Wer hat die Welt erschaffen?" und man hat es beantwortet: „Gott erschuf die Welt." Und gleich darauf die Frage: „Und wer erschuf Gott?" oder „Warum erschuf er sie?", „Wann hat er sie erschaffen?", und „Warum hat er sie so erschaffen?, so elend, so höllisch?" Wer immer euch die Antwort gab, daß „Gott die Welt erschuf", muß geglaubt haben, daß damit eurem Fragen ein Ende gesetzt sei. Aber aus der einen Antwort entstehen tausend-undeine neue Frage.

Der Verstand ist ein Fragen produzierender Mechanismus.

Versteh also eines vor allem: Gib das Warum auf, und du wirst augenblicklich religiös. Frage weiter Warum, und du bleibst phi-losophisch. Frage weiter, und du bleibst im Kopf. Laß das Fragen sein und plötzlich wird deine Energie in eine neue Dimension geleitet, in die Dimension des Herzens. Das Herz stellt keine Fragen, und gerade dort versteckt sich die Antwort.

Es mag paradox erscheinen, aber dennoch möchte ich dir sagen: Wenn du mit dem Fragen aufhörst, kommt die Antwort. Und wenn du weiterfragst, entzieht sich dir die Antwort immer mehr.

Warum bist du hier? Wer kann es beantworten? Und wenn

es beantwortet werden kann, hörst du auf, ein Mensch zu sein, wirst du zur Maschine. Dies Mikrofon ist aus einem bestimmten Grund da; das läßt sich beantworten. Der Wagen steht in der Auffahrt; das Warum kann beantwortet werden. Wenn dein Warum auch beantwortet werden kann, wirst du zur Maschine, genau wie dies Mikrofon, wie ein Auto, du wirst zum Gebrauchsgegenstand, zur Ware.

Aber du bist ein Mensch, keine Maschine.

Mensch sein heißt frei sein. Warum ist Freiheit da? Diese Frage kannst du stellen, aber sie zu beantworten wäre dumm. Das Warum des Menschen läßt sich nicht beantworten. Und wenn das Warum des Menschen nicht zu beantworten ist, wie könnte da die Frage nach dem Allerhöchsten, nach Gott beantwortet werden? Schon beim Menschen läßt sich das Warum nicht beantworten; bei Gott wird es praktisch unmöglich, die Frage überhaupt nur richtig zu stellen...

Mein Bestreben ist nicht, eure Fragen zu beantworten, sondern euch klarzumachen, daß von hundert Fragen neunundneunzig einfach unsinnig sind. Laßt sie fallen! Und habt ihr erst mal die dummen Fragen fallengelassen, und mögen sie noch so philosophisch aussehen, dann bleibt die eine Frage übrig. Und bei dieser Frage geht es nicht mehr um unwesentliche, belanglose Dinge; diese eine Frage ist auf die Existenz gerichtet, auf dich, auf dein Dasein. Nicht, warum du da bist, nicht was der Zweck deines Hierseins ist, sondern was dein Hiersein ist, wer du bist: „Wer bin ich?"

Das kann erfahren werden, denn dafür brauchst du zu keinem anderen zu gehen. Du kannst nach innen gehen. Du brauchst nicht erst in den Schriften nachzusehen, du kannst nach innen sehen. Du brauchst nur die Augen zu schließen und in dein inneres Schweigen hineinzugehen, und du wirst spüren, wer du bist. Du kannst einen Geschmack davon haben, wer du bist. Du kannst es riechen, du kannst es berühren. Das ist existentielles Fragen.

Aber warum du hier bist, weiß ich nicht. Und es ist auch nicht nötig, das zu wissen.

Und zweitens mußt du verstehen: daß solche Fragen jedesmal ein Hinweis darauf sind, wie es um dich steht. Zum Beispiel fragt man immer dann Warum, wenn es einem schlecht geht. Wenn du selig bist, fragst du nie Warum. Wenn du leidest, fragst du: „Warum leide ich?" Wenn du aber selig tanzt, gelöst und völlig zufrieden bist, fragst du da etwa: „Warum bin ich selig?" Das Warum würde dir lächerlich vorkommen.

Wir fragen nur bei Dingen Warum, die wir nicht akzeptieren können. In Leid und Elend und Höllenqualen fragen wir Warum. In Liebe, Glück, Seligkeit, Ekstase fragen wir niemals Warum. Das Warum ist also nur ein Hinweis, daß du unglücklich sein mußt. Statt also zu fragen, warum du hier bist, frag lieber, warum du unglücklich bist... dann läßt sich etwas machen, denn Unglück läßt sich ändern.

Buddha bat seine Jünger immer: „Stellt bitte keine metaphysischen Fragen – stellt existentielle Fragen." Fragt nicht, wer die Welt erschuf, fragt nicht, warum Gott die Welt erschuf; solche Fragen zeigen nur, daß ihr im Unglück lebt. Fragt, warum ihr unglücklich seid, dann ist die Frage lebendig, und etwas kann getan werden, etwas, wodurch sich euer Unglück ändern wird, wodurch die Energie, die im Unglück steckt, transformiert werden kann, vom Unglück freigemacht werden kann. Und die gleiche Energie kann dein Dasein zum Blühen bringen.

Du bist hier – wer bist du? Und diese Frage kannst du mir nicht stellen. Eine wirkliche Frage mußt du dir selbst stellen. Wie könnte ich dir die Frage beantworten, wer du bist? Wenn du das nicht beantworten kannst, wie soll ich deine Frage nach dem, wer du bist, beantworten können? Was immer ich sage, wird von außen kommen und du bist dort tief, ganz tief in dir drin. Du mußt tief hineingehen, du mußt in deinen eigenen Abgrund fallen, in jenen inneren Raum, wo nur du bist, und sonst niemand. Nicht einmal ein Gedanke zieht dort vorbei...

Nur in jenem Raum wirst du die Antwort erhalten – keine verbale Antwort, nicht, daß da jemand von innen her zu dir sagen wird, daß du eine Seele bist, oder Gott. Niemand wird überhaupt etwas sagen, denn es ist niemand da – reines Schweigen. Aber dies Schweigen ist die Antwort. In diesem Schweigen erfühlst du es, weißt du es. Du brauchst keine Informationen. Worte sind nicht nötig. Du bist auf deinen Felsengrund gestoßen, auf deinen innersten Kern...

Es geschah einmal:

Ein kleiner Junge klärte seinen jüngeren Bruder über die Schule auf. Der Erstkläßler sagte zu seinem vierjährigen Bruder: „Wenn du nicht blöd bist, dann lernste schon beim ersten Wort nicht mit zu buchstabieren. Wenn du erstmal weißt, wie man „Kuh" buchstabiert, sitzt du in der Falle. Von da an werden die Wörter länger und länger und länger."

Wenn du hier bist, hast du schon „Kuh" buchstabiert...

Und die Frage kommt von einer meiner Sannyasins, Yoga Pratima. Du weißt längst, wie man „Kuh" buchstabiert. Jetzt werden die Wörter länger und länger und länger; du bist in der Falle. Statt also zu fragen, warum du hier bist, nimm lieber diese Gelegenheit wahr. Erlaube mir und erlaube dir selbst die allmähliche Transformation deines Wesens. Laß mich in dich hinein. Stell keine dummen Fragen. Mach die Türen auf.

Statt dir zu antworten, kann ich dir zu einer inneren Transformation verhelfen, bei der alle Fragen verschwinden... und die Antwort erscheint. Aber das ist reine Erfahrungssache. Du wirst es wissen, aber du wirst es anderen nicht sagen können. Du wirst es wissen, dein ganzes Wesen wird es bezeugen, deine Augen werden davon sprechen, du wirst von einem Glanz umgeben sein. Menschen, die sehen können, werden erkennen, daß du erkannt hast. Aber du wirst nicht sagen können, wer du bist. Kein Wort kann es ausdrücken – es ist so ungeheuer groß. Du kannst es haben. Ausdrücken kannst du es nicht.

Was möchtest du also? Möchtest du, daß ich dir eine verbale Antwort darauf gebe, warum du hier bist? Kannst du dir nicht denken, daß es egal sein wird, was immer ich auch antworte?

Ich kann sagen: „Weil du in deinen vergangenen Leben viele gute Karmas angesammelt hast, weil du sehr brav warst, darum bist du jetzt hier." Wird dir das weiterhelfen? Das wird dich nur noch egoistischer machen. Das wird eine Schranke zwischen dir und mir errichten. Statt offener zu werden, würdest du dich mehr verschließen.

Was möchtest du? Hättest du gern, daß ich dich berufen habe als eine der wenigen Auserwählten? Daß du nicht gekommen, sondern berufen worden bist? Solche Antworten hättest du gern, aber sie sind bedeutungslos und schädlich. Denn wenn du erst mal anfängst, dich auserwählt zu fühlen, gehst du an mir vorbei, denn das sind alles nur Ego-Tricks. Das Ego kennt viele Spielchen!

Frage nicht nach Antworten! Frage nach der Antwort. Dann kann ich dir den Weg zeigen, dich zum Tempel hinführen. Bist du erst einmal im Tempel, wirst du es wissen. Und anders läßt es sich nicht wissen. Wissen, das von einem anderen kommt, kann niemals wirkliches Wissen sein. Es bleibt allenfalls Information. Wissen von einem anderen ist niemals inneres Wissen. Es bleibt immer an der Oberfläche. Es dringt nie bis in deinen innersten Kern vor, es trifft nie ins Schwarze. Hier unterscheiden sich Philosophie und Religion.

Die Philosophie denkt immerfort in den Bahnen von Frage und Antwort, von Vernunftgründen. Schlußfolgerungen, Logik – Philosophie ist Denken. Religion ist überhaupt nicht gedanklich. Sie ist eher praktisch – so praktisch wie die Wissenschaft, so pragmatisch wie die Wissenschaft. Die Methode der Religion ist nicht die Spekulation. Die Methode der Religion ist die Erfahrung.

Meditiere mehr und in den Zwischenspielen, in den Lücken, in den Intervallen, wenn der eine Gedanke fort und ein anderer noch nicht erschienen ist, bekommst du deine ersten Lichtblicke von *Satori, Samadhi*.

Dies Wort „Zwischenspiel" ist wunderschön. Es besteht aus zwei Wörtern: „zwischen" und „Spiel". Zwischenspiel bedeutet: zwischen den Spielen. Ihr spielt das Spiel „Mann und Frau"; dann spielt ihr das Spiel „Vater" oder „Mutter". Dann geht ihr ins Büro und spielt „Bankier" oder „Geschäftsmann" tausendund ein Spiel spielt ihr, rund um die Uhr.

Und zwischen zwei Spielen... Zwischenspiele.

Geh in dich hinein. Laß jeden Tag für ein paar Augenblicke alle Spiele fallen, wann immer sich eine Gelegenheit dazu bietet, und sei einfach nur du selbst... weder Vater noch Mutter noch Sohn noch Bankier noch Diener, niemand. Das alles sind Spiele. Entdecke die Zwischenspiele: entspanne dich zwischen zwei Spielen nach innen, sinke nach innen, ertrinke in dein eigenes Wesen. Und dort ist die Antwort.

Ich kann dir zeigen, wie du dich in den Zwischenspielen ertränkst, aber ich kann dir nicht die Antwort geben. Die Antwort wird zu dir kommen. Und sie ist nur wahr wenn sie zu dir kommt. Die Wahrheit muß einem selbst gehören nur so ist sie die Wahrheit, nur so befreit sie. Meine Wahrheit würde für dich nur eine Theorie sein, absolut keine Wahrheit. Meine Wahrheit kann dich blenden, aber sie kann deinen Augen keine größere Wahrnehmung schenken. Meine Wahrheit kann dich in Sicherheit wiegen, aber sie wird eine geborgte sein.

Und Wahrheit läßt sich nicht borgen.

Die zweite Frage:
Erkläre bitte den Unterschied zwischen Entscheidungsangst
und Jüngerschaft.

Das ist eine komplexe Frage. Und du mußt sehr genau aufpassen, um das zu verstehen. Denn bei komplexen Fragen ist es leichter, mißzuverstehen als zu verstehen.

Zunächst: Ein Jünger zu werden, ist eine wichtige Entscheidung. Du kannst nur dann ein Jünger werden, wenn du deine Entscheidungsangst fallenläßt. Denn es ist ein großer Entschluß, eine Verpflichtung. Du kannst kein Jünger werden, wenn du dich davor fürchtest, Entscheidungen zu treffen.

Es ist die größte Entscheidung im Leben eines Menschen, sich einem anderen als Meister anzuvertrauen, einem anderen zu vertrauen, und sein ganzes Leben dabei aufs Spiel zu setzen. Es ist ein Glücksspiel. Es gehört viel Mut dazu. Viele Leute kommen zu mir und sagen, sie würden gern Sannyasins werden, nur hätten sie Angst. Die Entscheidung ist zu groß, und tausend Bedenken melden sich, ehe sie sich entschließen können.

Entscheidungsangst bedeutet, daß du Angst davor hast, dich für irgend etwas zu entscheiden. Jüngerschaft ist eine Entscheidung. Wenn du als Hindu geboren wurdest, ist das nicht Jüngerschaft. Wenn du gebürtiger Hindu bist und der Shankaracharya kommt in deine Stadt, und du gehst hin und erweist ihm Ehre, dann ist das nicht Jüngerschaft. Es war von Anfang an nicht deine Entscheidung, Hindu zu sein. Es ist Zufall. Dein Hinduismus hat sich so ergeben. Jemand anders ist Christ, und wenn der Papst kommt, erweist er ihm Respekt... das ist nicht Jüngerschaft. Er hat sich nie entschieden, Christ oder Katholik zu sein.

Im Gegenteil: Ihr bleibt gerade deshalb Hindus oder Christen, weil ihr euch nicht entschließen könnt, da auszusteigen. Es ist keine Entscheidung, es ist Entscheidungslosigkeit. Aus Angst, euch zu entscheiden, macht ihr mit dem weiter, was euch eure Tradition zufällig mitgegeben hat – als Erbe von Vater und Mutter. Stellt euch vor: Die Menschen suchen sich ihre Religion durch Blutsverwandtschaft aus!

Kann es etwas noch Dümmeres geben, als sich seine Religion durch das Blut entscheiden zu lassen? Dann nehmt doch mal einem Moslem und einem Hindu und einem Christen etwas Blut ab und geht damit zum Blutspezialisten und fragt nach, welches Blut hinduistisch und welches mohammedanisch ist – kein Experte kann das nachweisen. Blut ist einfach Blut. Es gibt Unterschiede im Blut, aber diese Unterschiede sind nicht religiöser Art.

Deine Religion durch Geburt entscheiden zu lassen, das ist so, als würdest du deine Zukunft nach dem I Ging entscheiden, oder von einem Astrologen, der dein Schicksal nach den Sternen bestimmt. Oder durch Tarotkarten. Das sind keine Entscheidungen, das sind Tricks, dich nicht entscheiden zu müssen. Jemand anders entscheidet für dich. Das I Ging wurde vor fünftausend Jahren geschrieben; irgend jemand – niemand weiß mehr seinen Namen – entscheidet für dich. Ihr bittet Tote, längst gestorbene Leute, über eure Zukunft zu entscheiden. Ihr bittet die Vergangenheit, eure Zukunft zu entscheiden. Aber irgendwie hilft es auch, denn nun braucht ihr euch nicht mehr selbst zu entscheiden. Wenn du nur der Geburt nach Hindu bist, hast du dich nicht dafür entschieden. Deine Jüngerschaft ist nicht Jüngerschaft, sondern Entscheidungsangst.

Seht es euch an: In kleinen Dingen denkt ihr so viel nach, und in großen Dingen denkt ihr überhaupt nicht. Wenn du Einkaufen gehst und dir neue Kleider kaufst, entscheidest du gewöhnliche Dinge, Belanglosigkeiten, die entscheidest du. So, als gäbe es eine Verkehrsregel, derzufolge du so lange langsam fährst, wie du vorsichtig bist, und wenn du über hundert drauf hast, machst du die Augen zu. In kleinen Dingen, beim Einkauf von Kleidern oder Zahnpasta oder Seife, entscheidest du. Religion, Gott, Meditation, Gebet – die Entscheidung überläßt du anderen.

Wenn es um große Dinge geht, möchtest du die Augen verbunden haben, und Tradition wirkt wie eine Augenbinde. Und Menschen, die nicht blind geboren werden, erblinden, wenn ihnen immer die Augen verbunden werden. Ihr habt Scheuklappen vor den Augen. Bei den einen heißen die Scheuklappen Hinduismus, bei den anderen Christentum, bei anderen wieder Jainismus, aber allesamt sind es Scheuklappen, Augenbinden, die euch die Gesellschaft gibt, weil ihr Angst habt, die Augen aufzumachen. Laßt also besser andere entscheiden, dann seid ihr die Verantwortung los und könnt sagen: „Wir sind brave Leute. Unsere Tradition ist großartig, wir folgen einfach unserer Tradition. Die Vergangenheit ist groß, wir folgen der Vergangenheit."

Man kann diese Dinge rationalisieren, aber das ist nicht Jüngerschaft. Jüngerschaft ist immer eine persönliche Entscheidung. Zum Beispiel: Ihr seid hier. Ich bin weder ein Christ, noch ein Hindu, noch ein Mohammedaner, noch Jaina, noch Buddhist; wenn ihr euch also dazu entschließt, mit mir zu gehen, dann muß es eine Entscheidung sein. Wer an Entscheidungsangst leidet, kann nicht mit mir gehen, sondern bleibt bei den Hirten, in deren Herde er zufällig geboren wurde.

Sobald du dich entscheidest... und entscheiden heißt, daß du dich entscheidest, daß die Verantwortung dir gehört, und daß sie persönlich ist, so erfordert das einen rückhaltlosen Einsatz. Und ich weiß, es ist schwer, sich so zu entscheiden, darum gehört viel Mut dazu. Man kann ohne weiteres Hindu sein, ohne weiteres Christ sein aber wer mit mir gehen will, der muß seine Entscheidungsangst fallen lassen. Nur dann wirst du zum Jünger.

Es kommt also drauf an, welche Art von „Jüngerschaft" du im Auge hast. Es gibt nur sehr selten Jünger, nur sehr wenige Jünger auf der Welt. Ja, die Leute, die sich entschlossen, mit Jesus zu gehen, das waren Jünger!

Jesus kommt an einem See vorbei, und zwei Fischer haben gerade ihre Netze im See ausgeworfen, und er tritt zu ihnen und legt dem einen Fischer die Hand auf die Schulter. Der Fischer sieht Jesus an: sieht in diese ungeheuer eindringlichen Augen, diese ungeheuer stillen Augen, die stiller sind als der See, und Jesus sagt zu dem Mann: „Was machst du? Was vergeudest du dein Leben damit, Fische zu fangen? Komm, folge mir: Ich will dich lehren, Menschen zu fangen. Warum verschwendest du dein Leben mit Fischfang? Komm, folge mir."

Ein großer Augenblick. Der Mann muß zwischen Entscheidungsangst und Jüngerschaft geschwankt haben. Aber dann faßte er sich ein Herz, warf sein Netz in den See und folgte Jesus.

Als sie das Dorf verließen, kam ein Mann angerannt und sagte zum Fischer: „Wo willst du hin? Dein Vater, der krank war, ist tot. Komm nach Hause!"

Und der Fischer bittet Jesus um Erlaubnis: „Laß mich drei oder vier Tage hingehen, damit ich meinem Vater die letzte Ehre geben kann; danach komm ich dann."

Und Jesus sagte: „Vergiß das alles, es gibt im Dorf genug tote Leute, die können den Toten begraben. Du aber komm und folge mir!" Und er folgte und vergaß seinen toten Vater.

Das ist Jüngerschaft. Alle, die Jesus gefolgt sind, waren Jünger. Die Christen aber sind keine Jünger. Sie folgen heute einer toten Tradition. Alle, die Buddha gefolgt sind, waren Jünger, aber die Buddhisten sind keine. Ihr seid meine Jünger; eines Tages werden sich auch eure Kindeskinder an mich erinnern, aber das werden nicht mehr meine Jünger sein. Wenn sich eure Kinder an mich erinnern, mich auch lieben, ist es euretwegen; denn dann beziehen sie sich nicht mehr auf mich, dann tun sie es aus Angst vor Entscheidungen. Erzeugt in euren Kindern nicht diese Angst. Laßt sie selbst entscheiden.

Das Leben kann sehr reich werden, wenn die Leute selber entscheiden dürfen. Aber jede Gesellschaft versucht, euch Entscheidungen aufzuzwingen. Die Gesellschaft befürchtet, daß ihr nicht wißt, wie ihr euch entscheiden sollt, wenn sie nicht für euch entscheidet. Aber gerade deswegen verliert ihr nach und nach die Fähigkeit, euch zu entscheiden. Und wenn ihr erst mal eure Entscheidungsfähigkeit verliert, verliert ihr eure Seele.

Das Wort „Seele" bezeichnet eine organische Kristallisation in deinem Innern. Sie kommt durch große, durch absolute

Entscheidungen zustande. Je öfter du dich entscheidest, und je riskanter die Entscheidung ist, desto mehr vereinheitlichst du dich, desto kristallklarer wirst du.

Wenn du dich entschlossen hast und hört meine Betonung: wenn du dich entschlossen hast, mit mir zu sein, dann ist das eine große Revolution in deinem Leben, eine gewichtige Sache. Aber wenn nicht du es bist, der entscheidet, wenn du kommst, weil deine Frau hier war oder dein Mann hier war oder deine Freunde, und dann hast du all diese Leute in Orange herumlaufen sehen und dich wie ein Außenseiter gefühlt, nicht ganz wohl in deiner Haut, irgendwie fremd, und du hast deswegen Sannyas genommen, dann ist das Entscheidungsangst, nicht Jüngerschaft; dann bist du hinter der Masse hergelaufen. Dein Sannyas ist wertlos denn es ist überhaupt nicht dein Sannyas. Du hast imitiert. Imitiert niemals! Entscheidet aus euch selbst heraus, und mit jeder Entscheidung werdet ihr euch mehr und mehr kristallisieren.

Und das ist eine große Entscheidung: sich rückhaltlos zu verpflichten, sich ganz darauf einzulassen, mit mir zusammen ins Unbekannte zu gehen! Der Verstand wird tausend Zweifel und Einwände finden, der Verstand will sich ans Vergangene klammern; aber wenn du dich trotz allem entschließt, dann erhebst du dich über die Vergangenheit, dann transzendierst du deine Vergangenheit.

Aber stell' s nicht schlau an. Versuche, authentisch und wahr zu sein. Versuch nicht, zu rationalisieren, wenn du Sannyas vielleicht ohne jede Entscheidung deinerseits genommen hast. Mag sein, du hast dich mit der Masse treiben lassen, und jetzt willst du das rationalisieren und sagen: „Ja, sicher ist es meine Entscheidung gewesen!" Aber wem willst du das weismachen? Du täuschst dich nur selber.

Ich habe folgende Anekdote gehört:

Die Mutter schimpfte ihren Ältesten aus: „Hab ich dir nicht gesagt, du sollst beim Spielen deine Sachen mit deinem kleinen Bruder teilen? Die halbe Zeit du, die halbe Zeit er."

„Mach ich doch!" protestierte der Junge. „Ich nehm den Schlitten bergab und er darf ihn bergauf haben! Das ist die halbe Zeit!"

Stell dich nicht schlau. Du kannst deine Entscheidungsangst „Jüngerschaft" nennen, aber mich kannst du nicht täuschen, du täuschst dich nur selbst... Sei klar in diesem Punkt! Große Klarheit tut not auf der Suche nach der Wahrheit.

Die dritte Frage:
Warum reagiere ich so stark gegen Disziplin? Und dann fühle ich
mich doch davon angezogen, und eine Stimme sagt: „Du mußt!"
Gibt es einen Unterschied zwischen Gehorsam und Hingabe?

Einen großen Unterschied. Nicht nur Unterschied: Gehorsam und Hingabe sind diametral entgegengesetzt. Hör genau zu.

Wenn du dich hingegeben hast, dann kommt Gehorchen gar nicht in Frage. Dann ist meine Stimme deine Stimme – du gehorchst ihr nicht. Dann bin ich nicht mehr von dir getrennt. Wenn du dich nicht hingegeben hast, dann, ja dann gehorchst du ihr, denn meine Stimme ist von deiner getrennt. Du manipulierst dich, zu gehorchen, du legst dir einen gewissen Zwang auf. Dahinter muß ein Ehrgeiz stecken, du mußt nach irgendeinem Ergebnis suchen. Also gehorchst du, aber tief drinnen bleibst du getrennt. Tief drinnen geht der Widerstand weiter.

Tief drinnen kämpfst du noch mit mir. Im Wort „gehorchen" selbst ist Widerstand enthalten.

Gehorchen ist etwas Häßliches. Entweder gib dich hin oder sei unabhängig. Gehorchen ist ein Kompromiß. Du willst dich einerseits nicht hingeben, und andererseits hast du nicht genug Selbstvertrauen, auf dich selbst gestellt zu sein. Also machst du einen Kompromiß.

Du sagst: „Ich bleibe unabhängig, aber ich gehorche. Ich will auf dich hören, was immer du mir sagst und werde dann Mittel und Wege finden, wie ich dir gehorche."

Hingabe ist etwas total anderes. Bei Hingabe gibt es keine Dualität. Wenn ein Jünger sich einem Meister hingibt, sind sie eins geworden. In dem Augenblick ist die Dualität verschwunden. Jetzt wird der Meister nicht mehr als getrennt empfunden. Wer soll also gehorchen? Und wer soll wem gehorchen?

Warum reagiere ich so stark gegen Disziplin?

Weil die Hingabe noch nicht geschehen ist. Denn sonst ist Disziplin etwas Schönes, mit nichts zu vergleichen! Wenn die Hingabe geschehen ist, dann zwingst du dich zu keiner Disziplin, dann kommt sie von allein. Wenn ich dir etwas sage und du hast dich mir hingegeben, hörst du meine Stimme als deine eigene. Ja, du siehst augenblicklich, daß du genau das gewollt hast, nur war es dir nicht klar gewesen. Du kannst jetzt verstehen, daß ich dir einen Hinweis gegeben habe, wo du im Dunkeln tapptest. Du hattest ein gewisses Gefühl, aber mehr nebelhaft, und ich habe dir zur Klarheit geholfen. Ich habe für dich gesprochen. Ich habe dir das Verlangen deines eigenen Herzens vor Augen geführt.

So sieht es bei Hingabe aus. Warum also von „Gehorsam" reden? Es ist nicht Gehorsam. Im Gehorsam steckt ein gewisser Konflikt.

Ich habe eine Anekdote gehört:

Ein Mann, der mit seinem Teenagersohn Probleme hatte, schickte ihn auf eine Rinderfarm, die einem alten Freund gehörte. Nachdem der Junge ein paar Monate auf der Ranch gearbeitet hatte, erkundigte sich der Vater nach den Fortschritten.

„Well", sagte der Rancher, „er hat gut gearbeitet. Er redet schon mit den Kühen in ihrer Sprache."

„Klingt okay."

„Nur", sagte der alte Cowboy nachdenklich, „denken wie 'ne Kuh, das kann er noch nicht."

Das ist der Unterschied: Sobald du wie 'ne Kuh denken kannst, stellt sich das Problem des Gehorsams oder Ungehorsams gar nicht mehr. Wenn du erst mal denkst wie ich, dann gibt es keine Frage mehr, dann gibt es kein Problem, keinen Konflikt, keinen Kampf, keine Mühe. Ja, dann folgst du nicht mir, du folgst dir selbst. Das ist es, was bei tiefer Hingabe geschieht.

Normalerweise haben die Leute eine sehr falsche Vorstellung davon, was Hingabe ist, vor allem im Westen. Hingabe ist ein tief östliches Konzept. Die Leute glauben, daß bei der Hingabe deine Individualität verloren ginge. Absolut falsch. Hundertprozent falsch. Bei der Hingabe geht deine Persönlichkeit nicht verloren. Ja, durch Hingabe tritt deine Persönlichkeit zum ersten Mal ans Licht denn in der Hingabe gibst du nur dein Ego auf, nicht deine Persönlichkeit, nicht deine Individualität. Nur die falsche Vorstellung, jemand zu sein, diesen Wahn läßt du fallen. Ist dieser Wahn fort, bist du entspannt und du kannst wachsen. Deine Individualität bleibt intakt, ja, sie nimmt nun immer mehr zu. Natürlich ohne jedes Gefühl von „Ich"; aber es findet ein ungeheures Wachstum statt. Wenn keine Hingabe da ist, entstehen tausend Fragen, wie man gehorchen soll.

Ich bin einmal zu einem Seminar eingeladen worden; da hatten sich viele Universitäts-Rektoren versammelt. Und sie machten sich große Sorgen um die Disziplinlosigkeit an den Schulen, Hochschulen und Universitäten. Und sie waren sehr besorgt wegen der respektlosen Haltung der jungen Generation gegenüber der Lehrerschaft.

Ich hörte mir ihre Ansichten an und sagte ihnen: „Ich sehe, daß da irgendwie die eigentliche Basis fehlt. Ein Lehrer ist jemand, der ganz natürlich respektiert wird; ein Lehrer kann also nicht Respekt fordern. Wenn der Lehrer Respekt verlangt, zeigt das nur, daß er kein Lehrer ist. Er hat den falschen Beruf gewählt, er war nicht dafür bestimmt. Lehrer ist der Definition nach einer, dem man natürlichen Respekt erweist, nicht einer, den man respektieren muß. Wenn du ihn respektieren mußt, was für ein Respekt soll das dann sein? Seht ihr das denn nicht? Respektieren müssen?! Die ganze Schönheit geht dabei verloren, so ein Respekt ist nicht lebendig. Wenn er künstlich ist, ist er gar nicht da. Wenn er da ist, macht man sich das gar nicht bewußt, macht man kein Aufhebens davon. Er strömt einfach. Sobald der Lehrer auftritt, strömt er ihm einfach entgegen." Und so stellte ich dem Seminar die Frage: „Statt von den Studenten zu fordern, die Lehrer zu respektieren, überlegt euch bitte, ob ihr nicht vielleicht die falschen Lehrer aussucht, Leute, die überhaupt keine Lehrer sind."

Mit Lehrern ist es wie mit Dichtern: sie müssen dazu geboren sein. Es ist eine große Kunst. Nicht jeder kann Lehrer sein, aber aufgrund allgemeiner staatlicher Erziehung werden Tausende von Lehrern gebraucht. Stellt euch einmal eine Gesellschaft vor, die glaubt, daß Dichtung von Dichtern gelehrt werden müsse und daß alle Leute lernen müßten zu dichten. Dann wären Tausende von Dichtern nötig. Es müßte natürlich Dichter-Seminare geben, wo man das lernt. Solche Dichter würden nichts taugen, aber sie würden fordern: „Applaudiert uns! denn wir sind Dichter; warum also erweist ihr uns keinen Respekt?" Genau das ist mit den Lehrern passiert.

Früher gab es nur sehr wenig Lehrer. Die Menschen reisten oft Tausende von Meilen, um einen Lehrer zu finden, um mit ihm zu sein. Da herrschte ein gewaltiger Respekt, aber der Respekt hing von der Qualität des Lehrers ab und wurde auch nicht vom Jünger erwartet, oder vom Studenten, oder vom Schüler. Er ist einfach da.

Wenn du dich dem Lehrer hingegeben hast, geschieht der Respekt von allein, ohne jede Affektiertheit. Nicht, daß man folgen muß – man sieht einfach, daß man folgt. Eines Tages erkennt man einfach die Tatsache, daß man ihm gefolgt ist, ohne jeden Konflikt, ohne jede Anstrengung. Je mehr man versucht, gehorsam zu sein, desto größer wird der Widerstand.

Ich habe gehört:

Eine Frau beschwerte sich bei ihrem Arzt: „Sie wissen ja nicht wie schlecht es mir geht! Sehen Sie, ich kann nicht mal die Sachen essen, die Sie mir verboten haben!"

...denn normalerweise ist das Verbotene besonders verlockend. „Iß das nicht!" – und schon ist ein tiefes Verlangen da, gerade das zu essen.

Der Verstand funktioniert immer negativ. Zu negieren, Nein zu sagen, ist die eigentliche Funktion des Verstandes. Beobachte dich einmal, wie oft am Tag du Nein sagst, und tu es weniger oft. Beobachte dich, wie oft du Ja sagst, und tu es häufiger. Und mit der Zeit wirst du eine allmähliche Verschiebung zwischen Ja und Nein feststellen, und deine Persönlichkeit wird sich grundlegend ändern. Beobachte, wie oft du Nein sagst, wo Ja leichter gewesen wäre, wo Nein wirklich nicht nötig gewesen wäre. Wie oft hättest du Ja sagen können, aber entweder hast du Nein gesagt, oder du bist still geblieben.

Jedesmal, wenn du Ja sagst, geht das gegen das Ego. Das Ego kann kein Ja essen, es ernährt sich von Neins. Sage Nein! Nein! Nein! – und in dir steigt ein Riesen-Ego hoch.

Geh mal zum Bahnhof; du magst der einzige am Fahrkartenschalter sein, aber der Schalterbeamte wird beschäftigt sein, er wird dich nicht ansehen. Er will damit sagen: „Nein." Er will dich zumindest warten lassen. Er wird vorgeben, er hätte sehr viel zu tun; er wird in allerlei Ordnern blättern. Er wird dich zwingen zu warten. Das gibt ihm ein Gefühl von Macht – er ist schließlich kein kleiner Angestellter! Er kann jeden warten lassen!

Es geschah in den ersten Tagen der Sowjetunion; Leo Trotzki war damals Kriegsminister...

Er ging sehr streng mit Regeln, Vorschriften und dergleichen um. Es war eine Großversammlung der Kommunistischen Partei einberufen worden, und er war für die Teilnehmerkarten verantwortlich. Er vergaß nur, daß er selbst auch eine Karte brauchte, um in die Kongreßhalle zu kommen. Als er hinging, stand da ein Polizist am Eingangstor und hielt ihn an.

Er sagte: „Genosse, dein Paß?"

Leo Trotzki antwortete: „Erkennst du mich denn nicht?"

Er sagte: „Ich erkenne dich schon, Genosse du bist der Kriegsminister. Aber wo ist deine Karte?"

Trotzki sagte: „Sieh dir die anderen Karten an, die du da in der Hand hältst; Ich hab sie selbst unterschrieben!"

Der Polizist sagte: „Mag sein, aber Vorschrift ist, daß niemand ohne den Paß reinkommt. Du kannst also nach Hause gehen und dir einen besorgen."

Leo Trotzki schrieb dazu in sein Tagebuch: „Ich konnte damals sehen wie mächtig er sich fühlte, dem Kriegsminister Nein sagen zu können, ihn winzig erscheinen zu lassen."

Die Menschen sagen immer gern Nein. Das Kind sagt zur Mutter: „Kann ich nach draußen spielen gehen?" und sofort, ohne auch nur einen Augenblick nachzudenken, sagt sie: „Nein!" Machtpolitik... was ist verkehrt daran, draußen zu sein, zum Spielen hinauszugehen? Und das Kind wird es doch tun, wird nörgeln und zetern, bis die Mutter schließlich sagt: „Okay, du kannst gehen." Es hätte gleich sein können, gleich zu Anfang, aber selbst eine Mutter läßt sich keine Gelegenheit entgehen, Nein zu sagen.

Das erste, was euch in den Kopf kommt, ist Nein! „Ja" fällt richtig schwer.

Ja sagt ihr nur, wenn ihr euch absolut hilflos fühlt, wenn ihr es unbedingt müßt. Achtet mal drauf! Macht euch zu Ja-Sagern; laßt das Nein-Sagen, denn es ist das Gift des Nein, womit sich das Ego ernährt und mästet.

Ein religiöser Mensch ist jemand, der Ja gesagt hat zum Dasein. Aus diesem Ja wird Gott geboren. Ja ist der Vater Gottes. Diese Ja-Haltung ist die religiöse Haltung.

Aber merk dir: Ich bestehe nicht auf Gehorchen.

Entweder sei total mit mir, oder sei überhaupt nicht mit mir. Kompromisse sind nicht gut, Kompromisse töten. Kompromisse machen dich lauwarm, und aus Lauheit heraus kann niemand verdampfen. Kompromiß kommt aus Angst. Faß dir ein

Herz: entweder sei mit mir, oder sei nicht mit mir, aber lebe in keiner Schattenwelt. Sonst sagt die eine Seite deines Kopfes: „Ich muß gehorchen, ich muß dies und das tun!" und die andere Seite sagt immerzu: „Nein, warum denn?" Und dieser ewige Konflikt in dir zerrüttet deine Energie, er ist zerstörerisch. Er wird dein ganzes Dasein vergiften.

Die vierte Frage:
Was ist, wenn keine Lücken da sind?

Schau in dich hinein, das war noch nie da, und du kannst keine Ausnahme sein. Alle Sucher, alle, die je nach innen gegangen sind, sind durch diese Lücken gegangen. Die Lücken sind da, aber du hast noch nicht nachgeschaut, und deswegen enthält die Frage ein „Wenn".

Bitte stellt keine „Wenn"-Fragen. Ich rede nicht von Theorien, ich rede von Tatsachen.

Es ist so, als würde jemand fragen: „Was ist, wenn es in mir kein Herz gibt?" Aber dies Wenn ist rein spekulativ. Schließ die Augen, und du wirst deinen Herzschlag hören. Wenn du da bist, der du diese Frage stellst, ist ohne jeden Zweifel auch das Herz da. Wenn du da bist, der du diese Frage stellst, sind auch die Lücken ohne jeden Zweifel da.

Ohne Lücken kann es gar kein Denken geben. Zwischen zwei Wörtern ist eine Lücke notwendig. Sonst wären zwei Wörter nicht getrennt, sonst würden sie sich überschneiden. Zwischen zwei Sätzen ist eine Lücke da, notgedrungen, denn sonst gäbe es keine Trennung zwischen den Sätzen, zwischen zwei Gedanken. Sieh nur in dich hinein...

Eines Abends beim Abendessen war der Bauer sehr böse. „Wo habt ihr Jungs gesteckt, als ich euch vor einer Stunde gerufen hab, um mir zu helfen?"

„Ich war im Garten und hab einen Baum gesetzt", sagte der erste.

„Ich hab ein Dach auf den Kaninchenstall gesetzt", sagte der zweite.

„Ich hab in der Speisekammer eine Mausefalle gesetzt", sagte der dritte.

„Ihr seid mir feine Setzer!", rief der Bauer aus. „Und wo warst du?", wandte er sich an den Kleinsten.

„Vor der Tür, still gesetzt."

Such dir also ein paar Augenblicke, wo du einfach nur still „setzt"... und sofort wirst du in den Lücken sein. Wenn du still sitzt, wirst du in den Lücken sein.

Gedanken sind Eindringlinge. Die Lücken sind eure wahre Natur. Gedanken kommen und gehen. Die Leere in dir bleibt. Sie kommt nie, sie geht nie. Die Leere ist der Hintergrund; die Gedanken sind die Figuren, die sich davor bewegen. Genau wie man mit weißer Kreide auf eine schwarze Tafel schreibt: Die Tafel ist da, und schreiben tust du mit weißer Kreide. Deine innere Leere funktioniert wie eine Tafel, und auf dieser Tafel bewegen sich die Gedanken.

Werde langsamer! Werde ein bißchen gemächlicher. Sitz nur still da, entspannt, ohne etwas Besonderes zu tun. Mit „Wenn"-Fragen vertust du nur deine Zeit. Mit der gleichen Energie und in der gleichen Zeit kannst du diese Lücken erfahren, kannst du ungeheuer reich werden. Und hast du einmal von den Lücken gekostet, verlieren die Gedanken ihre Macht über dich.

Die letzte Frage:
„Wozu die Mühe?" ist das kreative Gleichgültigkeit oder Schlaf?
Bitte sag was dazu.

Kreativität kann nie und nimmer gleichgültig sein. Kreativität macht sich „die Mühe", denn Kreativität ist Liebe.

Kreativität ist die Funktion von Liebe und Anteilnahme. Kreativität kann nicht teilnahmslos sein.

Wenn du teilnahmslos bist, wird nach und nach deine ganze Kreativität verschwinden. Kreativität braucht Leidenschaft, Lebendigkeit, Energie. Kreativität erfordert, daß du ein Fluß bleibst, ein intensiver, leidenschaftlicher Strom.

Wenn du ohne Anteilnahme auf eine Blume blickst, kann die Blume nicht schön sein. Durch Gleichgültigkeit wird alles schal. Dann lebst du auf kalte Weise, in dich geschrumpft. Diese Katastrophe ist dem Osten passiert, weil Religion hier eine falsche Wendung genommen hat und die Menschen anfingen zu glauben, daß man dem Leben gegenüber gleichgültig sein müsse.

Ein Hindu-Sannyasin kam mich einmal besuchen. Er sah sich in meinem Garten um, und da gab es viele Blumen; und ich arbeitete im Garten, als er mich aufsuchte. Er sagte: „Du interessierst dich für Blumen und Gartenarbeit?" Sein Gesichtsausdruck war voll von Verdammung. Er sagte: „Und ich hatte geglaubt, dir müßten all diese Dinge gleichgültig sein!"

Ich bin nicht gleichgültig. Gleichgültigkeit ist negativ, ist selbstmörderisch, ist eskapistisch. Natürlich, wenn du gleichgültig wirst, wird vieles dich nicht mehr kümmern, du wirst in einem Hof von Gleichgültigkeit dahinleben. Nichts lenkt dich mehr ab, du wirst ungestört sein; aber es geht nicht darum, ungestört zu sein!

Du wirst niemals glücklich und überschäumend sein. Im Osten glauben viele Menschen, der Weg der Religion sei, gleichgültig zu werden. Sie wenden sich vom Leben ab, sie werden zu Eskapisten. Sie haben nichts geschaffen. Sie vegetieren einfach und glauben noch, sie wären angekommen – sie sind nirgendwo angekommen.

Angekommen sein ist immer positiv, Angekommen sein ist immer kreativ. Gott ist Schöpferkraft – wie kannst du bei Gott angekommen sein, wenn du gleichgültig bist? Gott ist nicht gleichgültig. Er bemüht sich sogar um kleine Grashalme. Selbst um die kümmert er sich. Er macht sich, wenn er einen Schmetterling bemalt, ebensoviel Mühe, wie wenn er einen Buddha erschafft. Das Ganze liebt. Und wenn du mit dem Ganzen eins werden willst, mußt du lieben. Gleichgültigkeit ist langsamer Selbstmord. Lebe in tiefer Liebe! So tief, daß du ganz und gar in deiner Liebe aufgehst, daß du zu reiner, kreativer Energie wirst. Nur dann hast du an Gott teil, gehst du mit ihm Hand in Hand.

Für mich ist Kreativität Gebet, ist Kreativität Meditation, ist Kreativität Leben. Habt also keine Angst vor dem Leben und verschließt euch nicht in Gleichgültigkeit. Gleichgültigkeit stumpft euch ab, ihr verliert eure ganze Empfindungskraft. Der Körper wird stumpf, die Intelligenz wird stumpf. Man lebt in einer dunklen Gefängniszelle, fürchtet sich vor Licht und Sonne, hat Angst vor dem Wind und den Wolken und dem Meer, vor allem überhaupt. Man hüllt sich in einen Mantel von Gleichgültigkeit und fängt an zu sterben.

Beweg dich! Sei dynamisch! Und was du auch tust, tu es so liebevoll, daß dein Tun selbst kreativ und göttlich wird.

Ich sage nicht, daß ihr alle zu Malern und Dichtern werden sollt, das ist nicht möglich. Aber das ist auch nicht nötig. Du magst Hausfrau sein, dein Kochen kann kreativ werden. Du magst Schuhmacher sein, dein Schustern kann kreativ werden. Was immer du tust, das tu so total, so liebevoll, so rückhaltlos darin versenkt, daß dein Handeln nicht mehr etwas Äußerliches ist. Du gehst in deinem Handeln auf, dein Tun wird zur Erfüllung. Nur so nenn ich dich religiös.

Ein religiöser Mensch, ein religiöses Bewußtsein, ist ungeheuer kreativ.

Sag nie: „Wozu die Mühe?" Diese Haltung kommt aus dem Ego: „Wozu die Mühe?" Nein, wenn du wirklich wachsen willst, dann kümmere dich mehr. Mach das zu deiner ganzen Lebensweise. Nimm an allem und an jedem Anteil. Und mach keinen Unterschied zwischen dem Großen und dem Kleinen. Ganz kleine Sachen einfach nur den Fußboden reinemachen: tu es mit tiefer innerer Beteiligung, als wäre es der Körper deines Geliebten, und plötzlich siehst du, daß du durch deine Kreativität neu geboren worden bist.

Jeder schöpferische Akt wird für den Schöpfer zur Wiedergeburt, und jeder gleichgültige Akt wird zum Selbstmord, zu einem langsamen Tod. Fließt über! Seid keine Knauser! Haltet nicht zurück, teilt euch aus! Und macht das Beteiligtsein zu eurer eigentlichen Lebensmitte.

Und dann braucht man in keine Kirche zu gehen, braucht man in keinen Tempel zu gehen, braucht man vor keinerlei Gott zu knien und zu beten. Dein ganzes Leben deine Art zu leben ist ein Beten. Was immer du anfaßt, wird geheiligt sein. Ich sage: was immer – ohne jede Einschränkung. Liebe heiligt alles. Lieblosigkeit macht alles häßlich.

Ein Diskurs ohne Worte

Osho spricht immer über die Stille;
heute sprach er schweigend.
Sein tonloser Ton war tief im Herzen zu hören.
Seine Botschaft war laut und deutlich.
Er sprach ohne zu sprechen.

Der Stier wird entdeckt

Der Stier wird gefangen

Der Stier wird entdeckt

Ich höre das Lied der Nachtigall.
Die Sonne ist warm, der Wind ist lau, die Wei-
denbäume sind grün am Fluß entlang.
Hier kann sich kein Stier verstecken.
Welcher Künstler vermag diese mächtige Stirn zu zeich-
nen, und dies majestätische Gehörn.

Kommentar:

Sobald man die Stimme hört, spürt man, woher sie kommt.
Sobald die sechs Sinne verschmelzen, hat man das Tor durchschritten. Von wo man auch eintritt, überall sieht man den Kopf
des Stiers. Diese Einheit ist wie das Salz im Wasser, wie der
Farbstoff in der Farbe. Nicht das geringste Ding ist abgetrennt
vom Selbst.

Der Stier wird gefangen

Mit ungeheurem Kampf fange ich ihn.
Seine große Willenskraft
und Macht sind unerschöpflich.
Er galoppiert zum Felsplateau hinauf,
hoch über dem Wolkendunst;
oder steht in unwegsamer Schlucht.

Kommentar:

Er wohnte lange Zeit im Wald, aber heute fing ich ihn! Verliebt in schöne Ausblicke, verliert er seine Richtung. Voll Sehnsucht nach süßerem Gras, wandert er ab. Sein Sinn ist noch bockig und ungezügelt. Wenn ich will, daß er sich fügt, muß ich meine Peitsche heben.

Ist euch eigentlich schon einmal aufgefallen, daß der Mensch das einzige Tier ist, das ein Bild von sich macht, das sein eigenes Bild malt? Kein anderes Tier hat das je getan. Er macht nicht nur Bilder von sich, er stellt sich vor einen Spiegel, besieht sich sein Spiegelbild und sieht sich, wie er sich selbst besieht, und so weiter und so fort. So wird er auf sich aufmerksam, so entsteht das Ego. Deswegen interessiert sich der Mensch mehr für die Spiegelbilder als für die Wirklichkeit.

Beobachtet euch! Ihr interessiert euch mehr für eine pornographische Abbildung als für eine wirkliche Frau. Bilder haben eine ungeheure Macht über den menschlichen Geist und so lebt der Mensch in der Einbildung. Und Selbsterkenntnis ist in einer eingebildeten Welt nicht möglich. Euer Interesse am Wirklichen muß größer werden als euer Interesse am Spiegelbild. Alle Spiegel müssen zerbrochen werden. Ihr müßt nach Hause zurückkehren. Sonst entfernt ihr euch nur immer weiter von euch selbst.

Dies Interesse, sich auf Reflexionen, Fiktionen, Träume, Gedanken, Bilder einzulassen, ist der eigentliche Grund, warum der Mensch sich nicht selbst erkennen kann. Er ist überhaupt nicht an sich selbst interessiert. Er interessiert sich mehr für die Meinung anderer, was sie von ihm denken. Das ist wieder nur ein Spiegel.

Ihr macht euch ständig Gedanken, was andere Leute von euch denken. Ihr macht euch nicht die geringsten Gedanken darüber, wer ihr seid. Das wollt ihr in Wirklichkeit gar nicht wissen sondern nur, für wen die Leute euch halten. Und so schmückt ihr euch ständig. Eure Moral, euer Anstand, ist nichts als Schmuck, damit ihr in den Augen der anderen schön, gut, rechtschaffen, fromm erscheinen könnt. Aber das ist ein großes Verlustgeschäft.

Die Leute mögen dich für religiös halten, aber das macht dich nicht religiös. Wenn die Leute dich für glücklich halten, macht dich das nicht glücklich. Und wenn du erstmal auf der falschen Spur bist, kannst du dein ganzes Leben verfehlen. Interessiere dich lieber dafür, glücklich zu sein, statt für glücklich gehalten zu werden. Interessiere dich lieber dafür, schön zu sein, als für schön gehalten zu werden. Denn Gedanken können deinen Durst nicht stillen, Gedanken können deinen Hunger nicht stillen. Ob die Leute dich nun für wohlgenährt halten oder nicht, macht keinen Unterschied, den Körper kannst du nicht betrügen. Er braucht wirkliche Nahrung. Bilder von Nahrung nützen nichts. Er braucht wirkliches Wasser, Bilder von Wasser, Formeln von Wasser nützen nichts. H stillt deinen Durst nicht.

Hast du das einmal verstanden, dann beginnt die Entdeckungsreise, dann bist du auf der Suche nach dem Stier.

Beobachte dich: Wie oft am Tag wirst du dich dabei ertappen, wie du nicht an die Wirklichkeit denkst, sondern an

Fiktionen. In einen Spiegel zu schauen und dabei zu glauben, daß du dich selbst anschaust, gehört zum Absurdesten überhaupt. Das Gesicht, das er widerspiegelt, ist nicht dein Gesicht, es ist nur die Oberfläche, es ist nur die Peripherie. Kein Spiegel kann dein Zentrum wiedergeben. Und die Oberfläche bist nicht du. Die Oberfläche verändert sich jeden Augenblick; sie fließt ständig.

Warum zieht dich die äußere Form so sehr an? Warum nicht das Wirkliche? Ein Mensch auf der Suche nach sich selbst, einer, der nach Selbsterkenntnis verlangt, zerbricht einen Spiegel nach dem anderen. Er lächelt nicht, weil die Leute ihn ansehen und Lächeln einen guten Eindruck macht. Er lächelt, wenn ihm danach ist. Sein Lächeln ist authentisch. Es hängt nicht von Leuten ab, es hängt nicht von Zuschauern ab. Er lebt sein Leben. Er versucht nicht ständig, das Publikum davon zu überzeugen, daß „ich so und so bin".

Merkt euch: Leute, denen zuviel daran liegt, andere zu überzeugen, sind leere Menschen, innerlich hohl. Sie haben nichts Echtes. Sonst würde dieser Wunsch verschwinden. Wenn du glücklich bist, bist du glücklich und denkst gar nicht dran, daß sich das in den Augen anderer spiegeln muß. Du sammelst nicht ständig Meinungen. Was immer du für deine Identität halten magst, analysiere es, und du wirst sehen, daß Tausende von Leuten etwas über dich gesagt haben, und das alles hast du gesammelt. Irgend etwas hat deine Mutter gesagt, irgend etwas dein Vater, dein Bruder, Freunde, die Gesellschaft und all das hast du gesammelt. Natürlich ist das widersprüchlich, denn: so viele Leute, so viele Spiegel.

Deine Identität ist in sich widersprüchlich. Du kannst dich nicht ein Selbst nennen, denn ein Selbst ist erst dann möglich, wenn du aufgehört hast, in Widersprüchen zu leben. Aber dazu mußt du nach innen gehen. Der erste Schritt der Einsicht ist, daß dein Selbst dich schon erwartet... in dir. Du brauchst keinem anderen ins Auge zu sehen. Glaub keinem Spiegel, glaube der Wirklichkeit.

Ich habe gehört:

Ein bejahrter Geistlicher riet einem Politiker einmal, in den Regen hinauszugehen und seinen Kopf zum Himmel zu heben. „Es wird Ihnen eine Offenbarung sein", versprach er.

Am nächsten Tag kam der Politiker zurück. „Ich bin Ihrem Rat gefolgt", sagte er, „und mir ist das Wasser den Hals hinuntergelaufen, und ich kam mir vor wie ein Idiot."

„Nun", sagte der alte Kirchenmann, „für den ersten Versuch doch keine schlechte Offenbarung, oder?"

Wenn du deine Idiotie einsiehst, ist das wirklich keine schlechte Offenbarung, ganz bestimmt nicht, denn von hier aus geht die Reise los.

Ein Mensch, der ständig darüber besorgt ist, welchen Eindruck er in den Augen anderer hinterläßt, wie er in den Spiegeln wirkt, ist ein Narr, denn er läßt sich eine große Gelegenheit entgehen, die zu ungeheuren Erfahrungen führen könnte. Aber er hat den ersten Schritt nicht getan, aus Angst, daß er wie ein Narr aussehen könnte. Habt keine Angst davor, wie Narren dazustehen, sonst bleibt ihr Narren.

Eines Tages, irgendwann, wirst du die Tatsache erkennen, daß du bis jetzt in tiefer Dummheit gelebt hast. Und wenn du weiter so lebst durch die Spiegel, Reflexionen, Meinungen, verlierst du nach und nach deine Individualität, wirst du Teil der Masse, verlierst du deine Seele. Dann bist du kein authentisches Individuum.

Das Wort „Masse" kommt aus einer lateinischen Wurzel: massa. Massa bedeutet etwas, das sich formen, kneten läßt. Und wenn ich sage, du wirst zur Masse, meine ich damit, daß du ständig von anderen geformt, von anderen geknetet wirst. Aber du läßt es zu, du wirkst dabei mit. Du gibst dir alle erdenkliche Mühe, Teil der Masse zu werden, irgendeiner Masse... weil du alleine deine Identität verlierst. Deine ganze Identität hängt von der Masse ab.

Darum sterben die Menschen bald, wenn sie aufgehört haben zu arbeiten. Die Psychoanalytiker sagen, daß das Leben mindestens um zehn Jahre verkürzt wird. Politiker sind, solange sie an der Macht sind, sehr gesund. Sobald sie nicht mehr an der Macht sind, verschwindet ihre Gesundheit, und sie sterben bald. Denn ohne Macht löst sich ihre ganze Identität wie ein Traum auf. Ohne Amt bist du plötzlich niemand mehr. Dein ganzes Leben lang bist du niemand gewesen, aber du willst die Fiktionen, die du um dich her webst, nicht aufgeben.

Ein großer Offizier hält sich für groß, ist er erst mal seinen Posten los, ist alle Größe hin. Einer, der reich ist, hält sich aufgrund seiner Reichtümer für reich. Er glaubt, jemand zu sein. Wenn er plötzlich bankrott geht, ist nicht nur sein Reichtum hin, seine „Seele" ist hin, seine ganze „Identität" ist hin. Sie war ein Papierschiffchen, sie war ein Kartenhaus – ein Windstoß, und alles ist hin.

Selbsterkenntnis heißt, eines zu verstehen: daß du dich unmittelbar kennen mußt. Direkt. Nicht durch andere, nicht über andere. Es ist nicht nötig, andere zu befragen. Wie töricht, andere zu fragen: „Wer bin ich?"! Wie kann das jemand beantworten? Geh nach innen, das ist die Suche nach dem Stier. Geh in deine eigene Energie hinein, sie ist da. Koste einfach von ihr, tauche einfach in sie ein!

Hast du erst einmal verstanden, daß du deine Identität in dir selbst suchen mußt, in totaler Alleinheit, dann machst du dich frei von der Masse, von der Menge. Individualität wird geboren, du wirst zum Individuum, einzigartig. Und vergeßt nicht: Wenn ich „Individuum" sage, meine ich damit nicht „Egoist". Ein Egoist ist immer Teil der Masse. Das Ego ist die Gesamtsumme aller Meinungen über dich, die du bei anderen zusammengetragen hast und darum ist das Ego auch so widersprüchlich. Manchmal sagt es, du bist nicht schön, sondern sehr häßlich; manchmal sagt es, du bist sehr schön, sehr liebenswert; manchmal sagt es, du bist ein Narr, manchmal sagt es, du bist ein Weiser – denn es sind in unzähligen Situationen unzählige Dinge über dich gesagt worden, und du hast sie alle gesammelt.

Das Ego steckt immer in der Klemme. Es ist eine falsche Wesenheit. Es scheint vorhanden zu sein, ist es aber nicht. Wenn du individuell wirst… das Wort ist gut: es bedeutet „unteilbar". „Individuum" heißt: das, was nicht geteilt werden kann, was keine Spaltung zuläßt, was nicht zwei sein kann, nicht dualistisch, nicht pluralistisch. Das, was absolut eins ist – es gibt keine Trennung. Nur so bist du ein Individuum. Es hat nichts mit dem Ego zu tun. Das Ego ist ein Hindernis, denn das Ego ist immer gespalten, und zwar so sehr, daß Leute, die zu mir kommen, und die ich frage: „Bist du zufrieden?", oft mit den Achseln zucken, und wenn ich dann frage: „Bist du unzufrieden?", zucken sie auch die Achseln. Sie wissen nicht genau, in was für einem Zustand sie sind, weil es so viele Zustände gleichzeitig in ihnen gibt. Sie würden gern auf jede Frage sowohl ja als auch nein sagen.

Ich habe von einem politischen Führer gehört, der an Persönlichkeitsspaltung litt, an beginnender Schizophrenie. Er wurde ins Krankenhaus eingeliefert. Schon in ganz gewöhnlichen Dingen war er völlig unentschlossen. Er konnte keine gewöhnlichen Entscheidungen treffen: ob er auf's Klo gehen sollte oder nicht, ob er dies essen sollte oder nicht, ob er diesen Anzug tragen sollte oder nicht, kleine Dinge, Belanglosigkeiten. Und wann immer etwas zu entscheiden war, begann er zu zittern. Sechs Monate wurde er im Krankenhaus behandelt, und als die Ärzte entschieden, daß er jetzt vollkommen in Ordnung sei, sagten sie zu ihm: „Sie können jetzt gehen. Sie sind jetzt normal, das Problem ist verschwunden. Was meinen Sie?"

Er sagte: „Ja und nein."

Ego ist Menge. Es ist niemals eins. Da es bei so vielen verschiedenen Leuten zusammengestoppelt wurde, kann es nicht eins sein. Du bist eins. Das Ego ist viele. Und wenn du glaubst, das Ego zu sein, dann bist du auf dem Weg zum Wahnsinn. Sobald du das verstanden hast, kannst du die Spuren des Stiers erkennen.

Einmal fuhr ich mit einem Freund im ganzen Land herum. Er hatte ständig einen Fotoapparat bei sich. Im Himalaja interessierte er sich nicht für den Himalaja, ihn interessierte das Bildermachen. Eines Nachts schauten wir bei Vollmond auf das Taj Mahal, und er wollte unbedingt ein Foto machen. Wir waren schon ein paar Monate zusammen, also fragte ich ihn: „Was soll das? Das Taj Mahal steht vor dir, aber ich kann nicht erkennen, daß du das Taj Mahal überhaupt siehst. Du bist ständig mit deinen Fotos beschäftigt, machst dir Gedanken, ob sie gut werden oder nicht, ob die Belichtung stimmt oder nicht."

Er sagte: „Was kümmert mich das Taj Mahal? Später mach' ich ein schönes Album von der ganzen Reise, dann kann ich mich hinsetzen und mir alles anschauen."

Das ist „Kodakomanie": mehr an den Bildern als an der Wirklichkeit interessiert sein. Interessiert euch mehr für die Wirklichkeit. Und jedesmal, wenn ihr euch von der Wirklichkeit entfernt hin zu Bildern, Fiktionen, Träumen – dann werdet wach, kommt zurück, kommt zum gegenwärtigen Augenblick zurück.

Hier kam regelmäßig ein Doktor her. Jetzt ist er aus Poona versetzt worden. Der machte sich ständig Notizen. Während ich sprach, machte er sich Notizen. Ich sagte ihm: „Versuch mich lieber zu verstehen, während ich spreche." Er sagte: „Aber es ist gut, sich Notizen zu machen, denn später, zu Hause, kann ich sie bequem durchgehen und verstehen."

Nun, dieser Mann wird nie imstande sein, mich zu verstehen, denn das Notizenmachen bringt nichts, hier geht es um die Übermittlung einer bestimmten Sehweise. Er sah nie mich, er sah nur sein Heft. Und ich glaube auch nicht, daß er wirklich mitgeschrieben hat, denn während er schrieb, war schon etwas anderes gesagt worden, und das entging ihm. Es waren lauter Bruchstücke. Und aus denen machte er dann ein Ganzes, dies Ganze war dann seins, nicht meins.

Ihr müßt bei mir hier wirklich da sein, total bei mir sein. Dann... dann steigt ein neues Verstehen auf. Und das sollte eure ganze Lebensweise werden, euer wahrer Lebensstil. Seid ständig mit der Wirklichkeit beschäftigt, mischt euch in die Wirklichkeit. Seid keine Zuschauer. Und interessiert euch nicht zu sehr für Bilder. Sonst verliert ihr nach und nach die Fähigkeit, die Wirklichkeit wahrzunehmen. Aber der Verstand hat alte, tiefe Gewohnheiten, und am Anfang wird es ein ständiger Kampf sein. Der Verstand ist wie ein Vertreter.

Ich habe eine Anekdote gehört:

Der Vertreter, der ein Kinder-Lexikon verkaufen wollte, hatte seinen Fuß in der Tür und versuchte, die junge Mutter eines Fünfjährigen in Grund und Boden zu reden, damit sie einen Satz Bücher kaufte.

„Diese Bücher beantworten alle Fragen, die ihr Kind je stellen wird", versicherte er ihr. „Sie werden nie um eine Antwort verlegen sein, wenn Sie diese Bücher haben." Er tätschelte den Jungen: „Los Kleiner, frag was, irgendwas, und ich werde deiner Mutter zeigen, wie leicht es ist, die Antwort in einem dieser Bücher zu finden."

Der Kleine überlegte einen Augenblick und fragte dann: „Was für ein Auto fährt der liebe Gott?"

So ist das Leben. Und der Verstand ist wie der Vertreter mit seiner Enzyklopädie. Der Verstand sammelt immer alles mögliche, katalogisiert alle Erfahrungen, er kategorisiert, klassifiziert, ordnet, damit er es in Zukunft, wenn die Zeit da ist, gebrauchen kann. Aber das Leben ist so lebendig, daß es nie wieder die gleiche Frage stellt. Und wenn du zu sehr im Kopf bist, dann kannst du antworten was du willst, du liegst immer daneben – es ist nicht anders möglich. Das Leben verändert sich jeden Augenblick. Es ist wie ein kleines Kind, das fragt: „Was für ein Auto fährt der liebe Gott?"

Man kann auch darauf eine Antwort finden – Rolls Royce oder was immer, aber das Kind wird die Frage nie wieder stellen. Im nächsten Augenblick wird es etwas anderes fragen. Die Neugier des Kindes ist größer als jedes Lexikon. Und das Leben ist so erfindungsreich, daß kein Buch wirkliche Situationen beantworten kann.

Versucht also lieber, wacher zu werden statt gebildeter. Wenn ihr zu gebildet werdet, sammelt ihr nur Bilder, Erinnerungen.

Ihr macht euch immer nur Notizen; ihr werdet alles mit euren Notizen vergleichen. Ihr kommt zu einer schönen Rose und werdet sie mit irgendwelchen Rosen vergleichen, die ihr in der Vergangenheit gesehen habt. Oder ihr vergleicht sie mit irgendwelchen Rosen, die ihr in Zukunft zu sehen hofft. Aber auf diese Rose schaut ihr nie. Und nur diese Rose ist wirklich. Die Rosen, die ihr im Gedächtnis gespeichert habt, sind unwirklich, und die Rosen, von denen ihr träumt, sind auch unwirklich. Nur diese Rose ist wirklich. Mach dir diese bewußt, hier und jetzt.

Wenn du deine Energie vom Denken auf Bewußtsein verlagerst, entdeckst du augenblicklich die Spuren des Stiers.

Normalerweise folgst du der Masse. Das ist angenehm, das ist bequem, das ist beruhigend. In der Masse brauchst du dir keine Gedanken zu machen, die Verantwortung liegt bei der Masse. Du kannst alle Fragen den Experten überlassen. Und du kannst dich auf eine lange Tradition verlassen, auf die „Weisheit der Jahrhunderte". Und wenn es so viele Leute gibt, die alle dasselbe tun, ist es einfacher, sie nachzuahmen, statt deinen eigenen Kram zu machen, denn fängst du erst an, deinen eigenen Kram zu machen, kommen Zweifel auf. Vielleicht machst du's richtig, vielleicht auch nicht.

Wenn du etwas mit einer großen Masse zusammen machst, wirst du Teil von ihr. Die Frage, ob richtig oder unrichtig, kommt nie auf. „So viele Leute können sich nicht irren!" sagt der Kopf immerzu. „Sie müssen recht haben. Und seit Jahrhunderten machen sie das gleiche, da muß was Wahres dran sein. Wenn du Zweifel hast, dann ist das deine eigene Schuld". Seit Jahrhunderten und Aberjahrhunderten hat die Masse etwas ganz Bestimmtes getan. Man kann ganz leicht mitmachen, dasselbe tun. Aber wenn du erst einmal andere nachmachst, wirst du nie wissen können, wer du bist. Dann wird Selbsterkenntnis unmöglich.

Im Malayischen gibt es das Wort *Lattah*. Es ist sehr schön. Das Wort bedeutet: Leute machen andere nach, aus Angst. Aus Angst ahmen die Menschen andere nach. Habt ihr das schon mal beobachtet? Wenn du zum Beispiel im Theater sitzt und plötzlich brennt das Theater, und die Menschen fangen zu rennen an, dann rennst du der Masse nach, gleich wo die Masse hinrennt. So kommt es, daß, wenn ein Schiff sinkt, die gesamte Menschenmenge in eine Richtung rennt. Alles sammelt sich an einem Punkt, wodurch das Schiff nur noch schneller sinkt.

Immer, wenn du Angst hast, verlierst du deine Individualität. Da ist keine Zeit zum Nachdenken und zum Meditieren, da ist keine Zeit, von dir aus zu entscheiden – die Zeit ist knapp, und die Entscheidung drängt. In Zeiten der Angst ahmen die Menschen andere nach. Aber auch gewöhnlicherweise lebt ihr in lattah, lebt ihr in einem Zustand dauernder Ängstlichkeit. Und die Masse will nicht, daß du anders wirst, denn das weckt auch in den Köpfen der anderen Zweifel.

Wenn einer gegen die Masse angeht, ein Jesus oder ein Buddha, dann ist der Masse dieser Mensch unbehaglich, dann wird die Masse ihn zerstören. Oder, wenn die Masse sehr kultiviert ist, wird die Masse ihn anbeten. Aber beides ist das gleiche. Wenn die Masse ein wenig barbarisch ist, unzivilisiert, dann wird ein Jesus gekreuzigt. Wenn die Masse wie die Inder ist, sehr kultiviert, Jahrhunderte von Kultur, von Gewaltlosigkeit, von Liebe, von Spiritualität, dann werden sie den Buddha anbeten. Aber indem sie ihn anbeten, sagen sie: „Wir sind anders, du bist anders. Wir können dir nicht folgen, wir können nicht mit dir gehen. Du bist gut, sehr gut, aber zu gut, um wahr zu sein. Du gehörst nicht zu uns. Du bist ein Gott, wir beten dich lieber an. Aber laß uns zufrieden. Sag nicht solche Sachen, die uns aus den Angeln heben, die unseren friedlichen Schlaf stören können."

Ob ihr einen Jesus tötet oder einen Buddha anbetet – es läuft auf's gleiche hinaus. Jesus wird getötet, damit die Masse vergessen kann, daß solch ein Mann überhaupt existiert hat, denn wenn dieser Mensch wahr ist… und dieser Mensch ist wahr! Sein ganzes Wesen ist so voller Seligkeit, so voller Segnungen, daß er ganz einfach wahr ist, denn Wahrheit kann man nicht sehen, man kann nur den Duft spüren, der von einem wahren Menschen ausgeht. Andere können die Seligkeit fühlen, und das ist der Beweis, daß dieser Mensch wahr ist. Aber wenn dieser Mensch wahr ist, dann hat die große Masse unrecht und das ist zuviel!

Die große Masse kann einen solchen Menschen nicht ertragen. Er ist ein Dorn, er schmerzt. Dieser Mensch muß zerstört werden oder angebetet. Damit wir sagen können: „Du kommst aus einer anderen Welt. Du gehörst nicht zu uns. Du bist ein Freak, du bist nicht die Norm. Du magst eine Ausnahme sein, aber Ausnahmen bestätigen die Regel. Du bist du, wir sind wir. Wir wollen unsern Weg gehen. Gut, daß du gekommen bist, wir haben große Hochachtung vor dir, aber störe uns bitte nicht!" Wir stecken Buddha in den Tempel, damit er nicht auf den Marktplatz zu kommen braucht, sonst macht er nur Schwierigkeiten.

Ihr folgt anderen aus Angst. Aus Angst könnt ihr nicht zu Individuen werden. Wenn du also wirklich auf der Suche nach dem Stier bist, dann laß die Angst fallen, denn die Suche bringt es mit sich, daß du dich in Gefahr begibst, daß du Risiken eingehst. Und die Gesellschaft, die Masse, findet das nicht gut. Und die Gesellschaft wird dir alle möglichen Schwierigkeiten machen, um dich zurückzubringen und dich wieder normal zu machen.

Das erste also, was ich euch über den Menschen sagte, war, daß er mehr an Bildern als an der Wirklichkeit interessiert ist, mehr an Spiegeln als an der Wirklichkeit, mehr an seinem Image als an sich selbst. Und die zweite grundlegende Tatsache, die man sich über den Menschen merken muß, ist dies: daß der Mensch das einzige Tier ist, das aufrecht geht. Das einzige Tier, das auf seinen Hinterbeinen steht. Das bringt eine ganz einmalige Situation für den Menschen mit sich.

Tiere gehen auf ihren vier Beinen. Sie können nur in eine Richtung sehen. Der Mensch steht auf seinen zwei Füßen, er kann in alle Richtungen zugleich sehen. Er braucht dazu nicht den ganzen Körper umzuwenden. Nur eine Kopfwendung, und er kann in alle Richtungen blicken. Diese Möglichkeit hat dazu geführt, daß der Mensch zum Eskapisten wurde. Immer, wenn Gefahr droht, rennt er davon, statt zu kämpfen, statt sich der Gefahr zu stellen. In gleicher Situation müßte ein Tier sich dem Feind stellen. Der Mensch versucht, wegzurennen. Alle Richtungen stehen ihm offen. Der Feind kommt von Norden, ein Löwe steht da. Nun stehen dem Menschen alle Richtungen offen. Er kann davonlaufen, er kann fliehen.

Der Mensch ist das einzige eskapistische Tier. Daran ist nichts verkehrt, was den Kampf mit Tieren betrifft und der Mensch hat lange in der Wildnis gelebt. Er hat noch heute Respekt vor Löwen und Tigern; es muß viel vergangene Erfahrung dahinterstecken! Aber dieser Eskapismus ist zu einem tiefverwurzelten Mechanismus im Menschen geworden. Er macht jetzt das gleiche auf psychologischer Ebene.

Wenn Angst da ist, geht er lieber in eine andere Richtung, statt ihr zu begegnen, er betet zu Gott, bittet um Hilfe. Er fühlt sich arm, innerlich arm, aber statt sich der Armut zu stellen, häuft er Reichtum an, damit er vergessen kann, daß er innerlich arm ist. Da er sieht, daß er sich selbst nicht kennt, sammelt er lieber Wissen an, statt sich dieser Unwissenheit zu stellen; er bildet sich wie ein Papagei und plappert ständig geborgte Dinge nach.

Das sind alles Ausflüchte. Wenn du dir wirklich begegnen willst, wirst du lernen müssen, nicht davonzulaufen. Es ist Wut da: lauf ihr nicht davon. Jedesmal, wenn du wütend wirst, tust du etwas, um dich abzulenken. Wenn deine Energie in eine andere Richtung gelenkt wird, wird deine Wut natürlich unterdrückt. Sie kann von dir keine Energie bekommen. Sie fällt ins Unbewußte zurück. Aber sie wird sich rächen; früher oder später wird sie eine neue Gelegenheit finden und kommt dann in viel stärkerem Maße hoch, als es der Situation entspricht.

Wenn Sex in dir aufkommt, lenkst du dich mit etwas anderem ab. Du fängst an, ein Mantra aufzusagen. Aber das sind alles Ausflüchte. Und merkt euch: Religion ist keine Ausflucht. Die Religionen, die ihr kennt, sind alle Ausflüchte; aber die Religion, von der ich spreche, ist keine Ausflucht – sie ist ein Sichstellen. Dem Leben muß man sich stellen. Was immer dir vor die Nase kommt, da mußt du tief hineinschauen, denn genau diese Tiefe wird zu deiner Selbsterkenntnis.

Hinter der Wut ist die Fährte des Stiers. Hinter dem Sex ist die Fährte des Stiers. Wenn du vor dem Sex, vor der Wut davonläufst, vor der Habgier, vor diesem und jenem, läufst du vor den Spuren des Stiers davon. Und dann kannst du unmöglich herausfinden, wer du bist.

Diese beiden Dinge: daß der Mensch mehr an Einbildungen interessiert ist… Habt ihr gesehen, wenn die Leute sich einen Film ansehen, wie anders sie dann sind? Sie weinen. Wenn etwas auf der Leinwand passiert, fließen ihnen die Tränen aus den Augen. Im wirklichen Leben findet ihr sie lange nicht so nett, so mitfühlend. Im wirklichen Leben können sie sehr hart sein. Aber wenn sie sich einen Film ansehen und es gibt da gar nichts auf der Leinwand, nur Licht und Schatten, ein Lichtspiel, einen Traum, weinen und schluchzen und lachen sie und regen sich auf. Statt sich den Film anzusehen, lohnt es sich mehr, sich das Publikum anzusehen. Was geht in diesen Leuten vor?

Der Mensch scheint sich mehr für Illusionen zu interessieren als für die Wirklichkeit. Und wenn du versuchst, jemanden aus seinen Illusionen aufzuwecken, wird er wütend. Er wird es dir nicht verzeihen. Er wird sich rächen du hast ihn gestört.

Diese Fiktionen des Geistes und die ständige Bereitschaft davonzulaufen, das sind die beiden Probleme, denen man sich stellen muß.

Ich habe gehört:

Eine Mutter will den Samstagnachmittag in der Stadt verbringen, und der Vater, ein Statistiker, opfert widerwillig sein Golfspiel, um die Kinder zu hüten. Als sie zurückkommt, gibt der Vater folgenden Bericht über den Ablauf des Nachmittags:

„Tränen getrocknet neunmal. Schuhe angezogen dreizehnmal. Luftballons gekauft drei pro Kind. Durchschnittliche Lebensdauer pro Luftballon dreizehn Sekunden. Kinder verwarnt, nicht über die Straße zu laufen einundzwanzigmal. Anzahl der Samstage, die ich noch einmal so zu verbringen gedenke Null."

Ein Statistiker ist ein Statistiker. Der Verstand ist mehr mathematisch. Darum hat der Verstand so viel Macht gewonnen. Darum ist es so schwierig, aus dem Verstand herauszukommen.

So viele Investitionen! Deine ganze Leistungsfähigkeit, dein ganzes Kaliber, deine ganze Karriere, alles hängt vom Verstand ab. Und in der Meditation mußt du aus ihm aussteigen! Und so entschließt du dich wohl so manches Mal, aus ihm herauszukommen, aber tief unten klammerst du dich an ihn.

Der Verstand macht sich auf vielerlei Weise bezahlt. Vor allem in der Welt. Wenn du da ohne den Verstand überleben willst, kannst du nicht konkurrieren, kannst du nicht gewaltsam sein, kannst du nicht am Rattenrennen der Halsabschneider teilnehmen, das pausenlos im Gang ist. Zu dieser Masse von Wahnsinnigen wirst du nicht gehören. Du wirst dich ganz am Straßenrand halten müssen, du wirst dir deinen eigenen Fußweg suchen müssen.

Freilich du wirst reich dabei, ungeheuer reich, aber die Gesellschaft wird es nicht als Reichtum ansehen. Du wirst schön werden, ungeheuer schön, aber deine Schönheit wird unverständlich sein für die Durchschnittsköpfe, aus denen die Gesellschaft besteht. Du wirst sehr, sehr glücklich, selig, still werden, aber die Leute werden glauben, du seist verrückt geworden. Denn für sie ist Unglück der Normalzustand der menschlichen Natur. Unglücklich zu sein, das scheint okay. Aber selig zu sein, das wirkt wie eine Art Wahnsinn. Wer hätte je von einem Menschen gehört, der glücklich wäre, ohne verrückt zu sein? Sowas gibt's gar nicht.

Wenn du also wirklich auf der Suche nach dem Stier bist, wirst du dies Risiko auf dich nehmen müssen, aus der Masse auszusteigen. Und du kannst nur dann aus der Masse aussteigen, wenn du aus dem Verstand aussteigen kannst – denn es ist die Masse, die deinen Verstand erzeugt hat.

Der Verstand ist die innere Masse. Die Masse hat in dir einen Mechanismus hergestellt. Von da aus wirst du kontrolliert. Die

Gesellschaft glaubt an bestimmte Dinge. Diese Glaubenssätze hat sie dir eingeimpft. Sie hat dich, als du praktisch noch unbewußt warst, bis in die tiefste Schicht hypnotisiert, eine bestimmte Rolle zu spielen. Wenn du dagegen verstößt, sagt das Gewissen sofort nein. Dieses Gewissen ist in Wirklichkeit gar kein Gewissen. Es ist ein Ersatz, ein gesellschaftlicher Trick, ein politisches Spiel. Die Gesellschaft hat in deinem Hirn bestimmte Regeln hergestellt, und wenn du gegen sie verstößt, kommt aus deinem Innern sofort die Stimme der Gesellschaft: „Mach das nicht! Das ist falsch! Das ist Sünde!" Die Gesellschaft zwingt dich von innen her, dich schuldig zu fühlen.

Wenn du aus deinem sogenannten Gewissen herauskommen, und zu einem wirklichen und authentischen Gewissen gelangen willst, dann gehört eine große Anstrengung dazu. Und die ganze Anstrengung besteht darin, vom Verstand zum Nichtverstand überzugehen, vom Gewissen zum Bewußtsein.

Gewissen wird dir von der Gesellschaft mitgegeben. Bewußtsein kommt aus dir selbst. Gewissen ist geborgt, fadenscheinig, morsch. Gewissen kommt aus der Vergangenheit, die nicht mehr ist, und das Leben hat sich seither völlig verändert. Bewußtheit kommt aus dir. Bewußtheit gehört immer der Gegenwart an, sie ist immer frisch. Bewußtheit wird dir innere Einheit geben. Bewußtheit ist innere Einheit, Integrität.

Das Wort „Integrität" kommt aus dem Lateinischen. Es hat zwei Wurzeln: „in" und „Tanker", und es bezeichnet das Unberührte, Reine, Ganze, Jungfräuliche. Ein Mensch von Integrität ist heil, ist nicht viele, ist eines. Ein Mensch von Integrität ist rein, unkorrumpiert von der Vergangenheit, jungfräulich. Und aus dieser Jungfräulichkeit kommt der Duft, den wir Religion nennen. Moral ist nicht Religion. Moral ist ein sozialer Trick. Religion ist individuelle Entdeckung, du mußt Religion entdecken. Moral kann dir mitgegeben werden, Religion nie und nimmer.

Nun die Sutras. Das dritte Sutra.

Der Stier wird entdeckt.

Ich höre das Lied der Nachtigall.
Die Sonne ist warm, der Wind ist lau,
die Weidenbäume sind grün am Fluß entlang.
Hier kann sich kein Stier verstecken!
Welcher Künstler vermag diese mächtige Stirn zu zeichnen,
und dies majestätische Gehörn?

Das vierte Sutra.

Der Stier wird gefangen.

Mit ungeheurem Kampf fange ich ihn.
Seine große Willenskraft und Macht sind unerschöpflich.
Er galoppiert zum Felsplateau hinauf,
hoch über dem Wolkendunst, oder steht in unwegsamer Schlucht.

Das dritte Sutra handelt von den Sinnen:

Ich höre das Lied der Nachtigall.
Die Sonne ist warm, der Wind ist lau,
die Weidenbäume sind grün am Fluß entlang.

Wenn du empfänglich wirst, empfindsam für alles, was um dich her geschieht, den Gesang der Nachtigall, wenn du empfindsam wirst für alles, was dir zustößt und dich umgibt, dann ist die Sonne warm, der Wind lau, und die Weidenbäume sind grün am Fluß entlang...

Die religiöse Suche ist anders als die wissenschaftliche. Bei der wissenschaftlichen Suche, der Forschung, mußt du konzentriert sein, und zwar so sehr, daß du darüber die ganze Welt vergißt. Es gab Fälle, daß ein Wissenschaftler in seinem Labor arbeitete und das Haus zu brennen anfing, und er hatte es nicht bemerkt und mußte herausgeholt werden. Er war so konzentriert... das Bewußtsein verengt sich so sehr, daß alles andere ausgeschlossen, ausgeklammert wird, und nur ein Gegenstand übrig bleibt, wie eine Zielscheibe.

Wir haben in Indien ein großes episches Gedicht, das *Mahabharat*. Die Bhagavad Gita ist nur ein Teil davon.

Die Pandavas und die Kauravas, die Vettern, werden von einem Meister im Bogenschießen unterrichtet, Dronacharya. Eines Tages hat er die Zielscheibe an einem Baum befestigt und fragt jeden seiner Schüler, was er sieht. Einer sagt: „Ich sehe den Baum und den Himmel und die aufgehende Sonne."

Ein anderer sagt: „Ich sehe den Baum, seine Zweige, die Vögel darauf." Und so weiter, bis sein Meisterschüler an der Reihe ist, Arjuna. Und er fragt ihn: „Was siehst du?"

Er antwortete: „Ich sehe nichts außer der Zielscheibe."

Und Dronacharya sagt: „Nur du kannst ein großer Bogenschütze werden."

Konzentration ist eine Verengung des Bewußtseins. Ein konzentrierter Geist wird völlig unempfänglich für alles andere.

Genau das ist Meditation: bewußt zu werden für alles, was geschieht, ohne jede Wahl. Einfach nur wahllos bewußt zu sein.

Ich höre das Lied der Nachtigall.
Die Sonne ist warm, der Wind ist lau,
die Weidenbäume sind grün am Fluß entlang.
Hier kann sich kein Stier verstecken!

Bei solcher Empfindsamkeit, wie kann sich da der Stier verstecken? Der Stier kann sich nur verstecken, wenn du auf einen Punkt konzentriert bist. Dann gibt es viele Richtungen, wo sich der Stier verstecken kann. Aber wenn du auf keine Richtung fixiert bist, für alle Richtungen offen bist, wie kann sich der Stier da verstecken?

Ein wunderschönes Sutra. Jetzt ist es ausgeschlossen, weil es keinen einzigen Winkel mehr gibt, der aus deinem Bewußtsein ausgeschlossen wird. Es gibt keinen blinden Fleck mehr.

Mit Hilfe von Konzentration kann man ausweichen. Du wirst dir eines Gegenstandes bewußt, auf Kosten von tausend anderen Dingen. In der Meditation bist du einfach nur bewußt ohne jedes Ausklammern. Du läßt nichts aus. Du bist einfach offen. Wenn die Nachtigall singt, bist du offen dafür. Wenn du die Sonne spürst, wenn sie deinen Körper streichelt und du ihre Wärme fühlst, bist du offen dafür. Wenn der Wind vorbeistreicht, dann spürst du ihn, dann bist du offen für ihn. Ein Kind weint, ein Hund bellt, du bist einfach bewußt. Du bist auf kein Objekt fixiert.

Konzentration ist objektbezogen. Meditation hat kein Objekt. Und in dieser wahllosen Bewußtheit verschwindet das Denken, denn das Denken kann nur weitergehen, solange das Bewußtsein verengt wird. Wenn sich das Bewußtsein ausweitet, völlig offen wird, kann das Denken nicht bestehen. Das Denken existiert nur da, wo eine Wahl getroffen wird.

Du sagst: „Dieser Gesang der Nachtigall ist schön!" In dem

Moment wird alles übrige ausgeschlossen. Der geistige Apparat hat sich eingemischt. Ich will es einmal so sagen: Denken ist ein verengter Bewußtseinszustand. Das Bewußtsein fließt durch einen sehr engen Kanal, durch einen Tunnel. Meditation heißt einfach, unter freiem Himmel stehen, offen für alles.

Hier kann sich kein Stier verstecken!
Welcher Künstler vermag diese mächtige Stirn zu zeichnen,
und dies majestätische Gehörn?

Und plötzlich ist der Stier zu sehen! Bei großer Empfindsamkeit wirst du dir plötzlich deiner Energie bewußt – reine Energie, reines Entzücken!

Welcher Künstler vermag diese mächtige Stirn zu zeichnen,
und dies majestätische Gehörn?

Nein, kein Künstler kann es zeichnen, denn es ist der wirkliche Stier, kein Bild!

Der Prosa-Kommentar:

Sobald man die Stimme hört, spürt man, woher sie kommt. So-
bald die sechs Sinne verschmelzen, hat man das Tor durchschritten.

Dies ist Empfindsamkeit, und nichts anderes: alle deine Sinne sind zu einer Empfindung verschmolzen. Nicht, daß du nun Augen und Ohren und Nase bist – nein. Du bist Augeohrnase, alles in einem. Lückenlos. Du siehst und du hörst und du fühlst und du riechst und du schmeckst alles auf einmal, gleichzeitig. Du hebst nicht einen bestimmten Sinn hervor.

Gewöhnlicherweise treffen wir alle eine Wahl. Ein paar Menschen sind augenorientiert. Sie sehen nur, sie können nicht so gut hören, sie sind tonblind. Wenn irgendeine große Musik gespielt wird, macht sie das nur nervös: „Was gibt es da groß zu hören?" Aber wenn es etwas zu sehen gibt, sind sie da. Ihnen gefällt vielleicht Tanz, aber nicht Gesang.

Es gibt ohrorientierte Leute, die Töne genießen können und Gesang, aber deren Augen stumpf sind. Und das gleiche gilt für die anderen Sinne. Jeder Mensch hat seine Energie einem der Sinne geopfert, und der ist dann zum dominierenden Faktor geworden, zum diktatorischen Faktor. Vor allem die Augen sind wichtig geworden, und achtzig Prozent eurer Energie ist den Augen gewidmet. Andere Sinne leiden sehr, weil nur zwanzig Prozent für sie übrig bleiben. Das Auge ist zum Adolf Hitler geworden. Die Demokratie eurer Sinne ist verlorengegangen.

Darum habt ihr mit einem Blinden mehr Mitleid als etwa mit einem Tauben. Dabei hätte der Taube euer Mitgefühl nötiger, denn ein tauber Mensch ist völlig von der Gesellschaft abgeschnitten. Ein Blinder ist nicht so stark von der Gesellschaft isoliert, denn da menschliche Gesellschaft im Grunde Sprache ist, ist der Taube von aller Kommunikation abgeschnitten. Ein tauber Mensch ist in einer schwierigen Lage, aber niemand hat so viel Mitleid mit ihm wie mit einem Blinden. Warum? Weil unsere Zivilisation zu achtzig Prozent Auge ist.

Darum sagen wir von einem, der zur Wahrheit gelangt ist, daß er ein großer Seher ist. Warum Seher? Wahrheit kann auch gehört werden! Wahrheit kann auch geschmeckt werden, Wahrheit kann gerochen werden... Warum nennen wir ihn lediglich einen großen Seher? Wegen der Augen: wir sind augenorientiert. Und das ist ein sehr unausgewogener Zustand. Jedem Sinn muß die totale Freiheit gegeben werden, und alle

Sinne sollten zu einem großen Strom von Bewußtheit, von Empfindsamkeit verschmelzen.

Ein wirklich weiser Mensch lebt durch alle seine Sinne. Seine Berührung ist total. Wenn ein wirklich weiser Mensch dich berührt, spürst du augenblicklich die Übertragung von Energie. Plötzlich fühlst du: Etwas in dir ist geweckt worden. Seine Energie hat deine schlafende Energie berührt. Etwas steigt in dir auf.

Wenn du die Stimme eines wirklich weisen Menschen hörst, dann ist das, was er sagt, bedeutsam, aber auch seine Stimme ist bedeutsam. Etwas rührt an dein Herz, etwas, das wie Balsam ist. Seine Stimme hüllt dich ein wie eine warme Decke, seine Stimme hat Wärme, sie ist nicht kalt. Sie hat etwas Singendes, etwas Lyrisches an sich.

Das Sutra sagt:

Sobald man die Stimme hört, spürt man, woher sie kommt. Sobald die sechs Sinne verschmelzen, hat man das Tor durchschritten.

In diesem Punkt ist Zen unübertroffen. Keine andere Religion, keine andere spirituelle Richtung, ist so tief auf dem richtigen Weg vorgedrungen. Deine Sinne müssen lebendig bleiben und nicht nur das: Deine Sinne sollten zu einem tiefen inneren Rhythmus, zu einer tiefen inneren Harmonie zusammenfinden. Sie sollten zu einem Orchester werden. Nur dann kann die Wahrheit erkannt werden, nur dann kannst du den Stier fangen.

Von wo man auch eintritt, überall sieht man den Kopf des Stiers.

Und dann, wenn deine Sinne total lebendig sind und ineinander verschmelzen und du wie zu einem Becken voller Energie geworden bist, dann „sieht man den Kopf des Stiers, von wo man auch eintritt."

Diese Einheit ist wie Salz im Wasser...

Deine Bewußtheit durchdringt alle Sinne, wie Salz das Wasser.

...wie der Farbstoff in der Farbe. Nicht das geringste Ding ist abgetrennt vom Selbst.

Und aus dieser Einheit der Empfindung entsteht das Selbst, das Atman dein authentisches Wesen. Stelle einen Rhythmus her, stelle eine Harmonie her, mache ein Orchester aus deinem Dasein. Dann kann sich der Stier nirgendwo verstecken.

Mit ungeheurem Kampf fange ich ihn.

Es wird einen Kampf geben, denn der Kopf gibt seine Macht nicht so leicht auf. Der Kopf hat so lange den Diktator gespielt, und jetzt willst du, daß der Diktator vom Thron steigt – er denkt nicht dran. Der Kopf hat sich angewöhnt, dir zu befehlen und dich seine Macht spüren zu lassen. Er wird dir einen harten Kampf liefern. Er wird dich verfolgen und immer wieder schwache Augenblicke finden, in denen er dich erneut überwältigen kann.

Ich habe eine wunderschöne Anekdote gehört:
Die Familie hat sich zum Abendessen hingesetzt.
Der älteste Sohn erklärte, er wolle das Mädchen von nebenan heiraten.

„Aber ihre Eltern haben ihr nichts hinterlassen", protestierte der Vater.

„Und sie gibt alles aus, was sie verdient", fügte die Mutter hinzu.

„Versteht sie was von Fußball?" erkundigte sich der jüngere Bruder.

„Hat man je ein Mädchen mit soviel Sommersprossen gesehen?" kicherte die Schwester.

„Sie liest immer nur Bücher", murmelte der Onkel.

„Und kleidet sich nicht gerade geschmackvoll, wenn du mich fragst", giftete die Tante.

„Aber spart nicht mit Lippenstift und Puder!" flötete die Großmama.

„Richtig", sagte der Sohn, „aber sie hat uns allen etwas Unschätzbares voraus!"

„Und das wäre?" erklang es im Chor.

„Keine Familie!" war die bündige Antwort.

Die Familie ist immer dagegen. Jetzt will der Sohn heiraten. Das bedeutet, daß von nun an eine fremde Frau, ein Außenseiter, in seinem Leben die Hauptrolle spielt. Die Familie fühlt sich in Frage gestellt. Gewöhnlicherweise, normalerweise, akzeptiert keine Familie so eine Situation, sie kämpft.

In Indien ist Liebe nicht erlaubt. Die Ehe wird von der Familie arrangiert. Der Vater muß darüber nachdenken, der Onkel hat mitzureden, die Brüder, die Mutter, jeder, außer dem wirklich Betroffenen, außer dem Heiratskandidaten. Der darf nicht gefragt werden. Als hätte er nichts damit zu tun. Er muß mit der Frau leben, an die er verheiratet wird, aber er wird nicht einmal gefragt. Auf diese Weise fühlt sich die Familie nicht bedroht; es ist ihre eigene Wahl.

Aber wenn ein Sohn kommt und sagt: „Ich habe mich verliebt", fühlt sich die ganze Familie angegriffen. Die Feindseligkeit kommt daher, daß ein fremder Mensch jetzt sehr, sehr wichtig wird. Die Mutter wird sich nie mit der Schwiegertochter abfinden. Es wird ein ständiges Hin und Her geben, pausenlosen Kleinkrieg. Denn bisher war die Mutter unumschränkte Herrscherin, und plötzlich wird sie abgesetzt. Jetzt ist eine andere Frau – eine Fremde, die nie etwas für ihren Jungen getan hat – auf dem Thron. Es kommt zum Kampf.

Das gleiche passiert bei der inneren Suche: dein Verstand ist deine innere Familie. Wann immer du etwas Neues machen willst, wann immer du ins Unbekannte aufbrechen willst, ist der Verstand dagegen. Er sagt: „Nein, das ist nicht recht." Der Verstand wird mit tausend und einer Rationalisierung aufwarten und wird dir einen harten Kampf liefern. Das ist natürlich. Macht euch also darum keine Gedanken – es muß eben so sein. Aber wenn ihr durchhaltet, werdet ihr gewinnen. Nur Ausdauer, Beständigkeit gehört dazu.

Mit ungeheurem Kampf fange ich ihn.

Aber wenn du erstmal den Stier gesehen hast, die Energie deiner wahren Natur, dann kannst du dich ihrer bemächtigen. Natürlich, es wird ein Kampf, denn der Verstand war so lange an der Macht:

Seine große Willenskraft
und Macht sind unerschöpflich.
Er galoppiert zum Felsplateau hinauf,
hoch über dem Wolkendunst;
oder steht in unwegsamer Schlucht.

Und diese Energie, dieser Stier, ist unerschöpflich. Manchmal steht er auf einem Berggipfel, auf der Höhe der Erfahrung. Manchmal in einem Tal, einer tiefen Schlucht.

Wenn du erst einmal für die Welt um dich her empfänglich geworden bist, kann deine Empfindsamkeit nach innen gelenkt werden, auf deine innere Heimat. Es ist die gleiche Empfindsamkeit, mit der du eine Nachtigall singen hörst, mit der du die Wärme der Sonne spürst, mit der du den Duft einer Blume einatmest. Es ist die gleiche Empfindsamkeit, die jetzt nach innen gelenkt werden muß. Mit der gleichen Empfindsamkeit wirst du dich schmecken, dich riechen, dich sehen, dich fühlen.

Benutzt die Welt als Übungsfeld der Sensibilisierung. Merkt es euch gut: wenn du immer empfänglicher wirst, wird alles absolut in Ordnung gehen. Stumpfe nicht ab. Laß alle deine Sinne scharf sein, feinnervig, lebendig, voller Energie. Und hab keine Angst vor dem Leben. Wenn du vor dem Leben Angst hast, machst du dich unempfindlich, damit dich niemand verletzen kann.

Viele Leute kommen zu mir und sagen, daß sie sich gern verlieben würden, aber sie können es nicht, weil sie Angst haben, zurückgestoßen zu werden. Wenn sich ihnen jemand nähert, verschließen sie sich aus der Angst heraus: Wer weiß? Der andere könnte Schwierigkeiten machen. Wer weiß? Es könnte Probleme mit dem anderen geben. Es ist besser, traurig und allein zu sein, statt glücklich und mit jemandem zusammen, denn dieses Glück könnte Gefahren bringen."

Ich will euch eine kleine Geschichte erzählen:

Er hatte die Verlobung satt und beschloß, ihr auf diplomatische Weise ein Ende zu machen.

„Liebling", sagte er eines Tages, „wir passen einfach nicht zusammen. Unsere Temperamente sind zu verschieden. Wir werden uns nur streiten und piesacken."

„Aber Liebster", sagte sie, „das bildest du dir ein. Wir lieben uns wie zwei Turteltauben!"

„Wirklich, mein Liebling, wir werden nie einer Meinung sein, und es wird immer Reibereien zwischen uns geben."

„Ach was, es wird wie Romeo und Julia sein. Ich werde die vollkommene Ehefrau sein, und wir werden nie einen Streit haben."

„Herzchen, ich sag dir doch, es wird nichts als Streit zwischen uns geben."

„Aber Liebster, ich beteure dir..."

„Siehst du!" schrie er, „was hab ich dir gesagt? Wir streiten ja jetzt schon!"

Die Menschen haben Angst. Wenn sie sich auf irgendeine Beziehung einlassen, könnten sie zurückgestoßen werden. Wenn sie sich auf eine Beziehung einlassen, könnten sie sich als Versager entpuppen. Wenn sie sich auf eine Beziehung einlassen, kommt ihre Wirklichkeit an die Oberfläche, und die Masken fallen. Sie haben Angst, daß der andere sie eines Tages im Stich lassen könnte. Es ist also besser, sich auf nichts einzulassen, sonst tut es sehr weh. So werden sie unempfindlich. Sie gehen mit verbundenen Augen durchs Leben, und dann fragen sie: „Wo ist Gott?" Gott ist überall! Ihr müßt nur empfänglich sein, und ihr seht den Stier überall.

Hinter jedem Baum, hinter jedem Fels versteckt sich der Stier. Berühre ihn mit Liebe, und sogar der Fels wird dir antworten, du kannst den Stier dort fühlen. Sieh voller Liebe auf die Sterne, und die Sterne werden antworten. Der Stier ist dort versteckt.

Der Stier ist die Energie des Ganzen. Du bist Teil davon.

Wenn du lebendig und empfänglich bist, kannst du das Ganze spüren.

Der Prosa-Kommentar:

Er wohnte lange Zeit im Wald, aber heute fing ich ihn! Verliebt in schöne Ausblicke, verliert er seine Richtung. Voll Sehnsucht nach süßerem Gras, wandert er ab. Sein Sinn ist noch bockig und unge-zügelt. Wenn ich will, daß er sich fügt, muß ich meine Peitsche heben.

Das Wort „Peitsche" ist ein bißchen schwierig. Normaler-weise assoziiert man Gewalt damit: „zur Peitsche greifen". Aber im Buddhismus ist die Peitsche kein Symbol der Repression, der Gewalt. Die Peitsche steht einfach für Bewußtheit.

Zum Beispiel: Wenn jemand plötzlich mit dem Schwert auf dich zukommt, um dich zu töten – was passiert? Im selben Au-genblick bleibt der Geist stehen. Das Schwert blitzt dir in die Augen, und der Geist steht still. Der Augenblick ist so gefähr-lich, daß du dir den Luxus des Denkens nicht leisten kannst. Plötzlich ist da ein Riß – der Geist ist nicht mehr da, und der Nicht-Geist zeigt sich.

In gefährlichen Situationen tritt plötzlich Meditation ein, ei-nen einzigen Augenblick lang. Danach bist du wieder da, aber es kommt vor. Plötzlich, du fährst gerade im Auto, droht ein Unfall. Und einen Augenblick, nur einen Augenblick zuvor, wird dir bewußt, daß dieser Unfall jetzt passieren wird. Deine Bremse funktioniert nicht, oder das Auto gerät ins Schleudern – in diesem Moment steht alles Denken still. Plötzlich bist du in einem Zustand der Meditation, wach, bewußt. Das ist die Bedeutung der Peitsche.

In Zen-Klöstern geht der Meister mit einem Stock herum, einem Stab, wenn die Schüler meditieren. Und jedesmal, wenn er sieht, wie einer nachläßt, eindöst, schlägt er ihm hart auf den Kopf. Ein plötzlicher Ruck... die Energie wird wach, ein kurzer Lichtblick. Manchmal ist einer so zum *Satori* gekommen. Der Meister schlägt hart zu: du warst kurz vorm Einschlafen, du warst genau auf der Schwelle. Von dieser Schwelle öffnen sich zwei Türen: die eine Tür führt in den Schlaf, die andere ins Samadhi. Dieser Augenblick ist sehr trächtig. Normalerweise schläfst du ein, das ist deine alte Routine. Aber du bist auf der Schwelle, und wenn du in diesem Augenblick wach und bewußt gemacht werden kannst, kann ein Schimmer von Satori, von Samadhi in deinem Leben aufblitzen.

Patanjali sagt in seinen Yoga-Sutras ebenfalls, daß der Tiefschlaf dem *Samadhi* gleich ist, nur mit dem Unterschied, daß die Bewußtheit fehlt. Im *Samadhi* bist du so tief im Schlaf wie in jedem anderen Schlaf, aber du bist aufmerksam dabei. Der ganze Mechanismus schläft: der Körper, der Geist – beides schläft. Du aber bist wach. Es ist also manchmal vorgekommen, daß ein Mensch vom Meister auf den Kopf geschlagen wurde und dabei erleuchtet wurde. Das ist die Peitsche des Zen.

Wenn ich will, daß er sich fügt, muß ich meine Peitsche heben.

Der Kampf wird schwierig werden. Man sollte sich das von vornherein klarmachen, damit man unterwegs nicht den Mut verliert. Es wird schwer sein.

Dein Kopf hat eine sehr negative Einstellung gegenüber deiner inneren Suche. Er ist dagegen. Es ist viel leichter, gegen etwas, als für etwas zu sein. Es ist viel leichter, Nein zu sagen, als Ja. Der Kopf ist ein Nein-Sager.

Ich habe von einem juristischen Experten gehört, Clarence Darrow, der ein bekannter, weltberühmter Anwalt war. Sein ganzes Leben hatte er sich bei Streitgesprächen auf der Gegenseite befunden. Heute sollte er mit einem Anwalt debattieren.

„Sie sind mit dem Fall vertraut?" fragte der andere.

„Nein", gab Darrow zu.

„Wie können Sie sich da auf eine Debatte einlassen?"

„Das ist leicht", sagte Darrow. „Ich übernehme die Gegenseite. Ich kann über alles diskutieren, solange es dagegen ist."

Es ist leicht, sehr leicht, bei allem dagegen zu argumentieren. Das Neinsagen fällt dem Kopf leicht. Sagst du erstmal Ja, werden die Dinge schwierig. Das Nein setzt der ganzen Sache einfach ein Ende. Da braucht man gar nicht erst weiterzugehen. Zum Beispiel: Wenn ich dir sage, daß diese Bäume schön sind und du Ja sagst, und ich dann frage Warum, „Warum findest du diese Bäume schön?", dann wird es sehr schwierig sein, es zu beweisen. Tausende von Jahren haben sich Philosophen die Köpfe darüber zerbrochen, was Schönheit ist, und niemand ist bisher imstande gewesen, sie zu definieren. Wenn ich dich also frage warum, wird es schwierig für dich. Aber wenn du Nein sagst, dann hast du kein Problem, denn nun liegt es an mir zu beweisen, daß sie schön sind. Du sagst einfach Nein.

Nein ist sehr wirtschaftlich. Ja ist riskant. Aber vergeßt nicht: hast du einmal Nein gesagt, wirst du weniger lebendig. Jemand, der immer wieder Nein sagt, Nein, Nein, Nein, wird immer unempfindlicher. Nein ist ein Gift. Paßt auf! Versucht, öfter Ja zu sagen, auch wenn es schwer fällt, denn mit dem Ja verliert der Kopf seine Kontrolle über dich. Mit dem Nein wird die Kontrolle immer stärker.

Und der Kopf wird dich bis zum bitteren Ende verfolgen.

Erst am endgültigen Schlußpunkt, erst auf den Stufen zum Tempel Gottes, verläßt dich der Kopf niemals zuvor. Er verfolgt dich auf Schritt und Tritt.

Ein Geschäftsmann war gestorben. Er hatte sich kaum aufgewärmt, da spürte er einen herzhaften Schlag auf den Rücken. In seinem Ohr dröhnte die laute Stimme des hartnäckigen Vertreters, der ihn schon auf Erden immer verfolgt hatte.

„Nun", lachte der Vertreter, „ich habe meinen Termin mit dir eingehalten."

„Was für einen Termin?"

„Weißt du das nicht mehr?" fragte der Vertreter, „jedesmal wenn ich dich in deinem Büro besuchte, hast du gesagt, du wolltest dich hier mit mir treffen."

Jetzt sind sie in der Hölle... Der Kopf wird dich ständig verfolgen, bis zum bitteren Ende. Erst im letzten Augenblick wird er dich aufgeben. Daher ist der Kampf sehr hart, aber nicht unmöglich. Schwer, aber nicht unmöglich.

Und wenn du nur ein klein wenig Nicht-Geist erlangt hast, dann kannst du sehen, daß alle Mühe, die es gekostet hat, nichts war im Vergleich mit dem, was du dafür bekommen hast. Du hast das Gefühl, gar nichts getan zu haben – so unschätzbar ist diese innerste Erfahrung, deine eigene Energie zu entdecken, deine Lebensenergie. Und schließlich: der Stier wartet immer auf dich. Der Stier ist nichts Äußerliches. Der Stier ist dein innerster Wesenskern. Zwischen dem Stier und dir ist eine hohe Mauer aus Gedanken, aus Geist. Die Gedanken sind die Ziegelsteine, durchsichtige Ziegelsteine, aus Glas gemacht, so daß du hindurchsehen kannst, ohne auch nur zu merken, daß es zwischen dir und der Wirklichkeit eine Mauer gibt.

Ich habe einmal gehört, daß ein Fisch im Meer eines Tages die Fischkönigin fragte: „Ich hab soviel vom Meer gehört, alle reden davon – aber wo ist dies Meer?"

Und die Fischkönigin mußte lachen und sagte: „Du wurdest in diesem Meer geboren, du stammst aus diesem Meer, du lebst in diesem Meer. Jetzt im Augenblick bist du in ihm, und es ist in dir. Und eines Tages wirst du wieder im Meer verschwinden."

Aber die Frage klingt sinnvoll, denn woher soll der Fisch das wissen? Schließlich ist das Meer immer dagewesen, ohne einen Augenblick auszusetzen. Es war so unübersehbar da, so selbstverständlich, so durchsichtig! Eines ist gewiß: daß der Fisch, mit seinem Fischverstand, der letzte sein wird, der je etwas vom Meer wissen wird. So nah, und daher so fern! So offenbar, und daher so verborgen! So zugänglich, und daher so leicht zu übersehen!

Der Mensch lebt auch in einem Meer von Energie, ein- und dieselbe Energie, innen wie außen. Du bist aus ihr hervorgegangen, du lebst in ihr, du wirst dich in sie auflösen. Und wenn du sie nicht entdeckst, dann nicht deshalb, weil sie so weit weg ist, sie entgeht dir, weil sie so nahe ist. Du findest sie nicht, weil du sie nie verloren hast. Sie war immer da. Werde nur feinfühliger.

Höre mehr den Nachtigallen zu. Höre den Bäumen zu, der Musik, die um dich herum ist. Höre alles, sieh alles, fühle alles, mit einer solchen Intensität und einer solchen Empfänglichkeit, daß du ganz zu Augen wirst, wenn du etwas siehst, zu Ohren, wenn du etwas hörst, zu Gefühl, wenn du etwas fühlst. Und du bist auf keinen deiner Sinne festgelegt – alle Sinne werden eins. Alle Sinne werden zu einer einzigen Sinnlichkeit und plötzlich wirst du entdecken, daß du immer schon in Gott warst, daß du schon immer mit Gott warst.

Für mich gibt es nur eines, was zu lernen ist: wie man immer empfindsamer wird. Andere Religionen haben euch gelehrt, unempfindlich zu werden, eure Sinne abzutöten und zu zerstören. Ich sage euch, macht sie so stark wie möglich, weil letzten Endes Gott und Leben nicht zu trennen sind. Für das Leben lebendig sein heißt, für Gott lebendig sein. Und das ist das einzige Gebet. Alle anderen Gebete sind Eigenfabrikation, menschliches Machwerk. Offene Sinne sind das einzige gottgegebene Gebet.

Sei wach, sei bewußt. Hör den Gesang der Nachtigall. Erlaube der Sonne, dich zu berühren und fühle die Wärme. Laß den Windhauch nicht einfach an dir vorübergehen, sondern laß ihn durch dich hindurchgehen, so daß er dein Herz immer wieder reinigt. Seht doch!

Die Weidenbäume sind grün am Fluß entlang.
Hier kann sich kein Stier verstecken!

Es ist unmöglich für Gott, sich zu verstecken.

Gott ist nicht verborgen, nur ihr lebt mit Binden vor den Augen. Ihr seid nicht blind! Gott ist nicht verborgen! Nur eure Augen sind verbunden, mit Binden, gewebt aus Gedanken, Wünschen, Einbildungen, Träumen, Fiktionen – alles Fiktionen.

Wenn ihr die Fiktionen aufgeben könnt, wenn ihr eure Fiktionen lassen könnt, seid ihr plötzlich in der Wirklichkeit. Ich fordere euch also nicht auf, der Welt zu entsagen, ich fordere euch nur dazu auf, den Träumen zu entsagen, das ist alles! Entsagt nur dem, was ihr nicht habt. Entsagt nur dem, was ihr gar nicht wirklich in Händen habt, ihr bildet euch bloß ein, daß es da ist. Entsagt euren Träumen, und die Wirklichkeit steht euch offen.

Der Kampf wird etwas hart sein, denn der Kopf wird sich nicht so leicht überzeugen lassen, denn für ihn bedeutet es den Tod. Es ist also nur natürlich, daß der Verstand sich widersetzen wird. Der Tod des Verstandes ist euer Leben. Und das Leben des Verstandes ist euer Tod. Wenn du deinen Verstand wählst, begehst du Selbstmord, Mord an deinem inneren Selbst.

Wenn du dein inneres Selbst wählst, muß der Kopf fallen.

Und nichts anderes ist Meditation.

Das Glück kennt kein Morgen!

Die erste Frage:
Du sagst, daß der Stoff, aus dem der geistige Apparat gemacht ist,
Gedächtnis und Information sei. Wird der geistige Apparat also
durch Lektüre aufgebläht und gestärkt?

Das kommt darauf an. Das kommt auf dich an. Du kannst
Lektüre auf subtile Weise als Futter für das Ego benutzen. Du
kannst Bildung erwerben; dann ist es gefährlich und schädlich.
Dann vergiftest du dich, denn Wissen ist nicht Erkenntnis,
Wissen ist nicht Weisheit. Weisheit hat nichts mit Wissen zu
tun. Weisheit verträgt sich auch mit völliger Unwissenheit.
Wenn du nur liest, um das Ego zu füttern, um dein Gedächtnis
zu erweitern, dann gehst du in die falsche Richtung. Aber man
kann auch anders lesen, und dann ist das Lesen so schön wie alles andere im Leben auch.

Wenn du die Gita liest, nicht um dich zu informieren, sondern um dem Gesang Gottes zu lauschen, der nicht in den
Worten ist, sondern zwischen den Worten, nicht in den Zeilen,

sondern zwischen den Zeilen – wenn du die Bhagavad Gita als einen Gesang Gottes liest und dabei ihre Musik vernimmst, dann hat sie eine ungeheure Schönheit, dann kann es dir helfen. In gewissen Augenblicken tiefer Versenkung wirst du eins mit dem Göttlichen.

Das gleiche kann geschehen, während du dem Gesang eines Vogels lauschst, es kommt also nicht darauf an, ob Gita, ob Bibel oder Koran – worauf es einzig ankommt, ist der Hörende. Wie hörst du? Bist du nur begierig, mehr zu wissen? Dann werden Gita, Bibel und Koran dich allesamt vergiften. Wenn kein Ehrgeiz dahinter steckt, und du es nur als schöne Dichtung liest, dann ist darin eine große Schönheit enthalten. Und du versuchst nicht, dein Gedächtnis damit vollzustopfen, sondern du tust es völlig bewußt: lesend, beobachtend, aufmerksam, dringst du so tief wie möglich darin ein, aber zur gleichen Zeit hältst du Abstand – ein Wächter auf dem Turm. Du darfst dich nicht beeindrucken lassen, denn jeder Eindruck ist Staub, der sich auf dem Spiegel sammelt. Wenn du dich nicht beeindrucken läßt… und ich sage damit nicht, du sollst dich nicht inspirieren lassen! Das ist etwas ganz anderes. Inspiration ist etwas ganz anderes als beeindruckt zu sein. Jeder kann sich beeindrucken lassen, aber zu Inspiration gehört viel Intelligenz, viel Einsicht.

Inspiration ist es, sich auf irgendeine Heilige Schrift einzustimmen, meditativ mitzugehen, nicht nur im Kopf, sondern ganz und gar. Wenn du die Gita so liest, liest du sie mit deinem Blut, deinen Eingeweiden, deinem Herzen, deinem Kopf – mit deinem ganzen Körper. Alles was du hast, deine Gesamtheit, ist dabei. Wenn du dich bloß informieren willst, ist nur dein Kopf dabei und sonst nichts. Dann sammelst du nur Eindrücke und gehst an der Sache vorbei.

Das gleiche kann passieren, wenn ihr mir zuhört. Ihr könnt auf meine Worte hören, ihr könnt auf mich hören. Wenn ihr nur den Worten zuhört, geht ihr ein bißchen gebildeter davon als ihr hergekommen seid. Eure Last wird größer sein, nicht kleiner. Ihr werdet noch tiefer versklavt sein, nicht befreit, denn was immer ich auch sage, es sind nicht Worte. Hört auf die Stille in ihnen. Hört auf den Menschen, der durch sie spricht. Seid bei mir! Wenn ihr meine Worte vergeßt, ist nichts verloren. Aber wenn ihr nur meine Worte mitnehmt und mich vergeßt, ist alles verloren.

Wenn ihr mir zuhört, darf das nicht nur mit dem Kopf geschehen, sondern mit eurer Totalität. Ihr seid eine Einheit. Alles ist miteinander verknüpft. Wenn ihr mir zuhört, dann hört mit dem Herzen, hört mit den Füßen, den Händen, werdet ganz und gar Zuhörer. Nicht nur im Kopf. Wenn der Kopf zuhört, dann vergleicht er immerzu alles mit allem, was du vorher gewußt hast. Er interpretiert pausenlos, und natürlich sind deine Interpretationen deine, nicht meine.

Jeder, der vom Kopf her hört, hört aus seinem angelernten Wissen heraus, aus Schlußfolgerungen, die längst feststehen. So jemand ist nicht rein, nicht ungetrübt. Er hört aus einer getrübten Geisteswelt heraus, und wie immer er es deutet, es ist die eigene Interpretation.

Ich las einmal eine Anekdote. Sie spielt in einer kleinen Schule:

Der Lehrer erzählte den Schülern von der Entdeckung Amerikas, von Kolumbus, von seiner Reise, von der Entdeckung. Ein kleiner Junge war wie elektrisiert und hörte gespannt und aufmerksam zu. Und so trug ihm der Lehrer auf, einen Aufsatz über die Entdeckung Amerikas zu schreiben. Das kluge Kind

schrieb: „Kolumbus war ein Mann, der ein Ei senkrecht aufstellen konnte, ohne es kaputtzumachen. Eines Tages rief ihn
der König von Spanien zu sich und fragte: ‚Kannst du Amerika
entdecken?'

‚Ja', sagte Kolumbus, ‚wenn du mir ein Schiff beschaffst.'

Er bekam das Schiff und segelte los, in die Richtung, wo er
wußte, daß Amerika lag. Die Besatzung meuterte und schwor,
es gäbe keinen Ort namens Amerika, aber schließlich rief der
Mann vom Ausguck: ‚Käptn! Land in Sicht!'

Als sich das Schiff der Küste näherte, sah Kolumbus eine
Gruppe von Eingeborenen. ‚Ist das hier Amerika?" fragte er sie.
‚Ja', kam die Antwort. ‚Ich nehme an, ihr seid Indianer?' fuhr
Kolumbus fort. ‚Ja', sagte der Häuptling, ‚und ich nehme an, Sie
sind Christopher Kolumbus.' ‚Der bin ich', sagte Kolumbus. Da
wandte sich der Indianerhäuptling an seine Mitwilden und sagte: ‚Das Spiel ist aus. Wir sind entdeckt!'"

Ein Kind hört mit den Ohren des Kindes, durch seine eigenen Interpretationen hindurch. Jeder hört nach eigenem Verständnis, hört zwar, aber hört nicht hin.

In Indien besitzen wir das Wort „Lesen" für die Lektüre eines gewöhnlichen Buches, aber wenn jemand die Gita liest, haben wir dafür einen besonderen Ausdruck, wir nennen es *Path*.
Wörtlich übersetzt bedeutet es „Lektion". Gewöhnliches Lesen
ist einfaches Lesen, mechanisch. Aber wenn du so vertieft liest,
daß aus dem bloßen Lesen eine Lektion wird, dann dringt das
Gelesene tief in dich ein und wird nicht nur Teil deines Ge-
dächtnisses, sondern Teil deines Wesens. Du hast es absorbiert,
du bist betrunken davon. Du hast die Botschaft nicht nur in den
Worten, sondern du hast ihren Kern in dir. Ihr Kern ist in dein
Wesen eingedrungen. Wir nennen es *Path*.

Wenn du ein Buch liest, ist es abgeschlossen, sobald du es ausgelesen hast. Es zweimal zu lesen wäre sinnlos, dreimal einfach dumm. Aber in *Path* muß man das gleiche Buch jeden Tag lesen. Es gibt Leute, die haben ihre Gita über Jahre hin jeden Tag gelesen, fünfzig, sechzig Jahre, ihr ganzes Leben lang. Das ist kein Lesen mehr, denn es geht jetzt nicht mehr darum, zu erfahren, was drinsteht. Das wissen sie, das haben sie tausendmal gelesen. Was tun sie da also? Sie stimmen ihr Bewußtsein wieder und wieder auf das gleiche ein, als stünde Krishna in Fleisch und Blut vor ihnen, oder Jesus stünde in Fleisch und Blut vor ihnen. Sie lesen kein Buch mehr, sie haben sich verwandelt – in eine andere Dimension hinein, in eine andere Welt, in eine andere Zeit.

Lest die Gita, singt sie, tanzt mit ihr, und laßt sie so tief wie möglich in euch hinein. Bald bleiben die Worte zurück, aber ihre Musik dringt tiefer. Schließlich bleibt sogar diese Musik zurück – nur der Rhythmus schwingt nach. Und dann ist auch er fort. Alles Unwesentliche ist fort, nur das Wesentliche… und dies Wesentliche ist das Unaussprechliche. Es läßt sich nicht sagen – man muß es erfahren.

Wenn du also liest, hängt es davon ab, ob dir dein Lesen hilft, frei zu werden, oder ob das Lesen dich zu einem noch größeren Sklaven macht, ob daraus also Freiheit wird oder Gefangenschaft – es kommt auf dich an.

Eine Musiklehrerin führte ihre Klasse ins Konzert, in der Hoffnung, ihnen das Ohr für Musik zu öffnen. Nach dem Konzert lud sie alle zum Essen ein, und sie aßen Kuchen, Eis und andere Leckereien. Beim nach Hause gehen fragte die Lehrerin die Jüngste von ihnen: „Nun, hat dir das Konzert gefallen?"

„Oh ja", kam die vergnügte Antwort, „es war prima bis auf die Musik!"

Wenn du die Gita oder die Bibel nur vom Kopf her liest, wirst du alles prima finden, bis auf die Musik. Und die Musik ist das Eigentliche. Darum haben wir es die „Bhagavad Gita" genannt – den Gesang des Göttlichen. Der innere Zusammenhang ist alles. Es ist Lyrik, nicht Prosa. Und Lyrik muß auf eine völlig andere Weise aufgenommen werden als Prosa.

Prosa ist logisch, Lyrik ist unlogisch. Prosa ist linear, sie bewegt sich geradeaus. Lyrik ist nicht linear, sie ist kreisförmig, sie bewegt sich in Kreisen. Prosa ist für gewöhnliche Dinge und gewöhnliche Erfahrungen da. Es gibt aber Erfahrungen, die lassen sich nicht in Prosa ausdrücken. Solche Erfahrungen brauchen Lyrik. Lyrik heißt: eine fließendere Form, eine eher singende, tanzende, feiernde Form. Alle großen religiösen Bücher sind lyrische Dichtungen. Lyrische Dichtung kann in Prosa abgefaßt sein, und Prosa kann lyrische Form haben. Es ist also nicht nur eine Frage der linguistischen Gestalt, es ist eine Frage des eigentlichen Gehalts.

Wenn ihr also den Koran lest, dann lest ihn nicht – singt ihn! Sonst verfehlt ihr alles und glaubt dabei, alles verstanden zu haben… denn das Wahre liegt in seiner Musik. Wenn die Musik dich einhüllt, ob Koran oder Gita oder Bibel, und du hast ein Gefühl von Tanz, dann ist deine Energie reines Entzücken, sie fließt über in Lachen und Weinen und Tanz. Wenn du das Gefühl hast, als hätte ein frischer Wind dein Wesen erfaßt, dann sammelt sich in dir kein Staub.

Lesen heißt, eine bestimmte Kunst beherrschen; nämlich sich tief einzustimmen, auf eine bestimmte Art teilzunehmen. Es ist ein großes Experiment in Meditation. Aber wenn ihr die

Gita genauso lest wie ihr Romane lest, macht ihr es falsch. Es geht in die Tiefe, Schichten über Schichten. Daher *Path* – jeden Tag von neuem. Es ist keine Wiederholung. Wenn du es immer wieder neu anzugehen verstehst, ist es keine Wiederholung. Wenn du es nicht verstehst, ist es Wiederholung.

Versuch es einmal drei Monate lang. Lies das gleiche Buch, du kannst dir jedes beliebige kleine Buch wählen – jeden Tag. Und laß das Gestern draußen, wenn du es liest: einfach wieder frisch, so wie jeden Morgen die Sonne aufgeht, von neuem; so wie sich die Blumen jeden Morgen öffnen, von neuem. Du schlägst die Gita einfach wieder auf, gespannt, voller Erwartung. Lies sie wieder, sing sie wieder, und sieh... sie offenbart dir eine neue Bedeutung.

Es hat nichts mit gestern zu tun und all den Gestern, die du schon gelesen hast. Sie gibt dir eine ganz bestimmte Bedeutung, heute, diesen Augenblick. Aber wenn du deine Gestern mitbringst, wirst du nicht imstande sein, die neue Bedeutung zu lesen. Dein Sinn ist schon angefüllt mit Bedeutung. Du glaubst, du wüßtest schon Bescheid. Du glaubst, du hättest dies Buch schon so oft gelesen, wozu also? Dann kannst du es weiterlesen wie etwas Mechanisches und dabei an tausend andere Dinge denken. Dann ist es umsonst. Dann ist es bloß langweilig. Dann wirst du dadurch nicht verjüngt. Du wirst abstumpfen.

Darum sind neunundneunzig von hundert frommen Leuten stumpfsinnig. Ihre Intelligenz ist nicht scharf, sie sind regelrecht dumm. Es ist schwierig, einen frommen Menschen zu finden, der nicht dumm ist, denn sie wiederholen täglich das gleiche Ritual. Aber nicht das Ritual ist verkehrt, sondern ihr Kopf. Man kann das gleiche absolut neu tun, man braucht es nicht zu wiederholen.

Du liebst eine Frau. Die Frau ist jeden Tag neu. Die Gita oder den Koran zu lesen, ist genau wie eine Liebesgeschichte: jeden Tag neu. Vielleicht sind die Worte die gleichen, aber die gleichen Worte können verschiedene Bedeutungen enthalten. Die gleichen Worte können durch verschiedene Türen dein Inneres betreten. Die gleichen Worte können in einem bestimmten Augenblick eine bestimmte Bedeutung haben, die sie sonst in keinem anderen Zusammenhang hätten. Die Bedeutung hängt von dir ab, nicht von den Worten, die du liest. Du verleihst der Gita, dem Koran, der Bibel ihre Bedeutung, nicht umgekehrt.

Natürlich, nach vierundzwanzig Stunden hast du mehr Erfahrung. Du hast vierundzwanzig Stunden mehr gelebt. Ja, du bist nicht mehr der gleiche Mensch. Die Gita ist dieselbe, du bist nicht derselbe. Nach vierundzwanzig Stunden, wieviel Wasser ist da den Ganges hinuntergeflossen!

Einen Tag bist du in Liebesstimmung. Den andern Tag bist du traurig. Den einen Tag fließt du über, den andern Tag knauserst du. Verschiedene Stimmungsnuancen und -farben, und in diesen verschiedenen Stimmungen liest du das gleiche Buch. Wieder und wieder, und die Gita öffnet Abertausende von Türen. Du kannst sie auf unendlich vielen Wegen betreten, durch unendlich viele Türen, und du gibst die Bedeutung. Die Bedeutung kommt von dir.

Eines Tages, wenn dein Verstand zu arbeiten aufgehört hat und du nur noch ein Fließen bist – und wenn ich sage, daß der Verstand völlig zu arbeiten aufgehört hat, dann meine ich damit, daß du die Vergangenheit völlig rausläßt, denn der Verstand ist Vergangenheit. Wenn du also lesen und hören kannst, ohne mit der Vergangenheit zu kommen, dann ist dein Lesen zur Meditation geworden.

Ja, Lesen kann hilfreich sein. Aber gewöhnlich erweist es sich als schädlich, denn die Art, wie ihr mit Büchern umgeht, ist schädlich für euch. Ihr sammelt nur, sammelt nichts als tote Fakten. Du machst dich zum Müllplatz... allenfalls zum Lexikon, aber du verlierst die inneren Zusammenhänge, die innere Musik, die innere Harmonie. Du wirst zur Masse: lauter Stimmen, keine Einheit. So kommt keine Integration zustande, so fällt man auseinander! Was immer du also tust – es geht nicht nur um Lesen oder Zuhören – was immer du tust, es kommt auf dich an.

Die zweite Frage:
Der Fragesteller nahm Sannyas von Swami Sivanand aus Rishikesh, nachdem er sein Buch „Brahmacharya" und andere seiner Werke gelesen hatte. Nach einigen Jahren zog mich Sri Raman Maharshi an, und danach Sri Aurobindo, aufgrund seiner integralen Auffassung vom Göttlichen. Von da an meditierte ich nach den Anweisungen Sri Aurobindos und der „Mutter".
Später zog mich der Weg J. Krishnamurtis an, und jetzt der von Osho. Ich genieße und freue mich an Sri Aurobindos Werken, da er betont, man solle das Leben voll leben und das Göttliche integral verstehen, und da er viel Wert auf körperliche Transformation legt. Osho betont ebenfalls, das Leben nicht zu leugnen, sondern aus dem Vollen zu leben, und er hat dem Sannyas eine neue Bedeutung gegeben. Und so bin ich hier, um auch dies aufzunehmen. Ich frage mich nun, ob ich auf dem rechten Weg bin, oder ob ich treibe? Was hat dies vielseitige Interesse in mir zu sagen?
Kannst du mir zum richtigen Weg verhelfen, falls ich nur dahintreibe?

Als erstes ist folgendes zu verstehen: Ehe man zur richtigen Tür kommen kann, muß man an viele Türen klopfen. Das Leben ist ein Abenteuer voller Mut und Kühnheit und im Grunde nichts als ein Prozeß von Ausprobieren und Falschmachen. Man muß viele Male in die Irre gehen, um zum richtigen Weg zu gelangen. Und wenn ich sage zum „richtigen Weg", meine ich damit nicht, daß Sri Ramans Weg nicht richtig wäre, sondern daß er für den Fragesteller nicht der richtige gewesen sein kann, sonst wäre die Frage nicht nötig.

Bist du erstmal auf dem richtigen Weg für dich… und das ist immer eine individuelle Frage. Es hat nichts mit Raman zu tun, oder mit Aurobindo oder mir. Wenn du zu mir gekommen bist und dich hier zu Hause fühlst, dann ist deine Reise vorbei. Jetzt besteht kein Anlaß mehr zu treiben, jetzt kannst du dich niederlassen und mit der Arbeit beginnen, denn solange du treibst, ist Arbeit unmöglich.

Es ist, als würdest du mit einem Hausbau beginnen und mittendrin reizt dich etwas anderes, und du läßt alles stehen und liegen und fängst an, ein neues Haus zu bauen. Und wieder, mittendrin, zieht dich was anderes an. Dann lebst du wie ein Vagabund. Das Haus wird niemals fertig. Man muß sich irgendwo niederlassen, man muß sich irgendwo binden, man muß die Schicksalsentscheidung treffen, aber das ist nicht schwer. Wenn du Mut hast, geschieht es.

Man muß für viele Quellen offen sein. Es ist gut, daß du bei Sivanand, bei Raman, bei Aurobindo gewesen bist. Das zeigt, daß du gesucht hast, aber es zeigt auch, daß du dich nirgends zu Hause fühlen konntest. Darum geht die Reise weiter. Die Reise muß weitergehen, bis du an einen Punkt kommst, wo du sagen kannst: „Ja, ich bin angekommen. Jetzt sind weitere Aufbrüche nicht mehr nötig." Und du kannst dich entspannen.

Nun geht die wirkliche Arbeit los. Alles, was du bisher getan hast, war, von einem Ort zum andern zu wandern. Reisen ist aufregend, aber Reisen ist nicht das Ziel. Man wird reicher durch das Reisen. Es muß dich bereichert haben, aus so vielen Quellen zu schöpfen. Du mußt vieles gelernt haben, aber die Reise geht immer noch weiter. Dann mußt du immer wieder von neuem suchen.

Jetzt bist du hier.

Versuche zu sehen und zu verstehen: paßt du zu mir, oder passe ich zu dir? Es kommt manchmal vor, daß man nur eines gelernt hat: immerweiterzutreiben, immerwiederaufzubrechen. Es kann zur mechanischen Gewohnheit werden. Dann wirst du bald auch hier verschwinden. Laß dich also nicht von mechanischen Gewohnheiten leiten. Wenn du nicht zu mir paßt, ist es völlig in Ordnung, fortzugehen, denn dann ist dein Hiersein reine Zeitverschwendung. Aber wenn du herpaßt, dann habe den Mut und liefere dich aus – denn erst nach der Auslieferung beginnt die wahre Arbeit, niemals zuvor.

Du glaubst, du seist bei Sivanand gewesen, und du glaubst, du seist von ihm eingeweiht worden; aber die Einweihung hat bisher noch nicht stattgefunden, sonst wärst du nicht hergekommen. Einweihung bedeutet Auslieferung, bedeutet, daß man sich überall umgeschaut hat, und daß dies nun der Ort ist, wo man sich niederläßt. Sivanand mag dich eingeweiht haben, aber du hast die Einweihung noch nicht vollzogen. Du warst einfach nur Besucher. Du hast dich bisher noch auf kein System spirituellen Wachstums eingelassen.

Es ist, als wäre die Pflanze immer wieder von einem Ort zum andern versetzt worden. Die Pflanze kann so nicht wachsen – für die Pflanze ist es wichtig, an einem Fleck zu bleiben, damit die Wurzeln tief gehen können. Wenn du die Pflanze immer wieder umsetzt, wachsen ihr niemals Wurzeln. Und je tiefer die Wurzeln gehen, desto höher wird die Pflanze.

Daher Auslieferung. Auslieferung bedeutet: „Das ist jetzt der rechte Boden für mich, und ich bin bereit, mich darauf niederzulassen." Es ist riskant, denn – wer weiß? – vielleicht ist woanders ein besserer Boden zu haben! Dies Risiko ist also da, aber man muß früher oder später dies Risiko eingehen. Wenn du immer weiter wartest, auf etwas Besseres, etwas noch Besseres, dann verrinnt die Zeit, und wenn du endlich ankommst, bist du tot.

Das Wesentliche ist die Arbeit. Es ist gut, herumzugehen, sich umzusehen, viele Orte zu besuchen, viele Menschen, aber mache keine Gewohnheit daraus. Diese Gewohnheit ist gefährlich. Sie läßt dich keine Wurzeln schlagen. Und wenn es keine Wurzeln gibt, kann der Baum nicht lebendig sein, kann er nicht blühen, kann sich von dir kein Duft ausbreiten – dein Leben wird leer bleiben.

Das erste also: Mach aus deiner Vergangenheit kein Muster, das du in der Zukunft wiederholst. Jetzt bist du hier: Mach mit mir nicht dasselbe, was du mit Sivanand, Raman, Aurobindo getan hast. Du weißt nicht, was du getan hast.

Es geschah einmal:

Ein großer Maler, James McNeill Whistler, soll einmal Mark Twain ein eben vollendetes Gemälde vorgeführt haben.

Mark sah sich das Bild aus verschiedenen Winkeln und Abständen kritisch an, während Whistler ungeduldig auf sein Urteil wartete.

Schließlich beugte sich Mark vor, machte eine Wischbewegung mit der Hand und sagte: „Ich würde diese Wolke wegnehmen, wenn ich du wäre."

„Vorsicht!" rief Whistler entsetzt. „Die Farbe ist noch feucht."

„Macht nichts", sagte Mark Twain gelassen, „ich trage Handschuhe".

Du mußt auch Handschuhe tragen! Du glaubst, Sivanand hätte dich eingeweiht? Aber das ist gar nicht passiert. Deine Handschuhe lassen es nicht zu. Du mußt in einer Kapsel leben, eingeschlossen. Du mußt klug, logisch, berechnend sein. Du mußt darauf aufgepaßt haben, dich nirgends zu sehr einzulassen. Und so ziehst du weiter, bevor du dich vielleicht einlassen könntest.

Du sagst: *Der Fragesteller nahm Sannyas von Swami Sivanand aus Rishikesh, nachdem er sein Buch „Brahmacharya" und andere seiner Werke gelesen hatte.*

Nun, wenn du von einem Buch über Brahmacharya beeindruckt bist, zeigt das eine Menge über dich. Du mußt ein gewisses Problem mit dem Sex haben. Es geht nicht um Brahmacharya oder um Sivanand.

Du mußt irgendwie vom Sex besessen sein, daher zieht dich Brahmacharya an. Du mußt den Sex unterdrückt haben. Du mußt mit falschen Vorstellungen über den Sex aufgewachsen sein, daher hat dich das Buch von Sivanand über sexuelle Enthaltsamkeit so beeindruckt.

Du bist nicht etwa von Sivanand beeindruckt, du folgst immer noch deinen eigenen Vorstellungen. Du konntest dich ihm nicht ausliefern. Das, was du Initiation nennst, war intellektuell, es hatte etwas mit Bücherlesen, nicht mit der Präsenz des Meisters zu tun. Du mußt ein Intellektueller sein, berechnend, theoretisierend. Das verbietet dir, dich auf eine tiefere Beziehung einzulassen, und die Beziehung zwischen Jünger und

Meister ist die tiefste überhaupt, tiefer als die Beziehung zwischen Liebenden.

Es mag dich beeindruckt haben, was Sivanand geschrieben hat, aber prüfe dich tief in dir immer wieder: es ist nicht Sivanand, der dich beeindruckt, der dich beeinflußt hat. Du hast bestimmte Vorstellungen im Kopf. Wo immer du diese Vorstellungen bestätigt findest, fühlst du dich wohl. Bei mir wird das gefährlich werden. Ich werde keine deiner Vorstellungen bestätigen, sie sind reiner Unsinn. Ich sage das, ohne auch nur zu wissen, was du für Vorstellungen hast, denn das brauche ich gar nicht zu wissen. Solange du nicht bewußt bist, sind alle deine Vorstellungen Unsinn. Es geht also nicht darum, die eine Vorstellung Unsinn zu nennen, und die andere gut. Für mich sind alle Vorstellungen Unsinn, nur Wachheit zählt. Wachheit enthält keine Vorstellungen. Sie ist reines, einfaches Licht der Bewußtheit.

Es wird also schwierig werden mit mir. Vielleicht bist du jetzt an den Mann geraten, der dich schütteln und aufrütteln kann. Bei Sivanand hast du geglaubt, du wärest mit Sivanand zusammen, aber im Grunde, tief in dir hast du gefunden, daß Sivanand mit dir war. Nur darum bist du eine Weile dortgeblieben. Das wird hier bei mir anders sein. Ich werde nicht mit dir gehen, vergiß das nicht, du wirst mit mir gehen müssen. Ich werde, ich wiederhole es, nicht mit dir gehen, du wirst mit mir gehen müssen.

Ich werde also in keiner Weise deine Erwartungen erfüllen. Wenn du Theorien hast, bin ich gegen sie, ohne sie auch nur zu kennen, denn ich bin gegen den Verstand schlechthin, und mein ganzes Bestreben geht dahin, wie man aus dem Verstand herauskommt.

Aber der Fragesteller scheint zu sehr im Kopf zu sein: später

fing er an, sich für Sri Aurobindo zu interessieren, *da er betont,*
man solle das Leben voll ausleben und das Göttliche integral verste-
hen. Du hast ein paar feste Vorstellungen, und alles, was mit deinen Vorstellungen übereinstimmt, beeindruckt dich. Was dich
also in Wirklichkeit beeindruckt, ist nur dein eigenes Ego. Du
hast ein Ego-Spiel getrieben. Du warst auf einem Ego-Trip, darum konnten Sivanand, Raman, Aurobindo, konnten sie alle dir
nicht helfen.

Soviel ich weiß, muß mit jemandem, der von Raman weg-
geht, etwas ganz tief nicht stimmen. Bei Sivanand ist das nicht
so problematisch. Bei Aurobindo auch nicht. Sivanand ist ganz
gewöhnlich. Aurobindo ist ein großer Intellektueller – ein
Mahapundit, ein großer Gelehrter. Wenn also jemand von ihm
fortgeht, ist nichts verloren. Du hast nicht viel verloren, denn es
war von vornherein nicht viel zu holen. Aber wenn du dich
von Raman abwendest, dann weist das auf ein tiefsitzendes
Krebsgeschwür in deiner Seele hin, denn Menschen wie Raman sind äußerst selten – es vergehen Tausende von Jahren,
ehe sich eine solche Seinsqualität entfaltet. Raman ist wie ein
Buddha, ein Jesus oder ein Krishna – ein höchst seltenes Phä-
nomen. Aber ich weiß, warum du dich auf Raman nicht ein-
stimmen konntest – wegen deiner Sivanandas und deiner Aurobindos. Sich auf Raman einzustimmen heißt, sein Ego völlig
aufgeben. Viel Mut gehört dazu.

Jetzt bist du hier. Wenn du wirklich ein Sucher bist, dann
nimm deinen Mut zusammen und laß dein Ego und die Vergangenheit fallen. Vergiß die Vergangenheit. Sie war nichts als
ein Alptraum. Und wiederhole sie nicht mehr, sonst kannst du
damit weitermachen und bis ans Ende aller Zeiten von einem
zum anderen gehen. Es kann zur Gewohnheit werden. Es zeigt
nur deine Rastlosigkeit. Sonst wäre es praktisch unmöglich, von

einem Krishnamurti zurückzukehren. Man braucht es nicht.

Mach dir also jetzt dein Grundproblem bewußt: Etwas in dir macht deine ganze Mühe zunichte. Etwas in dir erzeugt ständig Wolken um deine Intelligenz. Deinem Bewußtsein fehlt Schärfe.

Es geschah einmal, daß ein kleines Mädchen in einem befreundeten Haus zum Essen eingeladen wurde. Die Gastgeberin, die wußte, daß viele Kinder keinen Spinat mögen, fragte, ob sie Spinat möge.

„Oh ja", sagte das kleine Mädchen, „ich liebe Spinat."

Als ihr die Spinatschüssel gereicht wurde, wollte sie keinen.

„Aber Liebes", sagte die Gastgeberin, „ich dachte, du hättest gesagt, du magst Spinat."

„Ja sicher", erklärte das Kind, „aber nicht genug, um ihn zu essen."

Du gehst zu Sivanand, zu Aurobindo, Raman, Krishnamurti und du hast eine gewisse Vorstellung, daß du diese Leute magst und liebst, aber nicht genug zum Essen. Du liebst nicht genug. Sonst hättest du sie verschlungen – und sie hätten dich verwandelt.

Werde bewußt! Wie es jetzt steht, hast du schon Zeit genug verschwendet. Du kannst auch von dieser Tür mit leeren Händen fortgehen, aber vergiß nicht, die Verantwortung liegt bei dir. Wenn du Mut faßt, bin ich bereit, dir alles zu geben, was gegeben werden kann. Aber Besuchern kann nichts gegeben werden, und selbst wenn es gegeben wird, werden sie es nicht verstehen.

Wenn du dein Reisen satt hast, dies Herumziehen von einem Ort zum andern, von einem Menschen zum andern, wenn du es wirklich müde bist, dann bin ich hier, bereit, dir zu geben, was immer du auch suchen magst. Aber du wirst eine Bedingung erfüllen müssen, und die ist: dich völlig einzulassen. Solange du nicht Teil meiner Familie wirst, kann dir nichts gegeben werden. Ich würde dir auch trotzdem gern geben, aber du wirst es nicht in Empfang nehmen können. Oder selbst wenn du es annehmen könntest, würdest du es für gering erachten, weil dich dein Kopf ständig benebeln wird. Er wird dir nicht erlauben zu verstehen, er wird dir nicht erlauben, unverstellt hinzusehen. Er wird dir nicht erlauben, das Spiel zu erkennen, das du mit dir selbst bisher getrieben hast.

Bisher war es ein Treibenlassen. Mach dir bewußt, wieviel du vergeudet hast. Viele Gelegenheiten hast du gehabt, aber du hast sie verpaßt. Nun verpaß diese Gelegenheit nicht! Aber ich weiß: der Verstand fährt sich in einer Spur fest, wird zum Muster. Ihr wiederholt ständig und ewig das gleiche, weil ihr sehr geschickt im Wiederholen werdet. Mach jetzt, daß du aus diesem Teufelskreis herauskommst! Ich bin bereit, dir zu helfen, wenn du bereit bist, meine Hilfe anzunehmen. Und dies ist eine Hilfe, die dir nicht aufgezwungen werden kann. Du mußt sie entweder nehmen oder lassen. Deine Freiheit muß entscheiden, es ist deine Wahl. Und frage nicht: „Was ist der richtige Weg?" Alle Wege sind richtig – oder falsch. Es geht nicht darum, zu entscheiden, welcher Weg richtig ist. Das einzige, was entschieden werden muß, ist der Weg, der zu dir paßt. Natürlich, Raman hat einen bestimmten Weg – sehr einfach, absolut unintellektuell. Der Kopf wurde auf diesem Weg überhaupt nicht gebraucht, der Kopf mußte fallen. Hättest du es Raman erlaubt, er hätte dich geköpft. Der Kopf gehörte nicht zu seinem Weg. Es ist der Weg des Herzens.

Genau das Gegenteil ist Krishnamurti. Der Weg stimmt absolut, aber der Kopf muß gebraucht und transzendiert, nicht fallengelassen werden. Darum übt Krishnamurti eine so unwiderstehliche Anziehungskraft auf Intellektuelle aus... er hat nichts mit dem Herzen zu tun; es ist alles Analyse, Sektion. Er ist ein großer Chirurg. Er seziert immer weiter. Gib ihm irgendein Problem – er beantwortet es nicht eigentlich, er nimmt es einfach auseinander. Und wenn du mit tiefer Empfänglichkeit zuhörst, mit Einfühlung, ist es möglich, daß er dir durch sein Sezieren eine Einsicht verschafft, nicht Antwort, sondern Einsicht, und das ist deine Einsicht. Er nimmt das Problem einfach auseinander. Er ist ein einmaliger Intellektueller... hat den Intellekt hinter sich gelassen, aber ist durch ihn hindurch gegangen. Raman läßt den Intellekt links liegen. Er geht nie durch den Intellekt, sein Weg ist der des Herzens. Krishnamurtis Weg ist der des Intellekts, der des Kopfes, der des Erkennens, des Zergliederns, des Analysierens.

Sivanand ist noch nicht erleuchtet. Er hat keinen Weg, stolpert im Dunkeln. Ein traditioneller Mann; er kann dir was beibringen, aber er kann dir nicht zur höchsten Einsicht verhelfen. Ein guter Mann, ein sehr guter Mann; aber eben nur ein guter Mann, kein Jesus oder Buddha, noch kein Krishnamurti oder Raman. Ein einfacher Mann. Wenn er eines Tages erleuchtet wird, eines Lebens, wird er wie Raman sein – sein Weg wird nicht der des Kopfes sein – aber er ist noch nicht erleuchtet.

Und dann Aurobindo: sein Weg ist noch nicht der Weg eines Erleuchteten; er ist dahin unterwegs, aber noch im Dunkeln. Der Morgen ist nicht mehr weit entfernt, aber es ist noch nicht geschehen. Wenn es eines Tages geschieht, dann wird er ein Mann wie Krishnamurti sein. Er wird durch den Kopf gehen – ein großer Gelehrter mit großer Anziehungskraft für Leute, die gern Logik hacken, Haare spalten.

Und hier bin ich: Alle Wege gehören mir, oder kein Weg gehört mir. Ich bin mehr auf Einzelne eingestellt. Wenn du zu mir kommst, hab ich dir keinen bestimmten Pfad zu geben. Ich seh dich an, um herauszufinden, welcher Weg der passende für dich sein wird. Ich habe keinen festen Weg. Ich bin auf allen Pfaden gewandelt. Und alle Wege sind wahr. Wenn er paßt, kann dich jeder beliebige Weg zum Allerhöchsten führen. Wenn er nicht paßt, kannst du so viel kämpfen und dich abmühen wie du willst, aber es wird nichts dabei herauskommen... du versuchst, mit dem Kopf durch die Wand zu gehen. Du wirst dich verletzen, verwunden, mehr nicht. Es wird nichts passieren.

Ich gehöre keinem Weg an, daher gehören alle Wege mir. Und ich kümmere mich mehr um den individuellen Sucher. Wenn ich sehe, daß Andacht, Anbetung, Gebet dir helfen wird, bringe ich dir das bei. Wenn ich sehe, daß dir Meditation helfen wird, lehre ich dich das. Wenn ich sehe, daß dir einfaches Verstehen, reine Wachheit helfen wird, dann lehre ich dich das. Wenn ich das Gefühl habe, daß dich Wachheit nur verspannen würde, daß sie deinem Typ nicht bekommen würde, dann bringe ich dir bei, dich ganz in etwas zu verlieren, dich ganz in etwas zu vertiefen. Tanzen – geh so tief hinein, daß *du* zum Tanz wirst und niemand mehr von außen zusieht, schaff keine Spaltung und Teilung in dir, werde ganz zum Akt selbst.

Und so muß ich sehr, sehr widersprüchlich sein, denn zu dem einen sage ich dies, zu einem anderen etwas anderes. Manchmal genau das Gegenteil, diametral entgegengesetzt. Was immer ich also zu dir gesagt haben mag, wenn jemand kommt und dir sagt: „Osho hat mir etwas anderes gesagt", dann hör nicht darauf. Was immer ich zu dir gesagt habe, habe ich zu dir gesagt. Sonst wirst du nur verwirrt.

Tausende von Wegen führen zu Gott. Ja, es geht nirgendwo-
anders hin. Wo immer du hingehst, gehst du Gott entgegen.
Alle Wege führen zu ihm. Aber wenn du auf der Suche bist,
kann dich nur ein Weg führen. Wenn du anfängst auf allen Wegen gleichzeitig zu gehen, gehst du in die Irre. Man muß einen
Weg wählen. Wiederhole also nicht dein altes Muster.

Das wird jetzt sehr schwer sein. Ich tue deinem Ego bewußt
weh, denn wenn ich sage, daß Aurobindo nicht erleuchtet ist,
kann ich sofort spüren, was da bei dir passiert. Es geht nicht um
Aurobindo, wen kümmert es schon, ob er nun erleuchtet war
oder nicht. Es ist sein Problem, nicht mein Problem, nicht dein
Problem. Aber wenn du Aurobindo gefolgt bist, und ich sage,
daß er noch nicht erleuchtet ist, ist dein Ego verletzt. Du – und
einem Unerleuchteten hinterherlaufen? Nie und nimmer, unmöglich!

Wenn ich sage, daß Sivanand gut, aber gewöhnlich ist, durchschnittlich, dann fühlst du dich natürlich verletzt, weil du von
Sivanand eingeweiht worden bist, und wie soll das angehen,
daß du, ein so intelligenter Mensch, von einem Durchschnitts-
menschen eingeweiht worden bist? Nein, das schmerzt. Aber
ich tue es absichtlich.

Ich werde dir alle möglichen Schwierigkeiten machen, damit
du, wenn du bleibst, wirklich dableibst. Wenn du dich entscheidest zu bleiben, wird es eine wirkliche Entscheidung sein.
Ich werde hart mit dir sein. Sivanand, Raman, Krishnamurti,
Aurobindo, so scheint es, waren zu nachsichtig mit dir. Darum
konntest du treiben.

Ich werde nichts ungetan lassen, um dich von hier zu vertrei-
ben. Ich werde einen Konflikt in dir entfachen, einen Zwist,
denn das ist jetzt die einzige Möglichkeit. Sonst wird deine alte
Gewohnheit weiterfunktionieren. Wenn du kommst und mich

um Sannyas bittest, werde ich es dir nicht so leicht geben, denn
bisher hast du dir die Sache sehr leicht gemacht. Dieses Sannyas
wird eine harte Sache werden.

Die dritte Frage:
Ich war an dem Punkt, wo ich sah, daß das Ego jetzt sofort fallen
kann, aber dann mußte ich sehen, daß ich es nicht fallenlassen will.
Aber ich will wollen. Kannst du Licht an diesen Punkt bringen?

Ich will dir ein paar Anekdoten erzählen...

Nach seiner Beförderung zu einer hohen Regierungsposition
besuchte ein Mann seinen Geburtsort.

„Ich nehme an, die Leute hier haben von der Ehre gehört,
die man mir erwiesen hat?" horchte er einen ehemaligen
Schulkameraden aus.

„Natürlich!" kam die gewünschte Antwort.

„Und was sagen sie dazu?"

„Sie sagen gar nichts, sie lachen nur."

Du hältst dein Ego für etwas Wertvolles? Die Leute lachen
einfach drüber. Außer dir ist jeder gegen dein Ego. Außer dir
kennt jeder die Lächerlichkeit deines Egos. Ich rede nicht von
ihrem Ego!

Was ist das Ego? Ein sehr lächerlicher Standpunkt. Das Ego
sagt: „Ich bin das Zentrum des Universums." Das Ego sagt:
„Das Universum existiert meinetwegen." Lächerlicher Standpunkt! Nur ein klein wenig Einsicht reicht schon. Viel Licht ist
gar nicht nötig. Du bist nicht die Mitte der Welt, denn die Welt
war, als du noch nicht warst, und die Welt wird sein, wenn du

nicht mehr sein wirst. Du kannst nicht ihr Mittelpunkt sein. Du bist nicht der Mittelpunkt.

Wenn es einen Gott gibt, dann darf nur Gott „Ich" sagen, sonst niemand. Als grammatische Formel ist es okay, aber „Ich" sagen kann nur Gott, denn er ist das Zentrum der Welt. Aber er sagt sowas nie. Er hat bislang den Mund gehalten. Nur der Mensch sagt immerzu „Ich". Warum? Weil es sehr, sehr verstört, wenn man merkt, daß man nicht das Zentrum der Welt ist, daß man nicht der Sinn und Zweck der Welt ist, daß die ganze Welt nicht auf dich gewartet hat und daß die Welt ohne dich existieren kann. Das verunsichert sehr. Wenn du das fühlst, fühlst du dich erschüttert, als ob dir der Boden unter den Füßen fortgezogen worden wäre und du über einem bodenlosen Abgrund hängst.

Das Ego gibt dir einen Fels, auf den du dich stellen kannst, aber der Fels ist eingebildet, er ist nur ein Traum. Das Ego ist eine Erklärung, die lautet: Ich bin von anderen getrennt, getrennt von den Bäumen, getrennt vom Himmel, getrennt vom Meer, ich bin getrennt von „den anderen", aber bist du das? Bist du wirklich von anderen getrennt? Auf millionenfache Weise bist du mit allem verknüpft.

Du bist mit deiner Mutter verbunden, deinem Vater. Und dein Vater ist mit seinem Vater und seiner Mutter verbunden, und so weiter und so fort. Du bist jeden Augenblick mit der Luft verbunden. Wenn du nicht atmest, wirst du sterben. Du bist mit den Sonnenstrahlen verbunden. Wenn die Sonne eines Tages vergißt, morgens aufzugehen, sind wir in zehn Minuten tot. Du bist auf Wasser angewiesen, du bist auf Nahrung angewiesen. Wie kannst du sagen, du seist nicht mit den Bäumen verbunden? Wir sind zutiefst mit allem andern verbunden, das ist es, was „Ökologie" bedeutet, es ist ein System.

„Ich" zu sagen, ist einfach absurd. Du kannst nicht unabhängig sein, total unabhängig kannst du nicht sein. Wie kannst du also „Ich" sagen? Sieh dir einfach nur die Lächerlichkeit des Ich an. Ich sage nicht, daß du es fallen lassen sollst, schließlich ist es ja überhaupt nicht da, also kann ich nicht von dir fordern, es fallenzulassen. Wenn ich euch aufforderte: „Laßt es fallen!" würde ich seine Existenz bestätigen. Es ist nicht da – es ist einfach nur eine lächerliche Vorstellung, eine Idee ohne Inhalt. Sie ist aus dem gleichen Stoff gemacht, aus dem die Träume sind. So kann ich also nicht sagen: „Laßt es fallen!"

Ich kann nur sagen: „Wacht auf! Seid wach!" Ich kann euch nur schocken, damit ihr eure Augen aufmacht und sehen könnt, daß es nicht da ist. Bewußtheit ist nötig, ich lehre keine Egolosigkeit, durchaus nicht.

Jahrhundertelang haben die frommen Leute die Ichlosigkeit gepredigt. Das scheint nicht zu fruchten. Dann werden die Leute egoistisch in ihrer Demut. Dann sagen sie: „Niemand ist frömmer als ich, und niemand ist religiöser als ich." Seht euch doch die sogenannten religiösen Leute an. Ihr könnt nirgends ausgeprägtere Egos finden als bei ihnen. Sie versuchen, sich hinter Worten, Ritualen, Gebeten zu verstecken, aber das Ego ist da.

Walter Kaufmann hat ein neues Wort geprägt. Er nennt es „humbition" – Bescheidengeiz. „Humility" – Demut, Bescheidenheit, plus „ambition" – Ehrgeiz. Er hat beide Worte zu „Bescheidengeiz" verschmolzen. Und er empfiehlt den Bescheidengeiz wärmstens. Aber Bescheidengeiz ist nicht möglich – er ist unmöglich. Man kann zwar aus zwei diametral entgegengesetzten Dingen ein Wort machen, aber zusammenkommen werden sie nie. Ein bescheidener Mensch kann nicht ehrgeizig sein und ein ehrgeiziger Mensch nicht bescheiden.

Aber die Leute suchen immer neue Wege, wie sie sich verstecken können – nun „Bescheidengeiz". „Ich bin bescheiden und dennoch ehrgeizig." Das ist unmöglich. Ein bescheidener Mensch ist unehrgeizig, unegoistisch.

Also sage ich euch nicht, ihr sollt bescheiden werden, oder bescheidengeizig. Ich betone nur, daß das Ego, an das ihr euch klammert, von Anfang an gar nicht da ist. Es ist nur eine Einbildung. Und alle wissen das über dein Ego, so wie du es über das Ego anderer weißt. Aber das Dumme ist, daß sich niemand seinen eigenen Unsinn bewußt macht.

Die Frage lautet: *Ich war an dem Punkt, wo ich sah, daß das Ego jetzt sofort fallen kann…*

Dann warst du nicht an dem Punkt. Es ist ausgeschlossen, das Ego daran zu hindern, von sich aus zu fallen. Wenn du wirklich an dem Punkt bist, wo du erkennst, dann stellt sich das nicht so dar, daß du siehst, daß du jetzt das Ego fallenlassen kannst. Wenn du an dem Punkt bist, siehst du plötzlich, daß gar kein Ego da ist, welches man fallenlassen oder behalten könnte. Du fängst einfach zu lachen an. Das Spiel ist aus: endlich ist Amerika entdeckt! Nicht, daß du erst verstehst und es dann fallenläßt, indem du verstehst, fällt es.

Genauso, wie du morgens aufwachst, läßt du da deine Träume fallen? Kannst du sagen: „Am Morgen kam ein Moment der Wachheit, als mir absolut klar wurde, daß ich meine Träume fallenlassen konnte, wenn ich nur wollte!"? Nein, das ist nicht möglich. Wenn du wach bist, sind keine Träume mehr da. Nicht, daß du sie erst fallenlassen mußt. Sie sind weg! Das Aufwachen selbst läßt sie fallen. Nicht nötig, sie extra fallenzulassen. Hier kommt die Einsicht – dort verschwindet das Ego. Gleichzeitig – ohne einen einzigen Moment Abstand.

Aber dann mußte ich sehen, daß ich es nicht fallenlassen will.

Du hast es verpaßt. Erstens: es war gar keine Erkenntnis. Und daher zweitens: du wolltest es gar nicht fallenlassen. Aber wenn die Erkenntnis kommt, ist niemand da, der es aufgeben kann, und nichts, was aufgegeben oder nicht aufgegeben werden kann. Immer, wenn ihr euch den Augenblick der Wahrheit vorstellt, denkt ihr euch das so, daß man selbst da ist und die Erkenntnis dann zu einem kommt. Nein, du wirst gar nicht da sein. In der Erkenntnis verschwindest du, genauso, wie der Tau auf den Grasspitzen verschwindet, verdunstet, sobald die Sonne aufgeht.

Du bist das Ego. Von wem also sprichst du? Du redest, als wärst du getrennt vom Ego und als wäre das Ego etwas, das man tragen oder fallenlassen kann. Wer bist du, wenn das Ego fallengelassen worden ist. Du fällst mit ihm.

Ich habe von einem Filmstar gehört, der von sich behauptete, seit zwanzig Jahren nicht gut geschlafen zu haben. Er machte im Hause eines Freundes im Himalaja Ferien. Eines Morgens stellte der Freund fest, daß der Star müder und abgespannter als üblich aussah.

„Hast du überhaupt geschlafen?" fragte er.

„Ja schon", kam die Antwort, „aber ich hab geträumt, ich könnte nicht schlafen."

Die Leute spielen pausenlos blinde Kuh mit sich selber. Du glaubst, erkannt zu haben, und dich dann entschlossen zu haben, das Ego nicht fallenzulassen. Und jetzt fragst du mich, weil du es fallenlassen wollen willst. Erkennen genügt, man braucht es nicht zu wollen, das Ego fallenlassen zu wollen. Es fällt, wenn du im Zustand des Erkennens bist, in jener Dimension des Verstehens.

Dein Ego kümmert mich also nicht. Vergiß es! Es ist ein Schattenphänomen. Warum sich Sorgen machen? Werde lieber immer bewußter und verständiger. Werde immer bewußter, und eines Tages wirst du zu mir kommen und sagen: „Jetzt bin ich bewußt, und ich hab' alles versucht herauszufinden, wo das Ego sitzt, und ich kann es nicht finden."

Bodhidharma kam nach China. Der Kaiser sagte: „Ich bin innerlich in tiefem Aufruhr. Ich bin sehr ehrgeizig, obgleich ich eins der größten Reiche der Welt habe, aber das Ego fühlt sich immer noch unbefriedigt."

Bodhidharma lachte und sagte: „Du bist an den Richtigen geraten. Mach folgendes: Morgen früh, vier Uhr, komm her. Aber vergiß nicht, dein Ego mitzubringen. Sonst nämlich, wenn du es nicht mitbringst, kann ich nichts machen."

Der Kaiser war ein wenig verdutzt. Was meinte er nur? Er fragte noch einmal: „Was meinst du?"

Bodhidharma sagte: „Genau, was ich sage, das meine ich. Bring dein Ego mit, und ich bin bereit, es für immer zu erledigen. Aber komm allein – nicht nötig, irgendwelche Wachen oder sonst was mitzubringen."

Vier Uhr? In der Nacht? – und dieser Mann scheint recht wild zu sein, keiner kann sagen, was er im Schilde führt... Der Kaiser konnte nicht schlafen. Er versuchte, die ganze Sache zu vergessen und nicht hinzugehen, aber dann hatte es auch wieder seinen Reiz: „Vielleicht versteht der Mann ja was davon, und er wirkt so selbstsicher..." Er hatte viele große Heilige gesehen, diesen und jenen, und niemand hatte so leichthin gesagt: „Bring's mit und ich werd' es für immer erledigen."

Schließlich also entschloß er sich, hinzugehen. Er kam. Bodhidharma saß da, mit einem riesigen Stock in der Hand.

Der Kaiser kam zitternd näher. Bodhidharma sagte: „Allein? Wo ist dein Ego?"

Der Kaiser sagte: „Es ist kein Ding, das sich mitbringen läßt. Es ist immerzu in mir."

Bodhidharma sagte: „Okay, dann setz dich her und schließ' die Augen und finde heraus, wo genau in dir es sich versteckt. Sobald du es erwischst, sag mir Bescheid."

Zitternd und allein im Tempel draußen vor der Stadt, schloß der Kaiser zum ersten Mal im Leben die Augen zur Meditation und sah sich um. Wo war das Ego? Eine Stunde verstrich, eine zweite verstrich. Die Sonne ging auf, und der Kaiser saß da, in so seliger Ruhe... Bodhidharma rüttelte ihn auf und sagte: „Jetzt ist es genug – zwei Stunden! Wo ist es?"

Und der Kaiser fing an zu lachen. Er verbeugte sich, berührte Bodhidharma die Füße und sagte: „Ich kann es nicht finden."

Bodhidharma lachte und er sagte: „Siehst du? Ich hab's erledigt. Wenn du jetzt also noch mal diese falsche Vorstellung von einem Ego hast, geh nicht rum und frag andere, wie du es loswerden kannst. Schließ einfach die Augen und finde heraus, wo es ist."

Alle, die in sich gegangen sind, haben es nie dort gefunden. Es ist, als gäbe ich dir eine Lampe und schickte dich ins Zimmer, um herauszufinden, wo sich die Dunkelheit versteckt. Du nimmst die Lampe, du gehst ins Zimmer, aber die Dunkelheit ist nicht da. Wenn du die Lampe mitnimmst, ist die Dunkelheit nicht mehr da. Wenn du die Lampe nicht mitnimmst, dann ist sie da. Dunkelheit ist die Abwesenheit von Licht. Ego ist die Abwesenheit von Bewußtheit. Wenn du Bewußtheit in dein Inneres hineinträgst, ist dein Ego plötzlich nicht mehr da.

Ich sage euch also nicht, es fallenzulassen. Und wer immer

das sagt, hat nichts verstanden. Alle, die predigen: „Gebt das Ego auf!", verstehen nichts vom Ego. Es ist nicht da. Man kann es nicht fallenlassen. Man kann es nicht mitnehmen. Es ist einfach lächerlich.

Die letzte Frage:
Osho, wie kann ich mich hingeben, wenn Judas sich mir in den Weg stellt?

Niemand stellt sich in den Weg. Kein Judas. Aber der Verstand neigt dazu, seine Verantwortung auf andere abzuschieben. Der Verstand findet immer einen Sündenbock. Und das ist der Trick des Verstandes, um sich zu retten, um sich zu schützen.

Außer dir steht dir niemand im Weg. Nur du versperrst den Weg. Schimpf nicht auf andere. Sag nicht: Judas. Sag nicht: der Teufel. Satan. Beelzebub. Niemand verstellt dir den Weg. Aber glaubst du erstmal, daß dir jemand im Weg steht, erleichtert dich das. Es liegt also nicht an dir! Was kannst du schon tun? Ein anderer steht dir im Weg! Aber ich sage dir: da ist niemand.

Religiöse Leute, sogenannte religiöse Leute, haben seit je solche Dinge erfunden. Sie haben einen Teufel erschaffen, damit es der Teufel war, der dich versuchte, wann immer du eine Sünde begangen hast. Das erleichtert. „Ich bin also letzten Endes nicht schuld – es war der Teufel." Die Hindus reden nicht vom Teufel, sie haben ihre eigene Mythologie: daß du im vergangenen Leben falsches Karma begangen hast. Diese Karmas zwingen dich jetzt, erneut falsches Karma zu begehen. Wieder bist du erleichtert: was kannst du also tun? Das vergangene

Leben läßt sich jetzt nicht mehr ändern. Und wenn du diese Hindus fragst: „Wie kam es, daß ihr in eueren früheren Leben falsche Karmas begangen habt?" dann sagen sie: „In einem noch früheren Leben hatte ich schon falsch gehandelt." „Aber wie fing es eigentlich überhaupt an, ganz am Anfang?" Dann werden sie wütend. „Stell nicht solche Fragen – du mußt dran glauben!"

Die gleiche Frage kann man den Leuten stellen, die an den Teufel glauben. Und mehr Leute glauben an den Teufel als an Gott, denn mit Gott läßt sich nicht viel anfangen, der Teufel aber ist sehr nützlich. Gott ist, genau genommen, ein bißchen unbequem. Sollte es Gott geben, fühlst du dich etwas unbehaglich, aber solange es den Teufel gibt, fühlst du dich erleichtert, du kannst alle Verantwortung auf den Teufel schieben. Du begehst einen Mord – der Teufel hatte dich versucht. Was kannst du, ein hilfloses Opfer, dafür?

Vergiß nicht, daß dir das nichts hilft. Tu dir selber nicht so leid und stell dich nicht als Opfer hin. Das ist ein Trick des Verstandes. Außer dir selbst steht dir kein Mensch im Weg. Und außer dir selbst wird dir niemand helfen. Schiebe also keine Verantwortung ab. Nimm alle Verantwortung auf dich, die es gibt, denn nur, indem du sie annimmst, gelangst du zur Reife.

Aber die Leute stellen es sehr schlau an, und ihre schlauen Ausreden scheinen logisch. Natürlich, wenn du vor Wut fast verrückt wirst, tut es dir hinterher leid, fühlst du dich schuldig. Wie das jetzt logisch hinbiegen? Hinterher sagst du: „Ich hab es nicht absichtlich getan!" Hinterher sagst du: „Ich war außer mir." Hinterher mußt du dein Image aufbessern. Du bist wütend gewesen, und du hast dich immer für einen der weisesten und vernünftigsten Menschen der Welt gehalten. Nun ist das Image kaputt. Was tun? Jetzt kannst du mit dem Teufel, mit Judas kommen – egal was. Du warst es nicht. Jemand hat dich gezwungen, es zu tun.

Mit der Geschichte, wo Adam aus dem Garten Eden vertrieben wird, fängt die ganze Sache an. Adam schiebt die Verantwortung auf die Frau, Eva.

Er sagt: „Eva hat mich verführt, die Frucht zu essen." Eva sagt natürlich: „Ich war's nicht – die Schlange!" Und die Schlange kann gar nichts sagen. Schluß, aus! Mit der Schlange kommt also alles ins Reine. Arme Schlange!

Jeder versucht, die Verantwortung auf jemand anders abzuschieben. Wenn die Schlange sprechen könnte, würde sie sagen: „Gott! Er hat mich geschaffen, und er hat mich so geschaffen, daß ich es tun mußte."

Die Logik findet immer neue Schliche und sieht dabei sehr logisch aus. Aber mir ist noch nie etwas Unlogischeres begegnet als die Logik!

Ich will euch eine Anekdote erzählen:

Der alte Schmied aus einer kleinen Stadt erzählte einem Freund, daß seine Mutter eigentlich einen Zahnarzt aus ihm machen wollte als er ein junger Mann war. Sein Vater wollte, daß er Schmied würde.

„Und weißt du", sagte der alte Mann, „ich kann von Glück reden, daß mein Vater gewonnen hat, denn wenn ich ein Zahnarzt geworden wäre, ich wäre glatt verhungert."

„Woher willst du das wissen?" fragte der Freund.

„Tja", sagte der Schmied, „ich kann's beweisen. Ich hab mein ganzes Leben – über dreißig Jahre lang – hier in dieser Schmiede zugebracht und viele Schmiedearbeiten gemacht, aber glaubst du, es wäre auch nur eine lebendige Seele gekommen, die einen Zahn gezogen haben wollte?"

Sieht logisch aus. Logik sieht logisch aus. Sie ist nicht logisch. Und sie mag in kleinen Dingen logisch sein, aber wenn es um tiefe Dinge, um die letzten Dinge im Leben geht, ist die Logik das Unlogischste überhaupt. Sie taugt, um kleine Dinge zurechtzurücken, kleine Dinge zu ordnen, aber das Leben ist größer als die Logik. Die Logik ist nur ein Teil, ein winziges Teilchen im Leben.

Hör auf das Leben. Mach die Augen zu und meditiere mehr in dir. Mach die Augen zu und meditiere mehr und schau nach, wer dir den Weg versperrt. Judas? Es ist niemand da außer dir. Wenn du etwas verkehrt machst, nimm die Verantwortung auf dich, denn das ist der einzige Weg, eines Tages darüber hinauszukommen. Wenn du das tust, hältst du dir die Möglichkeit offen – wenn du nicht willst, brauchst du es nicht zu tun. Aber wenn jemand anders dich dazu zwingt, dann ist die Möglichkeit hin, dann ist keine Freiheit möglich.

Freiheit und Verantwortung gehen zusammen. Es sind die zwei Seiten einer Medaille. Wenn du Freiheit willst, mußt du die Verantwortung für alles übernehmen, was du tust. Wenn du die Verantwortung nicht willst, dann verlierst du auch deine Freiheit. Jeder möchte gern frei sein, und niemand will verantwortlich sein. Wir schieben ständig alle Verantwortung von uns. Und indem du sie abschiebst auf die Schultern anderer, verwirfst du auch jegliche Möglichkeit zur Freiheit. Werde verantwortlich! Wenn du wütend warst, warst du eben wütend. Sag nicht: „Ich wollte es eigentlich nicht." Komm nicht mit Judas. Sag nicht: „Jemand anders, eine fremde Gewalt, hat sich meiner bemächtigt." Nein, niemand hat Besitz von dir ergriffen.

Was immer geschieht, es ist deine Wahl. Du hast es so gewollt. Es mag dir völlig unbewußt sein wie du es gewählt hast, denn manchmal willst du das eine, wählst aber das andere –

deshalb das Problem. Du glaubst, du willst das eine, wählst aber das andere. Oder du wolltest etwas anderes, hast dich auch dafür entschieden, aber alles kommt anders.

Zum Beispiel, du versuchst, Menschen zu beherrschen – das steht dir frei. Und du willst auch Menschen beherrschen, aber wenn du Menschen beherrschst, wehren sie sich, denn sie wollen das gleiche. Sie werden versuchen, dich zu beherrschen, und das wiederum gefällt dir nicht – der Kampf, die Eifersucht, die Hölle, die ringsum entsteht. Und du sagst: „Ich hab das nie gewollt" aber über Menschen herrschen, das wolltest du. Das war die Saat. Schau immer nach, wie es losging. Wenn die Wirkung da ist, muß auch die Ursache da sein. Und die Wirkung könnte nicht da sein, nie und nimmer, wenn du dich nicht ursprünglich für die Ursache entschieden hättest. Die Leute möchten gern die Wirkung ändern, aber sie wollen nicht die Ursache ändern. Das ist der Allerweltsverstand, der Geist, der dumm ist. Der intelligente Geist ist von ganz anderer Machart. Wann immer ihm eine Wirkung nicht gefällt, geht er tief in die Ursache hinein und läßt die Ursache fallen. Und dann gibt es kein Problem mehr.

Du möchtest, daß die Leute dich lieben, und du wirst böse und unausstehlich, und tust den Leuten alles mögliche an, und du möchtest, daß sie dich lieben. Und wenn sie dich nicht lieben, und dich auch noch hassen und wütend auf dich sind, dann sagst du: „Diese Dinge geschehen, obwohl ich es nie gewollt habe." Du hast es dir so ausgesucht. Du wolltest etwas anderes, aber deine Wahl ist verkehrt. Sieh dir die Ursache an.

Erst vor ein paar Tagen kam ein Sannyasin an und sagte, daß ihn niemand hier liebe – und er liebt alle, aber niemand liebt ihn, und er war sehr wütend. Ich bat ihn, ein paar Zeugen mitzubringen, Leute, die er liebt, und die ihn nicht lieben. Ich wollte sie fragen, was sie zu sagen hätten. Sie würden das gleiche sagen, daß sie lieben, und niemand ihre Liebe erwidert. Er war nicht bereit, Zeugen zu bringen.

Jeder glaubt, andere zu lieben und nicht auf Gegenliebe zu stoßen, aber das war noch nie da. Es ist gegen das Gesetz, es ist gegen das Dharma, gegen das höchste Gesetz des Lebens. Wenn du liebst, kommt die Liebe zurück. Wenn nicht, geh tiefer: Irgendwo hast du im Namen der Liebe etwas anderes getan.

Ein Mann fragte seinen Boß, den Bauern, ob er dessen Wagen am 30. Oktober ausleihen könnte. Es war ungefähr noch einen Monat bis dahin.

„Klar", sagte der Bauer. „Du kannst den Wagen haben. Was hast du vor?"

„An dem Tag heirate ich."

„Prima!" sagte der Bauer. „Wer ist die Glückliche?"

„Tja, hab mich noch nicht entschieden", kam die Antwort, „wollte erst sicher sein, daß ich auch den Wagen haben kann."

Unwichtige Dinge. Erst willst du dir sicher sein, und dann, glaubst du, folgen die wichtigen Dinge von allein. Ändere deine Haltung. Denk zunächst ans Wesentliche. Das Unwesentliche folgt nach. Denk erst an das Wesentliche. Was ist wesentlich? Die Wirkung ist nicht die Hauptsache, die Ursache ist es. Der andere ist nicht die Hauptsache – du bist es!

Was immer heute passiert, das hast du in die Wege geleitet, irgendwie, unbewußt, unbemerkt, aber du selbst hast die Saat ausgestreut. Nun mußt du sie auch ernten. Die Leute glauben immer, das Wesentliche käme schon, wenn sie sich um das Unwesentliche kümmern.

Zum Beispiel glauben die Leute, daß sie glücklich würden, wenn sie genug Geld verdient hätten. Es ist nicht so. Wenn man glücklich ist, ist man reich. So herum stimmt es – dann ist man reich. Bist du glücklich, bist du reich. Ein glücklicher Mensch kann nicht anders als reich sein. Er mag keine großen Paläste haben, aber dennoch wird er reich sein. Er mag ein Bettler auf der Straße sein, aber dennoch ist er reich. Aber ihr wollt erst viel Geld haben und glaubt dann, das mache euch glücklich. Es passiert nie so herum, weil Reichtum nicht die Ursache von Glück sein kann. Glück ist immer die Ursache von Reichtum. Ihr glaubt, die wesentlichen Dinge folgen nach. „Erst will ich mit dem Unwichtigen fertig werden, denn indem ich das Unwichtige aus dem Weg räume, stelle ich die Situation her." Erst also Macht, Ansehen, Geld – alles unwichtige Dinge.

Versuche tiefer in dein Wesen zu blicken und behalte das Wesentliche im Auge. Sei glücklich! Jetzt in diesem Augenblick kannst du glücklich sein. Niemand versperrt dir den Weg. Und wenn du in diesem Augenblick nicht glücklich sein kannst, kannst du nie glücklich sein. Glück hat nie etwas mit der Zukunft zu tun. Glück kennt kein Morgen, weil Glück von nichts abhängt. Es ist einfach eine Einstellung.

Du kannst jetzt sofort glücklich sein – so wie du bist.

Versuche einfach nur glücklich zu sein, ganz grundlos. Und du wirst überrascht sein! – du kannst ohne jede Ursache glücklich sein. Glück ist nämlich die Ursache für viele Dinge, die Grundursache überhaupt. Du kannst glücklich sein. Versuch's. Du hast es andersherum versucht; versuche es nun von der eigentlichen Ursache her. Greif erst nach der Ursache, sei glücklich. Und dann kommen die Wirkungen von allein. Und vergiß nicht: Such dir keine Sündenböcke. Das ist der sicherste Weg, dein Leben zu verfehlen.

Der Stier wird gezähmt

Der Heimritt auf dem Stier

Der Stier wird gezähmt

Peitsche und Strick sind notwendig,
sonst könnte er sich irgendwo
auf staubiger Straße davonmachen.
Gut geschult, wird er von Natur aus sanft.
Auch ohne Zügel hört er dann auf seinen Meister.

Kommentar:

Wo ein Gedanke aufkommt, folgt ein zweiter nach. Kommt der erste Gedanke aus Erleuchtung, so sind alle folgenden wahr. Durch Verblendung macht man alles unwahr. Verblendung ist nicht in Objektivität begründet. Sie folgt aus Subjektivität. Laß den Nasenring nicht los, laß nicht einmal einen Zweifel zu.

Der Heimritt auf dem Stier

Auf dem Stier sitzend, kehre ich langsam heim.
Die Stimme meiner Flöte tönt durch den
Abend.
Ich schlage mit meinen Händen
den Takt zum Puls dieser Harmonie,
den nicht endenden Rhythmus dirigierend.
Wer immer diese Weise hört, schließt sich mir an.

Kommentar:

Dieser Kampf ist vorüber. Gewinn und Verlust sind ausgewogen. Ich stimme den Gesang des dörflichen Holzfällers an und spiele die Lieder der Kinder. Auf dem Stier reitend, schau ich empor zu den Wolken. Ich reite zu – mag mich zurückrufen wer will!

N ur die Wahrheit befreit und sonst nichts. Alles andere führt zu Sklaverei und Unterdrückung. Und die Wahrheit ist nicht durch intellektuelle Mühe zu finden, denn Wahrheit ist keine Theorie. Sie ist eine Erfahrung. Um sie zu erkennen, mußt du sie leben – und in diesem Punkt machen es Millionen von Menschen falsch. Sie glauben, wenn sie sich an einen Glauben klammern, könne ihnen dies Klammern helfen, die Wahrheit zu finden. Nach und nach geben sie sich mit ihrem Glauben zufrieden. Aber Glaube ist nicht Wahrheit, sondern eine Theorie von der Wahrheit, als ob sie sich einfach durch Worte, Schriften, Lehrmeinungen, Dogmen festlegen ließe! Oder so, wie ein Blinder glaubt, daß es Licht gibt. Oder wie wenn ein Hungriger immer nur in einem Kochbuch lesen und an dieses und jenes Rezept glauben würde, ohne je satt zu werden. So läßt sich der Hunger nicht stillen.

Wahrheit ist eine Speise. Man muß sie verdauen, muß sie assimilieren. Du mußt sie in deinem Blut kreisen, in deinem Herzen schlagen lassen. Die Wahrheit muß deinem gesamten

Organismus einverleibt werden. Einen Glauben verleibt man sich niemals ein. Er bleibt etwas Unverbindliches.

Du magst ein Hindu sein, aber dein Hinduismus bleibt für dich ein rein intellektuelles Konzept. Du magst ein Christ sein, oder ein Mohammedaner, aber das ist kein organischer Teil deines Wesens. Tief unten geht das Zweifeln weiter.

Ich habe eine Geschichte gehört:

Titov, der russische Kosmonaut, kehrte aus dem Weltraum zurück und wurde von Nikita Chruschtschow privat gefragt, ob er dort jemanden gesehen hätte.

Der Geschichte zufolge, soll er geantwortet haben: „Ja, ich habe Gott gesehen!" und Chruschtschow sagte: „Das hab ich gewußt. Aber du kennst unsere politische Linie sag's keinem weiter."

Später besuchte Titov den Patriarchen der russisch-orthodoxen Kirche. Der fragte ihn, ob er da draußen im Raum jemandem begegnet sei. Titov, seinen Anweisungen getreu, antwortete: „Nein, da war niemand da."

„Das wußte ich", gab der Kirchenfürst zurück, „aber du kennst unsere Linie, sag's also bitte nicht weiter."

Verborgen unter euren Glaubenssätzen – ganz gleich welchen – bleibt der Zweifel erhalten. Und der Zweifel sitzt im Kern. Und der Glaube an der Außenschale. Und so wird euer Leben im Grunde vom Zweifel bestimmt, nicht vom Glauben. Du magst Kommunist sein, und doch zweifelst du tief im Innern. Du magst Katholik, Christ, Theist sein – tief in dir besteht der Zweifel fort.

Ich habe in unzählige Menschen vieler religiöser Bekenntnisse und Sekten hineingesehen, aber tief drinnen war überall der gleiche Zweifel. Und Zweifel ist weder hinduistisch noch christlich noch mohammedanisch. Und Zweifel ist weder kommunistisch noch antikommunistisch. Es ist reiner Zweifel – einfach Zweifel. Für diesen reinen Zweifel brauchst du reines Vertrauen.

Dieser reine Zweifel, der kein Eigenschaftswort hat, der nicht hinduistisch, christlich oder mohammedanisch ist, kann nicht durch hinduistische, christliche, mohammedanische Vorstellungen, Glaubenssätze, Theorien, Philosophien zerstört werden. Was also mit diesem Zweifel anfangen?

Ein wahrer Sucher will keinen Glauben, mit dem er sich trösten kann. Vielmehr versucht er, in sich ein tieferes Zentrum zu entdecken, das jenseits von Zweifel ist. Dies muß verstanden werden. Du mußt tief in dich hineingehen, bis an einen Punkt von solcher Lebendigkeit, daß aller Zweifel an der Oberfläche zurückbleibt. Statt dessen halten sich die Leute an Glaubensvorstellungen fest – an der Oberfläche – und tief drinnen bleibt der Zweifel. Genau umgekehrt sollte es sein.

Geh tiefer in dein Wesen hinein. Mach dir keine Gedanken über den Zweifel, laß ihn links liegen. Laß ihn gelten! Versuch nicht, dich in einen Glauben zu verkriechen. Sei kein Vogel Strauß. Stell dich dem Zweifel! – und geh über ihn hinaus. Geh tiefer als der Zweifel. Es kommt ein Punkt in deinem Wesen... denn im tiefsten Kern, genau im Zentrum, ist nur Leben. Hast du einmal an diesen Kern tief in dir selbst gerührt, ist der Zweifel nur noch etwas ganz Entferntes, Peripheres. Er kann mit Leichtigkeit fallengelassen werden.

Und man muß sich nicht erst an einen Glauben klammern, um ihn fallenzulassen. Du siehst einfach die Dummheit ein. Du siehst einfach die Lächerlichkeit ein. Du siehst einfach, wie zerstörerisch sich der Zweifel auf dein ganzes Leben ausgewirkt hat, wie der Zweifel ständig dein Daseinsgefühl untergraben hat. Wie giftig er war. Du siehst die Tatsache ein, daß er giftig war, daß er dir nicht erlaubt hat zu jubeln, daß du eine große Gelegenheit verpaßt hast – und du läßt ihn einfach fallen. Du brauchst dich jetzt nicht anstelle des Zweifels an einen Glauben zu klammern.

Ein Mensch von wahrem Vertrauen hat keinen Glauben – er vertraut einfach, denn er hat erkannt, wie schön das Leben ist. Und er hat erkannt, wie zeitlos, wie ewig das Leben ist. Er hat erkannt, daß das Reich Gottes mitten in ihm selbst liegt. Er wird König – und kein König im gewöhnlichen Sinne des Wortes, denn das Königreich, das von außen kommt, ist ein falsches Königreich, ein Traumreich.

Ich habe gehört, daß Faruk, der König von Ägypten, einmal gefragt wurde, wieviele Könige es noch fünfundzwanzig Jahre nach ihm geben würde. Ohne zu zögern sagte er, es würde dann noch fünf geben, und zwar: „Den König von England, den Herz-König den Karo-König, den Kreuz-König und den Pik-König."

Das Königreich, das von außen kommt, ist nur ein Königreich der Träume. Du magst ein König sein, aber du wirst ein Spielkartenkönig sein, oder höchstens der König von England. Nicht der Rede wert, wertlos. Nur ein Scheinsymbol, ohne Bedeutung. Das wahre Königreich ist innen. Und das Erstaunliche ist: daß du es in dir selbst hast, völlig ahnungslos, ohne zu wissen, was für Schätze du hast, auf was für Schätze du Anspruch erheben kannst.

Religion ist nicht eine Suche nach irgendeinem Glauben. Religion ist ein Bestreben, den letzten Grund deines Wesens zu erkennen, zum letzten Felsengrund deiner Existenz vorzustoßen. Diese Erfahrung vom Felsengrund der eigenen Existenz ist es, was wir mit dem Wort „Wahrheit" meinen. Sie ist existentiell, sie ist eine Erfahrung.

Laßt euch also nicht zu sehr von Glaubensvorstellungen narren. Paßt auf – es sind Täuschungen. Und eben wegen dieser Glaubensvorstellungen gehen die Menschen nicht auf die Suche, denn wenn du erstmal denkst, daß du glaubst, daß du weißt, wozu dann noch suchen? Das sind also Tricks, wie man die Suche umgehen kann, denn die Suche ist hart, die Suche ist schwer. Viele Träume gehen da in Scherben. Viele Bilder werden da zerschlagen. Und du wirst durch viel, viel Schmerz gehen müssen. Dieser Schmerz ist eine Notwendigkeit: er läutert, gibt dir Festigkeit, Integrität. Er läßt dich reifen. Diese Schmerzen sind wie Geburtswehen, denn durch sie wirst du wiedergeboren werden.

Glaube ist billig. Er kostet nichts. Nur ein Kopfnicken, und du wirst Christ oder Hindu oder Mohammedaner. Das ist zu billig. Die Wahrheit kann nicht so billig sein. Du wirst viele liebgewonnene Träume opfern müssen. Du wirst dein eingebildetes Selbstbild opfern müssen. Du wirst viele Dinge opfern müssen, die du zu sehr schätzt in deiner Unwissenheit. Du wirst aus dem nebulösen Daseinszustand herauskommen müssen, in dem du dich jetzt befindest. Du wirst dich darüber erheben müssen. Und natürlich: einen Berg zu besteigen ist schwer – und es gibt keinen größeren Berg als dich selbst.

Du trägst den höchsten Gipfel, den Everest, in dir. Und natürlich wird der Aufstieg nicht leicht sein, aber die Schwierigkeit zahlt sich aus, zahlt sich enorm aus. Erreichst du dann den Gipfel, so hat sich allein durch die Anstrengung, die Schwierigkeiten, die Herausforderungen, die Härte des Aufstiegs, etwas in dir kristallisiert. Im Augenblick, wo du zum Gipfel kommst, ist es nicht einfach nur ein Gipfel, den du erreichst – du selbst bist dieser Gipfel! Du bist in eine Höhe gelangt, die du noch nie gekannt hast. Du hast im dunklen Tal gelebt, nun lebst du im Sonnenlicht.

Für den Sucher ist das erste also, sich klarzumachen, daß Glaubenssätze Hindernisse sind.

Wenn du als Christ zu mir kommst, kannst du nicht zu mir kommen. Wenn du als Hindu zu mir kommst, bist du nur scheinbar zu mir gekommen. So kannst du nicht zu mir kommen, denn dein Hinduismus, dein Jainismus schafft zwischen dir und mir eine Distanz. Und was du glaubst, macht keinen Unterschied für mich. Jeder Glaube – ausnahmslos jeder Glaube – ist ein Hindernis.

Irgendwo in einer Hauptstadt passierte folgendes:

Die Parteigenossen liefen mit Plakaten vor dem Gerichtsgebäude auf und ab. Drinnen standen ein paar Genossen vor Gericht. Ein Polizist, der für Ordnung sorgte, schob einen Zuschauer weiter.

„Schieben Sie mich nicht!" beschwerte sich der Zuschauer. „Ich bin Antikommunist."

Der Bulle stierte ihn an: „Mach, daß du weiterkommst", schnauzte er, „ist mir doch egal, was für n' Kommunist du bist."

Es ist egal: Kommunist ist Kommunist, Antikommunist ist auch Kommunist. Denn es macht keinen Unterschied, ob du nun an Marx oder Moses oder Manu oder Mahavir glaubst. Es ist egal: du glaubst, ob an die Srimad Bhagavad Gita oder Das Kapital, oder den heiligen Koran, es macht keinen Unterschied... denn die Glaubenshaltung an sich ist verkehrt.

Laßt allen Glauben fallen, so daß ihr euch dem Zweifel stellen könnt. Indem du dich deinem Zweifel stellst, deinem Zweifel begegnest, steigt Vertrauen auf. Wenn du den Zweifel zuläßt, und du dich nicht sonstwo versteckst, wenn du dich ihm in seiner Nacktheit stellst, fühlst du noch im Augenblick der Begegnung etwas Neues in dir aufsteigen... und das ist Vertrauen. Vertrauen steigt auf, wenn man dem Zweifel in die Augen blickt, ohne vor ihm zu fliehen – Glaube ist Flucht. Und Glaube ist Falschgeld, ein falscher Ersatz für Vertrauen – er sieht wie Vertrauen aus, ist aber keines.

Im Glauben geht unterschwellig der Zweifel weiter, wie eine Gegenströmung. Im Vertrauen ist kein Zweifel enthalten.

Vertrauen hat nie Zweifel gekannt. Vertrauen ist nie einem Zweifel begegnet. Genau wie Licht noch nie der Dunkelheit begegnet ist. Im Augenblick, da das Licht kommt, verfliegt die Dunkelheit, verschwindet sie. Aber wenn du nur an das Licht *glaubst,* hilft dir das nicht. Du lebst im Finstern und glaubst immer nur ans Licht, aber du *lebst* im Finstern! Und dein Glaube an das Licht ist keine Hilfe, sondern ein Hindernis , denn wenn du nicht ans Licht geglaubt hättest, würdest du nach Licht gesucht haben. Indem du ans Licht glaubst, denkst du, daß es kommen wird. „Es ist vorhanden. Eines Tages, irgendwann, durch Gottes Gnade, wird es geschehen..."

Du lebst im Dunkeln weiter, und dein Glaube wird so zu einem Trick der Dunkelheit, mit dem sie sich selbst schützt. Glaube ist ein Trick des Unwahren, mit dem es sich selbst schützt. Seid auf der Hut!

Glauben heißt, die Symptome mit der wirklichen Krankheit zu verwechseln; du gehst zum Arzt, er diagnostiziert eine Krankheit. Er sucht nach Symptomen, aber Symptome sind nicht die Krankheit. Symptome zeigen lediglich an, daß etwas tief drinnen nicht stimmt. Zweifel ist ein Indiz – genau wie Fieber, wenn es auf 39 – 40 Grad steigt. Aber das Fieber selbst ist nicht die Krankheit.

Wenn jemand also hohes Fieber hat, dann fangt gar nicht erst an, ihm kalte Duschen zu verpassen. Das ist zwar logisch, denn wenn man das Fieber selbst für die Krankheit hält, muß man natürlich den Körper abkühlen. Der Körper wird immer heißer – kühle ihn also ab! Gib ihm eine eiskalte Dusche. Man bekämpft die Symptome. Man kann den Patienten auf diese Weise umbringen. So geht es nicht. Die Krankheit sitzt irgendwo tief drinnen, und das Fieber ist nur ein Hinweis, daß etwas im Innern nicht stimmt. Behandelt das, was innen verkehrt ist, und die Temperatur wird sich von allein normalisieren.

Zweifel ist das Symptom, es ist nicht die Krankheit. Sich an einen Glauben zu klammern heißt, den Zweifel als Krankheit mißzuverstehen. Und man denkt: „Wenn ich glaube, wird der Zweifel verschwinden." Nein, er wird nicht verschwinden – er wird einfach in den Untergrund gehen. Er wird unbewußt. Bewußt wirst du an Gott glauben, im Unbewußten wirst du ihn leugnen.

Hab keine Angst vor dem Zweifel! Der Zweifel ist nicht der Feind – der Zweifel ist dein Freund. Der Zweifel sagt dir nur, daß du noch nicht in dir nachgeforscht hast, daher der Zweifel. Daß du noch nicht in deine eigene Wirklichkeit geschaut hast, daher der Zweifel. Schau in deine eigene Wirklichkeit, und der Zweifel verschwindet wie Dunkelheit. Bring Licht hinein…

Ich habe von einem großen christlichen Priester gehört: Henry Ward Beecher. In seiner Kirche gab es eine Uhr, die immer entweder vor oder nach ging, und die Leute beschwerten sich laufend darüber. Es war ein tägliches Problem für Beecher.

Wer ihn auch besuchen kam, wies ihn darauf hin: „Die Uhr geht falsch."

Eines Tages hatte Beecher es satt und hängte ein Schild an die Uhr. „Tadelt nicht meine Zeiger – das Problem liegt tiefer."

Das Problem liegt immer tiefer. Das Problem liegt nicht an der Oberfläche. Das Problem steckt nicht in den Zeigern der Uhr sondern tief im Mechanismus.

Versucht also nicht, eure Gedanken von Zweifel auf Glauben umzuschalten. Das wird nicht helfen. Es hat nichts mit Denken zu tun… das Problem liegt tiefer, tiefer als das Denken, und man muß tief nach innen gehen.

Das ist der ganze Sinn von der Suche nach dem Stier. Der Stier ist Lebensenergie, ist Dynamik, ist Vitalität.

Das fünfte Sutra:

Peitsche und Strick sind notwendig,
sonst könnte er sich irgendwo
auf staubiger Straße davonmachen.
Gut geschult, wird er von Natur aus sanft.
Auch ohne Zügel hört er dann auf seinen Meister.

Das sechste Sutra:

Auf dem Stier sitzend, kehre ich langsam heim.
Die Stimme meiner Flöte ertönt durch den Abend.
Ich schlage mit meinen Händen
den Takt zum Puls dieser Harmonie,
den nicht endenden Rhythmus dirigierend.
Wer immer diese Weise hört, schließt sich mir an.

Hört euch jedes Wort so eindringlich wie möglich an:

Peitsche und Strick sind notwendig...

Die Peitsche ist ein Symbol für Bewußtheit, und der Strick ist ein Symbol für innere Disziplin. Bewußtheit und Disziplin sind die Grundausrüstung für den Sucher. Wenn du dich ohne Bewußtheit disziplinierst, wirst du zum Heuchler. Wenn du dich ohne Bewußtheit disziplinierst, wirst du zur Marionette, zum Roboter. Du magst keinem etwas zuleide tun, man mag dich für einen guten Menschen halten oder gar für einen Heiligen, aber du wirst nicht imstande sein, dein wirkliches Leben zu leben, du wirst nicht imstande sein, es zu feiern. Es wird ohne jedes Entzücken sein. Du wirst zu ernst sein. Alle Verspieltheit wird für immer verschwinden. Und Ernst ist eine Krankheit.

Disziplin ohne Bewußtheit ist erzwungen, es ist Gewalt, eine Vergewaltigung deiner eigenen Natur. Das gibt dir keine Freiheit, sondern führt zu immer mehr, zu immer größerer Gefangenschaft. Disziplin ist gut, wenn sie aus Bewußtheit kommt. Disziplin ist völlig verkehrt und giftig, wenn sie nicht aus Bewußtheit, sondern aus einer blinden, gläubigen Haltung stammt.

Das erste also ist die Peitsche – die Bewußtheit. Und das zweite ist der Strick – die Disziplin. Wozu Disziplin? Wenn man bewußt ist, ist diese Bewußtheit dann nicht genug? Letzten Endes ist sie genug, aber nicht am Anfang. Denn der Verstand hat tief eingefahrene Muster, und die Energie neigt dazu, alten Bahnen und alten Gewohnheiten zu folgen. Es müssen neue Kanäle geschaffen werden.

Du magst bewußter geworden sein, aber das allein reicht am Anfang noch nicht, weil der Verstand bei der ersten Gelegenheit, einem alten Muster zu folgen, sofort ausrutscht, im

Bruchteil einer Sekunde. Er braucht keine Zeit, um wütend zu werden. In dem Augenblick, wo du bewußt wirst, ist die Wut schon da. Später, wenn die Bewußtheit total geworden ist, wenn die Bewußtheit in dir absolut ist, bist du schon wach, ehe irgendetwas geschehen kann – a priori. Wenn die Wut aufkommt, ist vor der Wut die Bewußtheit da. Wenn Sexualität von dir Besitz ergreift, ist die Bewußtheit schon vor ihr da. Wenn die Bewußtheit zu einer natürlichen spontanen Sache geworden ist, so wie das Atmen, wenn sie sogar im Schlaf vorhanden ist, dann kann alle Disziplin wegfallen. Aber am Anfang nein. Am Anfang, wenn die Bewußtheit erst Wurzeln faßt, wird Disziplin dir helfen.

Disziplin ist einfach das Bestreben der Energie, neue Bahnen zu öffnen, damit sie nicht in den alten Gleisen zu fahren braucht. Du bist jahrelang immer wieder wütend geworden, die Spur hat sich eingegraben. Sobald du Energie hast, drückt sich diese Energie automatisch durch die Wut aus. Aus diesem Grund schreiben viele Religionen das Fasten vor. Wenn du fastest, das heißt, wenn du dich selbst aushungerst, hast du nicht genug Energie. Nahrung erzeugt Energie. Wenn du nicht genug Energie hast, dann kannst du nicht wütend werden. Aber Schwäche ist nicht Transformation. Das ist wiederum eine Vortäuschung falscher Tatsachen.

Viele Religionen predigen das Fasten, um dir über den Sex hinwegzuhelfen. Natürlich, wenn du zuviel fastest und dein Körper ausgehungert ist, wirst du nicht genug Energie für den Sex haben. Um in den Sex zu gehen, brauchst du einen Überfluß an Energie, weil Sex Luxus ist. Nur wenn du zuviel Energie hast, geschieht er. Ohne Überfluß verschwindet er von selbst. Aber das ist nicht das echte *Brahmacharya*. Man macht sich so selbst etwas vor. Die Energie sollte überfließen, aber sie sollte in eine andere

Richtung fließen – in die Dimension der Liebe. Aber dazu muß man sich eine Disziplin aneignen, so daß die Energie, wenn sie aufsteigt, in die Liebe geht, nicht in den Sex; in Mitgefühl, nicht in Leidenschaft, ins Teilen, nicht ins Raffen.

Disziplin ist nötig, um neue Bahnen zu öffnen. Bewußtheit und Disziplin müssen also zusammengehen.

Es gibt Leute, die betonen, daß Bewußtheit allein ausreicht. In gewissem Sinne haben sie recht, aber zu einem solchen Punkt von Bewußtheit zu gelangen, wo sie allein ausreicht, wo sie zu ihrer eigenen Disziplin wird, das ist sehr, sehr schwierig. Das kommt selten vor.

Krishnamurti sagt ständig, daß Bewußtheit an sich genug ist, daß keine Disziplin notwendig ist. Und er hat logisch gesehen recht. Aber so passiert es nicht. Das Leben ist sehr unlogisch. Es hört nicht auf die Logik. Und so haben die Leute vierzig Jahre lang auf Krishnamurti gehört, und es ist nichts passiert, weil sie glauben, daß Bewußtheit allein schon ausreicht. Um zu solcher Bewußtheit zu gelangen, dazu gehört eine ungeheure Anstrengung und die können sie nicht aufbringen. Krishnamurti ist im Gegenteil für diese Leute zur Ausflucht geworden, um Disziplin zu vermeiden und weiter glauben zu dürfen, daß Bewußtheit allein ausreiche. Und so leben sie in ihrer Dunkelheit weiter. Der krönende Moment bleibt aus.

Dann gibt es andere, die immer behaupten, daß Disziplin genug ist, daß keine Bewußtheit nötig ist. Sie reden vom andern Extrem. Disziplin allein kann nicht genug sein. Der Mensch, der sich ständig eine Disziplin aufzwingt, wird nach und nach zu einem mechanischen Roboter.

Ich habe von einem Heiligen gehört, der, als er starb, gezwungen wurde, in die Hölle zu gehen. Er konnte es nicht fassen. Er bestand darauf, Gott selbst zu sprechen, um ihn zu fragen, was er denn verbrochen hätte, denn sein ganzes Leben lang hatte er zu den reinsten Menschen gehört. Und Gott sagte zu ihm: „Du hast nie etwas Schlechtes getan, stimmt – aber du hast auch nie etwas Gutes getan, denn du warst überhaupt nicht da. Du hast gelebt wie ein Roboter." Eine Maschine tut ständig etwas, sie ist weder gut noch schlecht. Ein Mechanismus hat keinen Geist, keine Seele in sich. Er wiederholt sich immer nur. Wiederholung ist tot. Wiederholung hilft nicht. Man kann hingehen und jeden Tag sein Gebet verrichten, aber nur dein geistiger Apparat ist daran beteiligt. Du bist nicht dabei.

Man kann den Leuten dienen, den Leuten helfen, den Armen und den Kranken, aber wenn du dich wie ein Roboter bewegst, wenn alles nur Disziplin ist und jede Bewußtheit fehlt, dann bist du wie ein Computer. Deine Geschicklichkeit mag groß sein, aber du bist nicht da.

Viele Religionen haben nur Disziplin gepredigt, Moral, gute Taten und Handlungen, aber der Welt hat es nicht geholfen. Das hat die Menschen nicht wach, nicht lebendig gemacht. Beide Extreme sind jeweils nur eine Hälfte. Zen sagt, daß man sich an Bewußtheit und Disziplin zugleich halten soll. Zwischen diesen beiden Gegensätzen muß ein Rhythmus entstehen. Man muß bei der Peitsche beginnen und beim Strick aufhören.

Peitsche und Strick sind notwendig,
sonst könnte er sich irgendwo
auf staubiger Straße davonmachen.

Der Stier kennt sich auf vielen staubigen Straßen aus, und wenn Peitsche und Strick nicht gebraucht werden, ist es nur allzu gut möglich, daß der Stier, den du gefangen hast, wieder verloren geht.

Gut geschult, wird er von Natur aus sanft.
Auch ohne Zügel hört er dann auf seinen Meister.

Dann ist keine Disziplin mehr nötig. Dann bist du zu einem Meister geworden.

Gut geschult, wird er von Natur aus sanft.

Schulung ist notwendig, aber Schulung ist nicht das Ziel. Schulung ist nur ein Mittel. Am Ende muß man aus der Schulung aussteigen, muß man alle Disziplin vergessen. Wenn du dann mit deiner Disziplin noch weitermachen mußt, zeigt das nur, daß deine Disziplin noch nicht natürlich ist. Am Anfang hältst du dich wach, eröffnest du deiner geistigen Energie neue Bahnen. Nach und nach wird es nicht mehr nötig sein, allmählich wird es sogar unnötig, sich wach zu halten. Man ist einfach wach, man braucht sich nicht anzustrengen. Nur so kommt es zur Blüte, wenn die Wachheit natürlich ist, wenn die Meditation nicht getan werden muß, sondern einfach immerzu geschieht. Sie ist zu deiner eigentlichen Aura geworden. Du lebst in ihr. Du bist sie.

Auch ohne Zügel hört er dann auf seinen Meister.

Das sechste Sutra:

Auf dem Stier sitzend, kehre ich langsam heim.

Wenn du nicht Meister bist, dann gehst du fort, weit fort von Zuhause. Wenn du der Meister bist, beginnst du, zur ursprünglichen Quelle heimzukehren. Wenn du nicht der Meister bist, dann bewegt sich die Energie von dir fort – Dingen entgegen,

Menschen, Macht, Ansehen, Ruhm. Die Energie entfernt sich immer weiter von dir, zur Außenseite hin. Bist du aber erst der Meister, fängt die Energie an, heimwärts zu fließen.

Kabir, einer der großen Mystiker Indiens, hat gesagt: „Am Tag, da ich erleuchtet wurde, sah ich den Ganges flußaufwärts fließen, zur Quelle zurück." Er hat recht: der Ganges fließt dann nicht mehr zum Meer, er fließt zurück zu Gangotri, zur Quelle, dorthin in den Himalaja, wo er entspringt.

Wenn du Meister bist, folgt dir dein Geist wie ein Schatten. Wenn du nicht der Meister bist, mußt du deinem Geist wie ein Schatten folgen. Und Geist ist nach außen gekehrte Energie, Meditation ist nach innen gekehrte Energie – dieselbe Energie. Nur die Richtung ist anders.

Auf dem Stier sitzend, kehre ich langsam heim.
Die Stimme meiner Flöte ertönt durch den Abend.

Und erinnere dich daran: Wenn dich deine Suche nicht in immer seligere Zustände führt, in denen du singen und tanzen kannst, dann ist etwas verkehrt, dann ist etwas absolut verkehrt. Dann bist du auf dem Holzweg. Deine Seligkeit, dein Singen und Tanzen ist das äußere Zeichen. Es braucht nicht extrovertiert zu sein: Du brauchst nicht so zu singen, daß andere es hören können, aber du wirst dies Singen in dir ständig vernehmen können. Wenn du willst, kannst du laut singen und es mit andern teilen, aber in dir wird ein Tanz sein. Je mehr du dich der Heimat näherst, desto glücklicher fühlst du dich. Glück ist die Eigenschaft der heimkehrenden Energie.

Die Stimme meiner Flöte ertönt durch den Abend.
Ich schlage mit meinen Händen den Takt

zum Puls dieser Harmonie,
den nicht endenden Rhythmus dirigierend.
Wer immer diese Weise hört, schließt sich mir an.

So haben Millionen zu Buddha gefunden, zu Jesus, zu Krishna – ihr Gesang, ihre Seligkeit, ihre Ekstase ist ansteckend. Sobald du sie hörst, kannst du nicht anders als miteinzustimmen. Darum haben die Menschen Angst davor, ihnen zuzuhören. Die Leute haben Angst, mit jemandem in Berührung zu kommen, der ihre Richtung, ihr Leben ändern könnte. Sie weichen aus. Sie überzeugen sich, daß es da nichts zu holen gibt, aber ihre Argumente sind nichts als Rationalisierung einer tief versteckten Angst.

Die Leute stellen sich blind und taub. Das ist die Tücke des Verstandes, der immerfort sagt: „Geh nicht in diese Richtung, da lauert Gefahr!" Gefahr für den Verstand natürlich, nicht für dich. Du wirst zum ersten Mal Meister deiner selbst, aber dann wirst du erlauben müssen, daß einer, der erkannt hat, dein Herz berührt und deinem Herzen einen Rhythmus gibt. Du wirst erlauben müssen, daß er dir seine Harmonie mitteilt.

Im Osten nennen wir es Satsang: in der Gegenwart eines Meisters sein, im Einklang mit dem Meister sein, im Gleichtakt mit dem Meister. Der Meister ist da, ihr setzt euch einfach zu ihm, ohne etwas zu tun. Aber mit der Zeit saugt ihr die Aura, die Atmosphäre auf. Mit der Zeit fließt die Energie des Meisters in euch über und ihr werdet offen für sie.

Mit der Zeit entspannt ihr euch und sträubt euch nicht mehr, kämpft nicht mehr, und ihr beginnt zu schmecken, beginnt zu wittern, ein Etwas aus unbekannten Bereichen, ein Duft, ein Aroma. Je mehr ihr den Geschmack wahrnehmt, desto mehr wächst das Vertrauen.

Allein dadurch, daß man sich in der Präsenz eines Erleuchteten befindet, eröffnen sich ungeheure Möglichkeiten. Dein Potential beginnt sich zu regen, sich zu entfalten. Du spürst das Summen, den Summton des Neuen, das dir geschieht. Aber es ist eine Aufforderung zum Gesang, zu einem Tanz, zu einem jubelnden Fest. Vergeßt dies eine nicht – laßt es das Kriterium sein: Wenn ihr hier bei mir seid und ihr werdet traurig und bekommt lange und ernste Gesichter, dann stimmt etwas nicht – ihr habt mich mißverstanden, euer Kopf hat mich falsch verstanden. Wenn du wirklich hier bist, empfänglich und offen für mich, dann wirst du sehen, daß nach und nach in dir ein Gesang aufsteigt. Du fühlst, daß dein Gehen kein Gehen mehr ist, es kommt ein tanzender Schwung hinein. Das Herz ist nicht mehr nur eine Pumpe für das Blut, jetzt pulsiert eine Harmonie in ihm. Du wirst das Orchester des Lebens in dir spüren. Jetzt bist du auf dem richtigen Weg. Jetzt hast du mich nicht falsch verstanden. Jetzt hast du mich getrunken.

Das ist die Bedeutung von Sannyas: eine einfache Geste deinerseits, daß du offen bist – mehr nicht. Nur eine einfache Geste, daß du mir nicht länger widerstehst, daß du nicht mit mir kämpfen wirst, daß du keine Zeit mit Kampf verschwendest, daß du alle Verteidigungsmaßnahmen fallenläßt. Das ist der Sinn von Sannyas! – daß du dich für *Satsang* bereit machst, daß ich mich jetzt in dich ergießen kann und du bereit bist, mich aufzunehmen. Es zeigt einfach deine Empfänglichkeit.

Die Stimme meiner Flöte ertönt durch den Abend.
Ich schlage mit meinen Händen den Takt
zum Puls dieser Harmonie,
den nicht endenden Rhythmus dirigierend.
Wer immer diese Weise hört, schließt sich mir an.

Das gleiche sage ich euch: wer immer diese Melodie hört, wird sich mir anschließen.

Und nun die Prosa-Kommentare. Für das fünfte Sutra:

Wo ein Gedanke aufkommt, folgt ein zweiter nach. Kommt der erste Gedanke aus Erleuchtung, so sind alle folgenden wahr. Durch Verblendung macht man alles unwahr. Verblendung ist nicht in Objektivität begründet. Sie folgt aus Subjektivität. Laß den Nasenring nicht los, laß nicht einmal einen Zweifel zu.

So wie ihr seid, könnt ihr die Wahrheit nicht finden. So wie ihr seid, könnt ihr nur das Unwahre finden. Denn es ist keine Frage des Suchens und Forschens, es ist eine Frage der Bewußtheit. Wie kannst du, wenn du unwahr bist, die Wahrheit finden?

Sobald du wahr wirst, findest du Wahrheit. Wahrheit fällt denjenigen zu, die authentisch und wahr geworden sind. Wenn du falsch bist, wirst du auf Falschheit stoßen, wohin du gehst, denn es ist in Wirklichkeit keine Frage der objektiven Welt, es ist eine Frage deiner eigenen Subjektivität. Du schaffst dir deine Welt. Du bist deine Welt.

Wenn du also falsch bist, schaffst du eine falsche Welt um dich herum. Wenn du falsch bist, schaffst du eine Welt von Lügen um dich herum, projizierst du deine eigene Welt. Sei also nicht der Welt böse, wie immer deine Welt beschaffen ist, du hast sie verdient. Du verdienst sie! Die Welt ist nichts als dein eigener Geist, nur vergrößert.

Wo ein Gedanke aufkommt, folgt ein zweiter nach. Kommt der erste Gedanke aus Erleuchtung, so sind alle folgenden wahr.

Jemand fragte einst Buddha: „Was ist Wahrheit?" und er sagte: „Alles, was ein Erleuchteter tut, ist wahr."

Jemand fragte Mahavir: „Wer ist ein wahrer Weiser?" und Mahavir sagte: „Jeder, der erwacht ist."

Es ist keine Frage von Handlungen. Was du tust, darum geht es nicht... was du bist! Gewöhnlich glauben die Leute, daß sie zwar nicht wahr sind, daß sie aber trotzdem ein paar gute Sachen machen können. Das ist nicht möglich. Sie wissen, daß sie unwissend sind, aber glauben trotzdem, daß ein bißchen, ein paar Fragmente des Lebens, verändert werden können: „Jedenfalls so viel sollten wir tun." Aber es ist gar nichts möglich. Du kannst nicht ein paar gute Dinge vollbringen; das ist unmöglich.

Es geht nicht darum, was du tust, es geht darum, was dein Wesen ist. Wenn du nicht stimmst, stimmt nichts von dem, was du tust. Es mag aussehen, wie es will, aber alles, was du tust, ist falsch. Du kannst überhaupt nichts richtig machen, wenn du nicht richtig bist. Und wenn du schon richtig bist, kannst du nichts falsch machen... es mag aussehen, wie es will.

Wenn Krishna hingeht und zum Dieb wird, ist das richtig. Für den westlichen Geist war es schon immer ein großes Problem, diese östliche Haltung zu verstehen, weil die gesamte Haltung des Ostens vom Sein ausgeht, die gesamte Haltung des Westens dagegen vom Tun. „Das Gute" ist etwas, das getan werden muß. Gutheit hat etwas mit Handlungen zu tun – nicht so im Osten. Denn man kann eine gute Tat vollbringen und muß darum nicht gut sein; in dem Fall steckt hinter der guten Tat irgendwo eine schlechte Absicht – unweigerlich. Und wenn du erwacht bist, ist es unmöglich, überhaupt etwas Schlechtes zu tun. Selbst wenn es falsch aussieht, selbst wenn die Gesellschaft entscheidet, daß es falsch ist, so irrt sich die Gesellschaft, denn aus einem erweckten Herzen kann unmöglich etwas Falsches aufsteigen.

Bei einem Dinner war auch ein Yogi eingeladen. Der Yogi wurde neben einen Mann plaziert, den er im Laufe des Abends fragte: „Wofür leben Sie?"

„Ich bin Apotheker", kam die Antwort.

„Ja, das ist ihr Lebensunterhalt, aber wofür leben Sie?" Nach kurzem Zögern antwortete der Apotheker: „Tja mein Herr, darüber hab ich wirklich noch nicht nachgedacht."

Im Westen, und vor allem für das moderne Denken, ob in Ost oder West, hat das Tun immer mehr an Wichtigkeit gewonnen. Und wenn das Tun immer wichtiger wird, verliert man allen Kontakt mit dem Sein, verliert man allen Kontakt mit der Quelle des Lebens. Dann macht man tausend x-beliebige Sachen, nur nicht das, worauf es eigentlich ankommt. Das Allerwichtigste ist es, dich selbst zu kennen, und du kannst dich nicht eher erkennen, als bis du dein ganzes Bewußtsein vom Tun auf das Sein verlagert hast.

Jedesmal, wenn man dich fragt: „Wer bist du?", sagst du, „Ich bin Arzt", oder „Ich bin Ingenieur", oder Architekt, oder sonstwas. Diese Antworten sind falsch. Das ist es, was du tust, nicht was du bist. Wenn ich dich frage, „Wer bist du?" will ich nicht wissen, ob du ein Arzt oder ein Ingenieur bist. Das *tust* du. Das *bist* du nicht. So verdienst du deinen Lebensunterhalt, es ist nicht dein Leben. Wer bist du? Wenn du die Vorstellung aufgeben kannst, ein Arzt, ein Ingenieur, ein Professor zu sein, dann wird dir plötzlich eine gewisse innere Leere bewußt... du weißt nicht, wer du bist. Und was ist das für ein Leben, in dem dir nicht einmal bewußt ist, wer du bist?

Wir weichen dieser Leere in uns ständig aus. Wir stopfen außen alle Löcher zu, damit man von keiner Seite diese innere Leere sehen kann. Wir klammern uns an Aktivitäten, und Aktivitäten sind nichts als Träume – mal gute, mal schlechte. Gute Taten – gute Träume; schlechte Taten – Alpträume. Aber beides sind Träume. Und das ganze Bestreben des Ostens war immer, den zu erkennen, der träumt. Wer ist dieser Träumer? Wer ist diese Bewußtheit, vor der diese Träume auftreten, vorüberziehen und verschwinden.

Durch Verblendung macht man alles unwahr. Verblendung ist nicht in Objektivität begründet. Sie folgt aus Subjektivität.

Die Welt ist nicht die Ursache: du bist die Ursache. Schiebe die Schuld nicht auf die Welt. Sag nicht, wie man es gerne macht, daß die Welt illusorisch sei, die Welt *Maya* sei. Die Welt ist nicht *Maya*, die Welt ist nicht illusorisch, es ist dein Geist, deine eigene Subjektivität, was *Maya*, was Illusion um dich her erzeugt.

Zum Beispiel: Du gehst spazieren, ein Morgenspaziergang, und am Rand der Straße siehst du einen Diamanten blinken, einen wunderschönen Diamanten. Er ist wertvoll für dich; seinen Wert erhält er durch deine Vorstellung, ansonsten ist er ein Stein wie jeder andere auch. Befragst du die anderen Steine am Wegrand, werden sie dich einfach auslachen: „Mag sein, der Stein glänzt, aber was macht das schon? Ein Stein ist ein Stein." Wenn niemand die Straße entlanggeht, dann gibt es auch keinen Diamanten. Erst wenn ein Mensch die Straße entlanggeht, verwandelt sich in seiner Vorstellung augenblicklich ein bestimmter Stein zum Diamanten!

Seine Diamantenhaftigkeit wird dem Diamanten durch deinen Geist verliehen – sie hat nie wirklich existiert. Sollte die Menschheit von dieser Erde verschwinden, werden die Dinge weiterhin da sein, aber auf eine ganz andere Weise. Eine Rose wird eine so gewöhnliche Blüte sein wie jede andere auch; es wird keinen Unterschied geben. Der Ganges wird kein heiliger Fluß sein, er wird ein gewöhnlicher Fluß sein, so wie andere Flüsse auch. Und es wird keinen Unterschied zwischen einer Kirche und einem Tempel geben. Beide werden genau gleich sein. Der Unterschied geht vom menschlichen Geist aus. Kategorien entstammen dem menschlichen Geist. Wertschätzung und Verdammung kommen aus dem menschlichen Geist. Sobald der menschliche Geist fort ist, existiert alles in seiner Wirklichkeit: so, wie es ist. Keine Wertung kommt auf.

Man macht alles unwahr, wenn man unwahr ist. Man projiziert immer sich selbst. Das „andere" funktioniert als Leinwand.

Verblendung ist nicht in Objektivität begründet. Sie folgt aus Subjektivität. Laß den Nasenring nicht los, laß nicht einmal einen Zweifel zu.

Am Anfang muß die Disziplin hart sein: *Laß den Nasenring nicht los, laß nicht einmal einen Zweifel zu.* Am Anfang wird die Arbeit hart sein, beschwerlich, denn sobald du dich ein bißchen entspannst, fallen deine Gedanken sofort in die alten Bahnen zurück. Das bringt die alten Übel wieder. Der ganze Unsinn wird von neuem produziert. Am Anfang mußt du wirklich streng sein.

Am Abend, bevor Buddha zur Erleuchtung gelangte, setzte er sich unter einen Baum und sagte: „Ich werde von diesem Baum nicht lebend wieder aufstehen, bis ich nicht die Erleuchtung erlange. Schluß." Er sagte: „Schluß mit allem, was ich dafür getan habe. Ich werde hier sitzenbleiben. Dieser Baum hier wird mein Tod sein." Ein totaler Entschluß. In jenem Augenblick ließ er endgültig alle Entscheidungsangst fallen – ein totaler Entschluß! Meditiert einmal darüber. Und noch in derselben Nacht, als eben der Morgen zu dämmern begann, wurde er erleuchtet.

Ich habe eine Geschichte von einem Sufi-Mystiker gehört, Baba Shaikh Farid:

Ein junger Mann näherte sich einst Farid, als er gerade sein Bad im Ganges nahm, und fragte ihn, wie er Gott finden könne. Baba Shaikh Farid ergriff ihn, führte ihn ins Wasser, und als sie weit genug gegangen waren, drückte er ihn unter Wasser. Der junge Mann war fast ertrunken, als der Heilige ihn wieder losließ.

„Warum hast du das getan?" stieß er fassungslos aus.

„Wenn du nach Gott so sehr verlangst, wie du eben nach Luft verlangst hast, als du unter Wasser warst", erwiderte Baba Shaikh Farid, „dann wirst du ihn finden."

Dein Verlangen muß so intensiv werden, daß du alles aufs Spiel setzt, was du hast. Die Leidenschaft der Suche muß so total sein, daß kein einziger Zweifel mehr aufkommt, der dich schwanken machen könnte. Die Intensität selbst führt zur Wahrheit. Es kann in einem einzigen Augenblick geschehen. Nur mußt du zu einer totalen inneren Feuersbrunst werden.

Der Entschluß muß total sein! Das ist schwer, sicher, aber irgendwann muß jeder durch diese Schwierigkeit hindurch.

Du mußt für die Wahrheit zahlen, und es gibt keine andere Möglichkeit, für sie zu zahlen. Du mußt dein ganzes Sein auf ihren Altar legen.

Das ist das einzige Opfer, das du bringen mußt.

Laß den Nasenring nicht los, laß nicht einmal einen Zweifel zu.

Der Prosa-Kommentar zum sechsten Sutra:

Dieser Kampf ist vorüber. Gewinn und Verlust sind ausgewogen. Ich stimme den Gesang des dörflichen Holzfällers an und spiele die Lieder der Kinder. Auf dem Stier reitend, schau ich empor zu den Wolken. Ich reite zu – mag mich zurückrufen, wer will!

Wenn die Inbrunst total ist, ist der Kampf vorbei. Wenn du wirklich daran interessiert bist, den Stier zu finden, dann brauchst du nicht halbherzig dafür weiterzuarbeiten. Entweder suchst du ihn, oder du suchst ihn nicht. Denn eine lauwarme Suche wird nichts bringen – das ist reine Energieverschwendung. Wenn du dich auf die Suche machst, dann wirf dich total hinein. Wenn du nicht suchen willst, vergiß das Ganze. Dann geh ganz und gar in die Welt hinein – ein andermal wird der richtige Moment kommen, die Suche zu beginnen.

Wenn du nicht bereit bist, dich voll und ganz auf die Suche einzulassen, mit ganzem Herzen dabeizusein, dann zeigt das nur, daß du noch nicht mit der Welt abgeschlossen hast. Immer noch zieht die Welt dich an, immer noch verfolgen dich Sehnsüchte. Immer noch wärst du gern ein reicher Mann, ein mächtiger Mann, ein Präsident oder was es auch sei. Immer noch hält sich in dir die Gier verborgen. Du bist noch immer nicht an den Punkt der Bewußtheit gelangt, wo du erkennst, daß der wahre Schatz innen liegt, nicht außen.

Geh also in die Außenwelt, sei nicht halb und halb. Das ist von allem das Schlimmste. Wenn du halb religiös bist und halb weltlich, dann entgeht dir beides. Du wirst nicht in der Lage sein, mit der Welt fertigzuwerden, deine Religiosität wird zur

Störung. Und du wirst unfähig sein, mit der inneren Suche fertigzuwerden, deine weltlichen Begierden lenken dich ständig ab. Das ist unnötig!

Wenn die Welt dich noch anzieht, wenn du immer noch das Gefühl hast, daß es da etwas gibt, was erreicht werden muß, dann geh und laß dich endgültig frustrieren. Du wirst frustriert werden. Das bedeutet, daß du es brauchst, noch ein wenig mehr zu wandern, herumzuirren. Nichts verkehrt daran, mach schnell! Tu's total! Damit du es umso eher hinter dir hast. Danach bist du reif. Dann wird sich deine ganze Energie nach innen wenden. Vom Äußeren frustriert, schlägt die Energie spontan nach innen um.

Aber die Menschen sind schlau. Sie hätten gern beide Welten. Sie wollen ihren Kuchen behalten und ihn trotzdem essen. Sie wollen es listig anstellen; aber diese Listigkeit beweist nur Dummheit. Diese Schlauheit ist nicht Intelligenz, denn mit halbem Herzen ist nichts erreicht. Zu allem Gelingen gehört Intensität, totale Intensität.

In einem einzigen Augenblick kann der Kampf vorbei sein.

Dieser Kampf ist vorüber. Gewinn und Verlust sind ausgewogen.

Und wenn der Kampf vorüber ist, dann versteht man, daß so alles richtig war. Gewinn und Verlust, beides hebt sich auf. Daß du verlorengingst, gehörte auch zum Wachstum dazu, und es gehörte auch zur Suche nach Gott, in die Welt zu gehen. Es war nötig! Wenn ich also sage: „Geh in die Welt!"– dann sage ich es ohne jede Abschätzigkeit. Ich sage nur, daß es nötig ist. Bring es hinter dich! Du bist noch nicht reif, und wenn du halbherzig versuchst, zu deiner inneren Quelle zu gelangen, wird es erzwungen sein. Und Zwang spaltet, Zwang macht krank.

Ich habe eine Anekdote gehört:

Der Junge war mit Vater und Mutter im Hause einer Tante zum Essen eingeladen. Sie war eine feine Dame, und der Junge war von den Eltern gewarnt worden, sich bestens zu benehmen. „Frag nichts bei Tisch, und greif nicht nach allem", wurde ihm gesagt. „Warte, bis du gefragt wirst."

Irgendwie wurde der Junge beim Essen übersehen, als all die guten Sachen serviert wurden. Er sagte nichts. Schließlich hüstelte er vorsichtig. Doch niemand achtete darauf.

Schließlich, bei einer kurzen Gesprächspause, sagte er mit lauter, klarer Stimme: „Möchte jemand einen sauberen Teller?"

So funktioniert der unterdrückte Mensch: immer auf der Lauer, immer abwartend, immer süchtig, begehrlich. Und irgendwie findet sich schon die Gelegenheit zu hüsteln oder zu sagen: „Will jemand einen sauberen Teller?"

Jedes unterdrückte Verlangen wird sich rächen. Es wird einen Weg finden, sich zu rächen. Unterdrückt kein Verlangen! Versteht es, aber verdrängt es nie! Seid bewußt, aber verdrängt es niemals. Ein Verlangen ist eine gute Lektion, verdrängst du es, entgeht dir die Lektion. Lebt es! Lebt es bewußt. Versteht, warum es da ist, was es ist. Und wenn ich sage: versteht es, dann ist Verstehen nur möglich, wenn ihr es nicht verdammt. Wenn ihr es vorweg verdammt, dann könnt ihr es nicht verstehen. Bleibt neutral: entscheidet nicht, was falsch ist und was richtig. Beobachtet nur.

Wenn Wut hochkommt, nennt es nicht schlecht. Ja, nennt es noch nicht einmal Wut, denn mit dem bloßen Wort „Wut" kommt schon die Verurteilung hinein. Schließt einfach die Augen, nennt es X, Y, Z, was ihr wollt – X kommt hoch. Fühlt einmal den Unterschied, wenn ihr sagt, daß X hochkommt statt Wut. Sofort ist ein Unterschied da. Bei X gibt es kein Für und

Wider; bei X seid ihr weder dafür noch dagegen; bei X seid ihr vorurteilslos. Bei Wut habt ihr ein Vorurteil, die jahrhunderte-alte gesellschaftliche Wertung, daß Wut schlecht sei.

Seht einfach hin, beobachtet, schaut zu. Wut ist auch Energie. Mag sein, daß sie sich nicht in die richtige Richtung bewegt, trotzdem ist die Energie da, sie gehört auch zum Stier. Schaut zu! Beobachtet es! Und ihr werdet sehen: einfach nur durch Zusehen und Beobachten verwandelt sich die Energie.

Beobachtung ist alchimistisch. Sie verändert die Energie, ihre Qualität. Und bald erkennt ihr: die gleiche Energie, die zu Wut werden wollte, wird zu Mitgefühl transformiert. Das Mitgefühl verbirgt sich in der Wut, so wie der Baum im Samenkorn angelegt ist – nur ist dafür tiefes Verständnis nötig.

Geht also in die Welt – schließt mit der Welt ab. Habt keine Angst vor der Welt, denn wenn ihr Angst habt, werdet ihr versuchen, halbgereift davonzulaufen, und halbreif zu sein, ist die schlimmste Verfassung, in der man sich befinden kann. Laßt euch in der Hitze der Welt ganz ausreifen, bis ihr so frustriert, so desillusioniert werdet, daß ihr jetzt offen seid, auf eine andere Reise zu gehen, in ein anderes Reich.

Und dann geschieht das Schöne... Wenn du verdrängst, verdrängst du nicht nur Dinge, die von der Gesellschaft verdammt werden, sondern auch alles, was natürlich ist und nicht verdrängt werden darf. Zum Beispiel wird nun Sex verschwinden, aber das heißt nicht, daß auch die Liebe verschwinden wird. Eine vollkommen neue Energie steigt in dir auf. Die Liebe wird stärker werden, die Liebe wird kräftig werden. Und wenn Sex vorkommt, wird er zur Liebe gehören – der Sex steht in einem völlig neuen Zusammenhang, und man darf ihn dann nicht mehr Sex nennen.

So wie es jetzt steht, ist die Liebe, wenn sie überhaupt

kommt, Teil des Sex. Sex bleibt das Eigentliche; Liebe ist nur ein Schatten davon. Wenn der Sex verschwindet, verschwindet die Liebe. Wenn du dich sexuell für jemand anders interessierst, verschwindet die Liebe für die Person, mit der du vorher sexuelle Beziehungen hattest.

Wenn Sex-Energie transformiert wird, zu höheren Bereichen aufsteigt, wirst du *Urdhva-retus* – deine Energie fließt nicht abwärts, sondern aufwärts. Oder: sie fließt nicht nach außen, sondern nach innen – was das gleiche bedeutet. Einwärts und aufwärts ist die gleiche Dimension. Abwärts und auswärts ist ebenfalls die gleiche Dimension, nicht zwei verschiedene. Wenn die Energie nach oben oder nach innen geht, wird Sex zum Teil oder zum Schatten der Liebe. Er ist nun nicht mehr an sich wichtig.

Aber wenn du verdrängst und nicht bewußt bist, dann wirst du mit dem Sex auch die Liebe verdrängen. Denn du wirst Angst bekommen: wann immer dir der Gedanke an die Liebe kommt, folgt der Sex nach – unweigerlich. Und so bekommst du auch Angst vor der Liebe.

Ein repressiver Mensch bekommt Angst vor Energie an sich.

Ich habe von einem Mann gehört:

Er liebte eine Frau und fragte sie, ob sie ihn heiraten wolle. Aber bevor sie ja sagte, erkundigte sie sich noch: „Nur eines Liebling: gehörst du zu den Männern, die von einer Frau erwarten, daß sie aus dem Haus geht und arbeitet?"

Er sagte: „Hör zu, Mathilde – eine Frau, mit der ich verheiratet bin, wird nicht aus dem Haus gehen müssen, um zu arbeiten. Außer natürlich, wenn sie was zu Essen und zum Anziehen haben will und all den Luxus."

Nun, Essen und Kleidung sind kein Luxus, aber wenn du

verdrängst, dann bekommst du Angst vor allem. Dann sitzt dir die Angst im Nacken. Ein unterdrückter Mensch ist ein ängstlicher Mensch, er fürchtet sich vor allem.

Wenn man hergeht und Vinoba Bhave Geld anbietet, rührt er es nicht einmal an. Er hat Angst, Geld anzufassen! Nicht nur das: er wendet den Kopf ab, um nicht hinsehen zu müssen, oder er schließt die Augen. Nun, das geht ein bißchen weit. Hier scheint ein Geizhals auf dem Kopf zu stehen, es ist die gleiche Gesinnung. Der Geizhals hortet immer mehr Geld, und eines Tages dann, wenn er es satt hat, verdrängt er seine Geldgier. Dann schlägt er genau die entgegengesetzte Richtung ein – geht genau zum Gegenpol. Dann hat er sogar Angst davor, Geld überhaupt anzusehen.

Wenn Geld tatsächlich wertlos ist, woher dann die Angst, es anzusehen? Und wenn Geld dich nicht tief drinnen interessiert, dich nicht innerlich beherrscht, warum dann die Augen zumachen? Du machst ja auch vor anderen Dingen nicht die Augen zu!

Wenn ihr Vinoba Bhave befragt, sagt er: „Geld ist Dreck." Einer seiner Jünger kam einmal zu mir und sagte: „Ich habe Vinoba Bhave gefragt – und er sagt, Geld ist Dreck."

„Aber dann", sagte ich, „geh zurück und richte ihm aus: ‚Du mußt auch die Augen schließen, wenn du Dreck siehst! Und berühre nicht die Erde, geh nicht auf der Erde, häng dich hoch in die Luft! Denn wenn Geld Dreck ist, dann ist Dreck Geld. Aber du machst Unterschiede: vor Dreck hast du keine Angst. Vor Geld hast du Angst!'"

Nein. Ich kann nicht glauben, daß Geld Dreck ist – Geld bleibt trotzdem Geld, und Dreck bleibt Dreck. Und wenn du Geld Dreck nennst, zeigst du nur eine tiefe Besessenheit. Ansonsten – warum ist Geld Dreck? Es ist ein nützliches Mittel.

Gebrauche es, aber laß dich nicht von ihm gebrauchen! Das leuchtet mir ein: laß dich nicht von ihm gebrauchen!

Das ist die Art, wie ein Mensch, der bewußt ist, mit dem Leben umgeht. Aber wenn du verdrängst, dann gehst du zum Gegenpol. Ein Geizhals, auf den Kopf gestellt, wird zu einer großen, großen Respektsperson, die sich von der Welt „abgekehrt" hat. Vergeßt nicht: Verdrängung wird nichts helfen.

Dieser Kampf ist vorüber. Gewinn und Verlust sind ausgewogen. Ich stimme den Gesang des dörflichen Holzfällers an und spiele die Lieder der Kinder.

Wunderschön! Man wird wie die Kinder – einfach, unschuldig, glücklich in kleinen Dingen.

Ich stimme den Gesang des dörflichen Holzfällers an...

Auf dem Stier reitend, schau ich empor zu den Wolken. Ich reite zu – mag mich zurückrufen, wer will!

Die alte Welt ruft mich zurück. Die alten Begierden rufen mich zurück. Die alten Muster rufen mich zurück. Aber jetzt macht es nichts. Ich bewege mich auf den wahren Schatz zu. Illusionen können mich also nicht mehr locken. Und alles ist schön geworden – die Wolken am Himmel, und der Gesang des Holzfällers.

Der wahre Weise wird wie die kleinen Kinder: einfach, fast wie ein Idiot. Der Heilige Franziskus sagte oft, nannte sich oft den „Toren Gottes". Laotse sagt: „Die ganze Welt ist klug, außer mir. Ich bin ein Idiot." Man wird wie kleine Kinder. Ohne Logik. Ungeheuer lebendig, aber nicht im Kopf festgefahren. Die

Energie wird zum Strom. Jetzt gibt es keine Barrieren mehr, nichts ist gefroren, und die Grenzen lösen sich auf. Dann ist man nicht mehr vom Ganzen getrennt. So einfach wie die Holzfäller und ihr einfacher Gesang. Und das Leben wird zum einfachen Lied, und das Leben wird zur Unschuld.

Weißt du erst, was Leben ist, steigt aus deinem Dasein eine ungeheure Schönheit auf. Alles wird leuchtend – erleuchtet von Gott. Jeder Stein wird zur Predigt. Jede Stille wird zum Lied. Du fühlst dich überschüttet von zahllosen Segnungen.

Auf dem Stier reitend, schau ich empor zu den Wolken. Ich reite zu – mag mich zurückrufen, wer will!

Komm rein!

Die erste Frage:
Seit ein paar Jahren führe ich Tagebuch, wo ich meine Gedanken,
Vorstellungen, Gefühle, Zustände aufschreibe. In letzter Zeit aber
schlage ich nur das Buch auf und starre auf die leere Seite oder mache
kleine Zeichnungen. Viel scheint zu passieren, und doch scheint
nichts zu passieren. Die Wörter scheinen einfach nicht mehr so zu
kommen wie früher.

Man sollte froh sein, man sollte sich gesegnet fühlen, wenn
statt den Wörtern die Stille aufsteigt. Dies sind die Lücken, die
Intervalle. Mach dir also keine Gedanken über die Wörter, die
nicht kommen wollen und die sonst immer kamen. Etwas anderes, ungeheuer Wertvolles kommt zu dir. Du hast es noch
nicht erkannt.

Der reine Raum kommt jetzt zu dir. Der leere Raum kommt
jetzt zu dir. Das Nichts kommt jetzt zu dir. Und nur aus diesem
Nichts heraus, erscheint Gott. Nur aus diesem Nichts heraus,
begegnet man der Wahrheit.

Vergiß die Wörter. Warte einfach! Blicke auf die leere Seite eine leere Seite enthält viel mehr, als jede beschriebene Seite nur enthalten kann.

Es gibt ein Sufi-Buch „Das Buch der Bücher". Es ist vollkommen leer. Nichts steht drin geschrieben. Würdest du es dir kaufen, fühltest du dich betrogen. Aber dies Buch ist wirklich das Buch der Bücher. Wenn du es liest, wirst du das Allerhöchste darin lesen. Es ist ein Fingerzeig. Es ist nur ein Symbol: werde so leer wie dies Buch.

Wenn du also die leere Seite vor dir hast, zeichne nicht mal Bilder, denn das ist nur Beschäftigung, und du wirst die große Nichtheit versäumen, die sich dir nähert. Der Verstand bekommt Angst, und aus Angst fängt er an, irgend etwas zu tun, nur um sich beschäftigt zu halten.

Mach eine Meditation daraus. Schau auf die leere Seite und schau zu, wie du so leer wie diese Seite wirst. Laß die zwei Leeren verschmelzen, und in dieser Begegnung wirst du verlorengehen, und etwas aus dem Jenseits wird in dich eindringen. Du wirst nie wieder sein wie du warst, weil du von etwas gekostet hast, das todlos ist. Du hast vom Formlosen gekostet, vom Unbekannten, vom Unausdrückbaren, vom ewig Ungreifbaren.

Der Kopf produziert immer nur Wörter. Diese Wörter beschäftigen dich. Sie füllen dich und lassen in dir keinen Raum für etwas anderes. Die Wörter blockieren dich. Dein Fluß ist dann nicht spontan, nicht natürlich. Dann sind zu viele Felsbrocken um dich herum. Wörter sind wie ein Steingehege.

Wenn das geschieht, geschieht sehr viel: keine Felsblöcke sind mehr da, und der Fluß kommt in Einklang mit dem Göttlichen. Nur das Nichts kann mit dem Göttlichen in Einklang sein. Zeichne also bitte nicht mal Bilder, denn selbst das ist wieder eine List des Verstandes. Der Verstand ist jetzt nicht mehr fähig, Wörter zu produzieren, also muß was anderes her – Bilder tun es auch. Schau einfach auf die leere Seite. Am besten setzt du dich sogar vor eine leere Wand und schaust die leere Wand an.

Genau das tat Bodhidharma neun Jahre lang! Er wurde erleuchtet, indem er einfach nur eine leere Wand anstarrte. Das war sein Mantra und seine Meditation. Das war alles, was er tat. Es ist überhaupt kein Tun. Er tat nichts. Er saß nur da, zur Wand gekehrt. Stellt euch vor! Aber wenn man neun Jahre lang nur vor einer Wand sitzt, wird man so leer wie die Wand. Nach und nach kommen keine Wörter mehr, hören sie auf, dich zu verfolgen. Nach und nach suchen sie sich einen andern Wirt. Du schenkst ihnen zu wenig Beachtung.

Leere ist ungeheuer wertvoll, aber wir sind daran gewöhnt, immer voller Wörter zu sein. Und wenn dir dann so etwas passiert, bekommst du ein bißchen Angst. Du hast das Gefühl, als würde nichts passieren. Ja, in einem völlig andern Sinn passiert nichts, weil Nichts das Größte ist, was passieren kann. Nutze diese große Chance, die sich dir eröffnet hat. Allein darum geht es in der Meditation: leer zu sein.

Aber im Westen, und für den modernen Geist überhaupt, gleich ob in Ost oder West, hat sich für „Leere" die tiefe Assoziation eingeprägt, daß sie etwas Negatives sei. Nicht nur das, leer zu sein, ist auch irgendwie verdammungswürdig. Die Leute halten den Leergang, den Müßiggang, für aller Laster Anfang. Das stimmt nicht. Voll von Wörtern zu sein, ist aller Laster Anfang. Leer zu sein, ist aller Tugend Anfang, denn Gott kann nur wirken, wenn du nicht bist.

Wenn du so abwesend bist, daß du kein Hindernis mehr bist, daß du dich Gott nicht mehr in den Weg stellen kannst, daß du überhaupt keine Störung verursachst, so still, als wärst du gar nicht da – dann fängt Gott augenblicklich in dir zu wirken an. Sobald du aufhörst, etwas zu tun, fängt Gott an, aktiv zu werden.

Hab also keine Angst. Liebe diesen leeren Zustand. Er ist nicht negativ. Er ist das Positivste, was es gibt, das absolut Positivste auf der Welt, denn aus dem Nichts entsteht alles, und ins Nichts geht alles wieder zurück. Dies ganze Universum steigt auf aus dem Nichts und verschwindet wieder im Nichts.

Das Nichts ist der Ursprung und der Same, der Anfang und das Ende, das Alpha und das Omega. Vergiß es nicht, damit du froh bist, wenn du diesem Nichts näherkommst, damit du tanzen und jubeln kannst, damit es sich dir immer mehr öffnen kann. Je mehr du es willkommen heißt, desto mehr wird es zu dir kommen. Heiße es willkommen, freu dich, du bist gesegnet.

Die zweite Frage:
Ich schlafe fast jeden Morgen in der Lecture ein. Jedesmal wache ich dann mit einem Schreck auf, ja mit einem richtigen Schock, der mir durch den ganzen Körper geht. Ist das die Peitsche ?

Noch nicht! Erst der Schatten der Peitsche. Aber immerhin, das ist schon etwas: der Schatten der Peitsche. Wenn du ein verständiger Mensch bist, wird die Peitsche nicht nötig sein, der Schatten genügt. Wenn du kein verständiger Mensch bist, dann wird früher oder später die Peitsche nötig sein.

Buddha hat gesagt, daß es einen Menschentyp gibt, für den der Schatten der Peitsche schon ausreicht. So wie bei hochintelligenten Pferden: schon der Schatten der Peitsche reicht aus. Dann gibt es den zweiten Typus: die Peitsche ist nötig, ihr Schatten tut's nicht das ist der Durchschnittskopf. Dann ist da der dritte Typ, der niedrigste, bei dem nicht mal die Peitsche etwas ausrichtet, außer du gebrauchst sie. Und schließlich gibt es den vierten Typ, und einen niedrigeren als den gibt es nicht... selbst wenn man ihn mit der Peitsche schlägt, peitscht, bringt es nichts. Diese vier Typen sind die vier Stadien des Schlafs.

Es ist ganz natürlich, einzuschlafen, während man mir zuhört. Das ist für den Kopf ein Weg, mir auszuweichen. Hier passiert etwas, was dir den Kopf kosten wird. Ich gebe mir alle Mühe, deinen Kopf zu demolieren, so daß du erneuert werden kannst, so daß du neu geboren werden kannst. Ich gebe mir alle Mühe, dir sterben zu helfen, so daß die Wiederauferstehung möglich wird. Nur aus deinem Tod kann sich Leben entzünden, kann das Leben zu dir kommen.

Der Kopf merkt das! Es ist gefährlich, mir zuzuhören. Der Kopf produziert alle möglichen Ausflüchte, abwesend zu sein. Manchmal hängt er seinen Gedanken nach, hört nur ganz oberflächlich zu. Manchmal streitet er, ob das, was ich sage, richtig ist oder falsch, mit dir übereinstimmt oder nicht. So geht man ebenfalls dran vorbei. Oder, wenn du lange genug bei mir bist und das Diskutieren nachläßt, versinkt dein Kopf allmählich in Schlaf. Das ist der letzte Trick – nun braucht man gar nicht zuzuhören!

Aber eines ist gut: daß dir bewußt geworden ist, daß du einschläfst. Viele gibt es, die schlafen ein und merken es gar nicht. Und der Schock, der dir in die Glieder fährt, ist gut. Nutze ihn! Wenn du ihn nutzt, wird der Schlaf nach und nach verschwinden. Der Schlaf ist ein Trick, um eine Schranke zwischen dir und mir zu errichten. Wenn es mit Logik nicht geht, dann funktioniert es mit Schlafen.

Und alles, was ich euch sage, ist gewissermaßen immer die

gleiche Wahrheit. So kann der Verstand dir einreden: „Wozu sich das anhören? Du kannst dich ein bißchen ausruhen." Der Verstand kann sagen: „Diese Dinge sind schon oft gesagt worden." Aber ich sage euch diese Dinge immer wieder, weil ihr sie noch nicht gehört habt.

Jemand fragte Buddha: „Warum wiederholst du die gleichen Dinge immer wieder?" Er sagte: „Euretwegen."

Würdet ihr mich hören, wäre Wiederholung überflüssig. Aber ihr hört mich nicht einmal, wenn ich tausend und einmal dasselbe sage.

Der Kopf kann dir die Idee geben, daß du genauso gut schlafen kannst, dich ausruhen kannst. Der Kopf kann dir sogar erzählen, daß dies etwas sehr Meditatives ist: du schläfst ein, und alles wird still. Schlaf ist nicht verkehrt, aber es gibt eine Zeit für's Schlafen. Wenn du hier schläfst, dann ist eines gewiß: daß du nicht schläfst, wenn du schläfst.

Es gibt eine Zeit zum Schlafen, und es gibt eine Zeit zum Wachen. Und es gibt eine Zeit zum Arbeiten, und es gibt eine Zeit zum Faulenzen und Nichtstun. Und euer Leben sollte einer Ordnung folgen, einer inneren Ordnung. Schlaft nachts so tief ihr könnt, so daß ihr morgens so wach wie möglich seid. Wenn ihr nachts gut geschlafen habt, werdet ihr morgens wach sein. Wenn ihr nicht gut geschlafen habt, seid ihr müde. Sich morgens müde zu fühlen, ist schlecht, denn das zeigt einfach nur, daß deine Energie nicht richtig arbeitet, daß deine Energie nicht gesund funktioniert.

Sieh dir noch einmal deine Nächte an und deinen Nachtschlaf – er muß durch Träume gestört sein. Es muß irgendeine Störung da sein, wenn du morgens nicht frisch bist, wenn du morgens müde bist. Entweder bekommst du nicht ausreichend Nachtschlaf, oder vielleicht schläfst du zuviel. Das ist auch gefährlich. Sechs, sieben Stunden Schlaf genügen. Wenn du mehr schläfst, dann zahlt der Schlaf sich nicht aus; im Gegenteil, du fängst an, dich faul zu fühlen.

Der Schlaf soll dich wach machen, energiegeladen, lebendig. Aber wenn du länger als nötig schläfst, dann ist es wie mit der Völlerei – zu viel essen ist Gift. Der Körper braucht eine ganz bestimmte Menge; mehr als das wird ihm zur Last. Das ist dann zerstörerisch, nicht lebensspendend. Eine bestimmte Menge Schlaf ist nötig. Mehr als das, und du fühlst dich faul, und das Rad dreht sich in die falsche Richtung.

Jeder muß für sich herausfinden, wieviel Schlaf und Essen er braucht. Das sollte eine Grundregel für jeden Sucher sein, denn davon hängt viel ab. Entweder schläfst du also nicht genug, oder du schläfst zuviel und fühlst dich deshalb am Morgen faul oder schläfrig. Aber bleibe wach, während du mir zuhörst, bleib so bewußt wie möglich, denn wenn du dann trotz deiner Bewußtheit nicht mitbekommst, was ich sage, macht es nichts, denn wenigstens übst du Bewußtheit. Und um Bewußtheit geht es im Grunde.

Und du brauchst dich nur dazu zu entschließen: du kannst bewußt wach sein, wenn du es willst. Du brauchst nur zu Körper und Kopf zu sagen: „Ein für allemal! Ich will wach und bewußt sein."

Fang an, Herr deiner selbst zu werden. Gönne dem Körper Ruhe, aber werde nicht sein Sklave. Hör auf die Körperbedürfnisse, aber bleibe intakt, behalte die Kontrolle, bleibe der Herr im Haus. Der Körper folgt sonst seiner Lethargie und der Kopf seiner Neigung zu wiederholen, mechanisch zu funktionieren. Daraus könnte eine tägliche Gewohnheit werden. Du kommst zu mir, du sitzt da, und Körper und Kopf gehen allmählich schlafen. Brich damit! Komm da raus.

Die dritte Frage:
Für mich ist es die schönste Meditation, nur in einer Ecke zu sitzen
und den Kindern im Ashram beim Spielen zuzuschauen. Aber ich
bin mir nicht sicher: ist das überhaupt eine Meditation?

Zuschauen ist Meditation. Wobei du zuschaust, ist egal. Du kannst den Bäumen zuschauen, du kannst dem Fluß zuschauen, du kannst den Wolken zuschauen, du kannst Kindern beim Spielen zuschauen.

Zuschauen ist Meditation. Wobei du zuschaust, darauf kommt es nicht an. Auf den Gegenstand kommt es nicht an. Die Dimension der Beobachtung, die Dimension des Bewußt- und Wachseins, das ist es, was Meditation ausmacht.

Wunderbar also! Kinder sind herrlich – reine Energie, die herumtanzt, reine Energie, die herumrennt. Freu dich dran und schau zu. Ich verstehe nicht, wieso du dir da nicht sicher bist. Der Kopf macht immerzu Schwierigkeiten. Egal, was man tut, der Kopf macht Schwierigkeiten. Jetzt fragt der Kopf: „Ist das überhaupt Meditation?"

Merkt euch eines: Meditation heißt Bewußtheit. Was immer man mit Bewußtheit tut, ist Meditation. Auf das, was man tut, kommt es nicht an , sondern nur darauf, wie man es tut. Spazierengehen kann Meditation sein, wenn man hellwach dabei ist.

Sitzen kann Meditation sein, wenn man hellwach dasitzt. Den Vögeln zuhören kann Meditation sein, wenn man mit Wachheit hinhört. Einfach nur dem Lärm im Innern des Kopfes zuzuhören, kann Meditation sein, wenn man dabei wach und auf der Hut bleibt. Worauf es einzig ankommt: sich nicht wie im Schlaf zu bewegen. Dann ist alles, was du tust, Meditation – mach dir da also keine Gedanken!

Der Kopf hat pausenlos irgendwelche Bedenken. Oft kommen Leute zu mir und sagen, daß sie sich gut fühlen, sehr high aber ob das auch wohl echt ist? Jetzt schafft der Kopf das neue Problem: ist das echt? Das hat der Kopf sonst nie gefragt. Wenn du Kopfschmerzen hast, fragst du da: „Ist es echt?" Dem Unglück traut ihr unbesehen. Kopfschmerzen sind unbedingt echt, aber wenn du high bist und einen Gipfel der Seligkeit erlebst, erzeugt der Kopf subtile Bedenken: „Ob's auch echt ist? Vielleicht machst du dir ja nur was vor? Du halluzinierst, bildest dir nur was ein. Vielleicht siehst du nur einen Traum." Oder, wenn du sonst nichts finden kannst, dann: „Osho muß dich hypnotisiert haben. Du bist ja in Hypnose."

Du kannst nicht glauben, daß du selig sein kannst, daß du glücklich sein kannst. Wegen dieser Tendenz klammert sich der Kopf ans Unglück. Der Kopf sucht immer angestrengt nach der Hölle, denn er kann nur im Unglück existieren – nicht in Seligkeit. Nur im Unglück führt er ein pulsierendes Leben. Nur im Unglück gehen seine Geschäfte gut. Wann immer du glücklich bist, ist er überflüssig. Wer selig ist, wer braucht da noch den Kopf? – man hat ihn bereits hinter sich gelassen. Der Kopf fühlt sich im Stich gelassen, vernachlässigt, er fängt zu nörgeln an. Er sagt: „Wo willst du hin? Bist du hypnotisiert? Was siehst du für Illusionen? Das sind doch alles Träume!"

Aufgrund dieser Tendenz haben schon Millionen von Menschen, die früher oder später in ihrem Leben zum Punkt der Meditation gelangt sind, die Tür verfehlt. Die Tür kommt, aber sie können nicht daran glauben. Meditation ist eine so natürliche Erscheinung wie Liebe. Sie geschieht jedem. Sie ist Teil eures Wesens, aber ihr könnt nicht daran glauben. Selbst wenn sie geschieht, überseht ihr sie irgendwie. Oder selbst wenn ihr merkt, daß irgend etwas passiert, könnt ihr das nicht den anderen mitteilen, weil ihr Angst habt, sie könnten euch für verrückt halten. Der eigene Kopf sagt ja auch ständig, daß dies nicht möglich ist, daß dies zu schön ist, um wahr zu sein. Und so vergißt man das Ganze.

Erinnere dich wieder: In deiner Kindheit, oder später, als du noch jung warst, muß es ein paar solcher Augenblicke gegeben haben. Es ist gar nicht möglich, daß es solche Augenblicke nicht gegeben hat, es hat sie im Leben eines jeden Menschen gegeben. Du brauchst es dir nur zurückzurufen, und du wirst dich erinnern, daß es da Augenblicke gab, in denen sich etwas auftat, aber du hast die Tür wieder zugeschlagen – aus Angst!

Manchmal, in einer stillen Nacht, hast du dagesessen und zu den Sternen aufgesehen, und eben wollte etwas geschehen... und du bist zurückgeschreckt. Angsterfüllt, erschrocken, hast du dich mit etwas anderem abgelenkt. Es war zu gut, um wahr zu sein. Du hast dir eine Möglichkeit entgehen lassen. Manchmal, in tiefer Liebe – du sitzt neben einem geliebten Menschen und etwas bahnt sich an... ein Sog in eine unbekannte Richtung. Du hast Angst bekommen, du hast dich zur Erde zurückgeholt.

Manchmal, ohne jeden Grund, nur beim Schwimmen im Fluß, oder beim Herumrennen in der Sonne, oder beim Entspannen am Strand, auf das wilde Brausen der Brandung horchend... und etwas fing an, sich in dir zu ereignen, irgendeine alchimistische Verwandlung, als erzeugte dein Körper LSD. Etwas rührte sich in dir... und du gingst einer völlig unbekannten Dimension entgegen. Als hättest du Flügel und könntest fliegen. Dir wurde bange, du hast dich an der Erde festgehalten.

Es ist schon oft passiert, wenn Leute zu mir kamen, um sich in Sannyas einweihen zu lassen. Manchmal sehe ich sehr feinsinnige Menschen, sehr empfängliche Menschen vor mir, und sobald ich ihren Scheitel berühre, bekommen sie Angst. Erst vor ein paar Tagen nahm die Tochter von Ashok Kumar, einem unserer berühmtesten Filmschauspieler, Sannyas. Im Moment, da ich ihren Kopf berührte, fing sie zu weinen an: „Hör auf, Osho! Hör auf, hör auf!" Und ihr ganzer Körper schüttelte sich. Sie fing an, sich an der Erde festzuhalten. Sie war ganz, ganz nahe an einer Tür. Etwas ungeheuer Wertvolles hätte geschehen können, aber sie bekam Angst.

Viele Male kommen solche Momente im Leben eines jeden Menschen. Aber solche Momente sind nicht aggressiv, sie können dir nichts gegen deinen Willen aufzwingen. Wenn du bereit bist, kannst du mitgehen, in sie einströmen, hineinschlüpfen, mit ihnen treiben, zum entferntesten Ende der Schöpfung. Wenn du Angst hast und dich an das Ufer klammerst, verpaßt du das Schiff. Das Schiff kann nicht auf dich warten.

Laß dich also nicht vom Kopf verwirren. Kindern beim Spielen zuzusehen ist eine schöne Meditation weil Zuschauen Meditation ist. Aber vergiß nicht – du darfst nicht drüber nachdenken. Wenn die Kinder tanzen, herumrennen, spielen, kreischen, springen und hüpfen, fang nicht zu denken an, schau nur zu. Schau zu, ohne jeden Gedanken. Sei wach, aber denke nicht. Bleibe bewußt, einfach nur schauend, reines Schauen, reine Klarheit, aber fang nicht an, darüber nachzudenken, sonst hast du dich schon davon entfernt.

Indem du Kindern zuschaust, könntest du an dein eigenes Kind denken, weit weg von der Heimat. Dann hast du es verfehlt, dann schaust du nicht diesen Kindern zu. Dir gehen Erinnerungen durch den Kopf. Ein Film beginnt; jetzt bist du in Träumereien. Schau einfach zu!

Die vierte Frage:
Die Suche nach dem Höchsten ist individuell; aber kannst du er-
klären, warum im Tantra und auf der Suche nach dem inneren
Selbst der Geliebte eine so unentbehrliche Rolle spielt?

Etwas sehr Verzwicktes, sehr Komplexes muß verstanden
werden. Wenn du nicht liebst, bist du einsam. Wenn du aber
liebst, wirklich liebst, bist du allein.

Einsamkeit ist Traurigkeit; Alleinsein ist nicht Traurigkeit.
Einsamkeit ist ein Gefühl von Unerfülltheit. Du brauchst jemanden, und der, den du brauchst, ist nicht da. Einsamkeit ist
Dunkelheit, ohne jedes Licht. Ein finsteres Haus, das wartet
und wartet, ob jemand kommt und ein Licht entzündet.

Alleinheit ist nicht Einsamkeit. Alleinheit bedeutet das Gefühl, daß du vollständig bist. Niemand sonst wird gebraucht, du
bist genug. Und gerade das geschieht in der Liebe! Wer liebt,
wird allein. Durch die Liebe rührst du an deine innere Vollkommenheit. Liebe macht dich vollkommen. Liebende sind
zusammen, aber nicht aus Bedürfnis, sondern aus überströ-
mender Energie.

Zwei Menschen, die sich einsam fühlen, können einen Ver-
trag machen und zusammenkommen. Sie sind nicht Liebende,
vergeßt das nicht. Sie bleiben einsam. Jetzt spüren sie ihre Einsamkeit nicht mehr – aufgrund der Gegenwart des andern; das
ist alles. Sie machen sich irgendwie selbst etwas vor. Ihre Liebe
ist nichts als ein Täuschungsmanöver, um sich weiszumachen,
daß „ich nicht einsam bin, es ist ja jemand da." Wenn aber zwei
einsame Menschen zusammenkommen, verdoppelt sich im
Grunde nur ihre Einsamkeit, oder vervielfacht sich sogar. Das
ist es, was normalerweise geschieht.

Allein fühlt ihr euch einsam, und in einer Beziehung fühlt

ihr euch unglücklich. Das ist eine alltägliche Beobachtung.

Wenn Menschen einsam sind, fühlen sie sich verloren und sind auf einer tiefen Suche nach jemandem, mit dem sie eine Beziehung haben können. Wenn sie eine Beziehung gefunden haben, fängt das Unglück an. Dann haben sie das Gefühl, daß es einsam besser war – was jetzt passiert, ist zu viel. Was passiert?

Zwei einsame Menschen kommen zusammen – mit andern Worten: zwei düstere, traurige, unglückliche Menschen kommen zusammen. Das Unglück potenziert sich. Wie kann aus zwei Häßlichkeiten etwas Schönes entstehen? Wie können zwei Einsamkeiten, die zusammentreffen, etwas Vollständiges, etwas Heiles ergeben? Nicht möglich. Sie beuten einander aus. Sie versuchen irgendwie, sich selbst zu täuschen, mit Hilfe des andern. Aber diese Täuschung geht nicht weit. Sobald die Flitterwochen vorbei sind, ist auch die Ehe vorbei. Sie ist sehr kurzfristig. Sie ist nur eine Illusion.

Wirkliche Liebe ist kein Versuch, die Einsamkeit abzuschaffen. Wirkliche Liebe heißt Transformation der Einsamkeit zu Alleinheit. Heißt, dem andern zu helfen: wenn du den andern liebst, hilfst du ihm allein zu sein. Du füllst ihn oder sie nicht aus. Du versuchst nicht, den andern irgendwie durch deine Gegenwart zu ergänzen. Nein. Du hilfst dem andern, allein zu sein, so sehr vom eigenen Wesen erfüllt zu sein, daß er auch ohne dich auskommen kann.

Wenn der Mensch vollkommen frei ist, dann wird aus dieser Freiheit das Teilen mit andern möglich. Dann gibt er viel, aber nicht aus Not. Er gibt viel, aber nicht als Kuhhandel. Er gibt viel, weil er viel hat. Er gibt, weil ihm das Geben Freude macht.

Liebende sind allein. Und ein großer Liebender zerstört nie die Alleinheit des andern. Er wird das Alleinsein des andern

immer absolut respektieren. Es ist heilig. Er wird es nicht anta-
sten. Er wird diese Sphäre nicht verletzen.

Aber gewöhnlich haben Liebende, sogenannte Liebende,
sehr viel Angst vor dem andern und seiner Alleinheit, seiner
Unabhängigkeit. Sie haben große Angst, weil sie glauben, daß,
wenn der andere unabhängig ist, sie nicht gebraucht würden,
daß sie dann entlassen würden. So versucht die Frau, den Mann
abhängig zu halten, immer auf sie angewiesen, so daß ihr Wert
erhalten bleibt. Und der Mann versucht auf jede Weise, die
Frau von sich abhängig zu machen, so daß er seinen Wert
behält. Es ist ein Kuhhandel und führt immer zu Konflikten,
Streitigkeiten. Der Kampf geht darum, daß jeder seine Freiheit
braucht.

Liebe läßt Freiheit zu: läßt sie nicht nur zu, sondern bestärkt
die Freiheit des andern. Und alles, was diese Freiheit zerstört,
ist nicht Liebe. Es muß etwas anderes sein. Liebe und Freiheit
gehören zusammen, sie sind zwei Flügel des gleichen Vogels.
Wann immer du siehst, daß deine Liebe auf Kosten deiner
Freiheit geht, dann tust du im Namen der Liebe etwas anderes.

Macht dies zu eurem Kriterium; Freiheit ist das Kriterium.
Liebe gibt dir Freiheit, sie befreit dich, sie macht dich frei. Und
bist du einmal ganz und gar du selbst, dann dankst du dem
Menschen, der dir dazu verholfen hat. Diese Dankbarkeit ist
fast religiös. Du spürst in dem andern Menschen etwas Göttli-
ches. Er hat dich frei gemacht, oder sie hat dich frei gemacht,
und aus Liebe ist nicht Besitz geworden.

Wenn Liebe faul wird, wird sie zu Besitzwut, Eifersucht,
Machtkampf, Politik, Herrschsucht, Manipulation – tausend
Spielarten, alle häßlich. Wenn die Liebe sich zum Himmel auf-
schwingt, hinauf in den blauesten Himmel, ist sie Freiheit, die
totale Freiheit. Sie ist Moksha, sie ist absolute Freiheit.

Jetzt die Frage: *Die Suche nach dem Höchsten ist individuell; aber kannst du erklären, warum im Tantra und auf der Suche nach dem inneren Selbst der Geliebte eine so unentbehrliche Rolle spielt?*

Tantra ist reinste Liebe. Tantra ist eine Methode, die Liebe von all ihren Giften zu läutern. Wenn du liebst – mit der Liebe liebst, von der ich spreche – wird gerade deine Liebe dem andern dazu verhelfen, zu innerer Einheit zu gelangen. Deine Liebe wird für den andern eine zementierende Kraft sein. In deiner Liebe wird der andere sich kristallisieren, denn deine Liebe gibt Freiheit. Und unter dem Schatten deiner Liebe, unter dem Schutz deiner Liebe, wird der andere zu wachsen beginnen.

Alles Wachstum braucht Liebe, aber bedingungslose Liebe. Wenn Liebe Bedingungen hat, kann es kein totales Wachstum geben; denn die Bedingungen werden den Weg versperren. Liebt bedingungslos! Fordert nichts zurück! Viel kommt von selbst, aber das ist etwas anderes. Sei kein Bettler. Sei ein Kaiser in der Liebe. Gib sie nur, und sieh, was geschieht... tausendfach kommt sie zurück. Aber man muß es erst lernen. Sonst bleibt man ein Geizhals, gibt ein bißchen und erhofft sich viel zurück. Und die Erwartung, die Berechnung, zerstört die ganze Schönheit.

Wenn du wartest und hoffst, merkt der andere, daß du manipulierst. Er mag es sagen oder nicht, aber er spürt, wie du manipulierst. Und wo immer man Manipulation spürt, möchte man dagegen rebellieren, denn das verletzt das innerste Bedürfnis der Seele, und mit jeder Forderung von außen wirst du zersplittert. Jede Forderung von außen spaltet dich. Jede Forderung von außen ist ein Verbrechen gegen dich, denn deine Freiheit wird verletzt. Dann bist du nicht mehr heilig. Du bist nicht mehr Selbstzweck, du wirst als Mittel gebraucht.

Und der unmoralischste Akt ist es, einen andern Menschen

als Mittel zu gebrauchen. Jedes Wesen ist um seiner selbst willen da. Liebe nimmt dich um deiner selbst willen an. Du wirst nicht in irgendwelche Erwartungen hineingezerrt.

Tantra ist die höchste Form der Liebe. Tantra ist die Wissenschaft, das Yoga der Liebe. Ein paar Dinge mußt du dir also merken. Das eine: liebe, aber nicht aus Not, sondern aus Überfluß; liebe, aber erwarte nichts – gib. Liebe, aber denk daran, daß deine Liebe für den andern nicht zum Gefängnis werden darf. Liebe, aber sei sehr vorsichtig, du bewegst dich auf heiligem Boden. Du betrittst den höchsten, den reinsten und heiligsten Tempel.

Sei hellwach! Laß alle Unreinheiten draußen vor dem Tempel zurück. Wenn du einen Menschen liebst, liebe diesen Menschen so, als wäre er ein Gott. Nichts weniger als das. Liebe niemals eine Frau als eine Frau und liebe niemals einen Mann als einen Mann, denn wenn du einen Mann als Mann liebst, wird deine Liebe sehr, sehr gewöhnlich sein. Deine Liebe wird nichts weiter als Wollust sein. Wenn du eine Frau als Frau liebst, dann kann deine Liebe nicht sehr hoch aufsteigen. Liebe eine Frau als Göttin, dann wird Liebe zu Anbetung.

Im Tantra muß der Mann die Frau, bevor er sich mit ihr vereinigt, monatelang als Göttin verehren. Er muß sich in ihr die Mutter-Gottheit vergegenwärtigen. Wenn diese Vorstellung total geworden ist, wenn sich keine Wollust mehr regt, wenn er sich beim Anblick einer nackten Frau, die vor ihm sitzt, einfach nur von göttlicher Energie erschauern fühlt – ohne jede Wollust, und die Form der Frau wird göttlich, alle Gedanken stehen still, nur noch Ehrfurcht erfüllt ihn – dann darf er sie lieben.

Scheint ein bißchen absurd und paradox: jetzt, wo er nicht darauf aus ist, sie zu lieben, jetzt darf er sie lieben! Wenn die Frau zur Göttin geworden ist, darf er sie lieben – denn nun kann die Liebe in die Höhe steigen, kann die Liebe zum Crescendo werden, zum höchsten Gipfel gelangen. Nun wird sie nicht mehr irdisch sein, nicht mehr von dieser Welt, nicht mehr zwischen zwei Körpern – sie wird zwischen zwei Wesenheiten sein. Es wird ein Zusammentreffen zweier Wesenheiten sein. Zwei Seelen, die sich begegnen, vermischen und vermengen, und beide werden ungeheuer allein daraus hervorgehen.

Alleinheit bedeutet Reinheit. Alleinheit bedeutet, daß du nur du selbst bist und niemand sonst. Alleinheit heißt, daß du reines Gold bist. Nur Gold und sonst nichts. Nur du. Liebe macht dich allein. Alle Einsamkeit wird verschwinden, aber dafür wird Alleinheit aufsteigen.

Einsamkeit ist ein Zustand, in dem du an dir selbst krankst, gelangweilt bist mit dir selbst, deiner selbst überdrüssig, so daß du irgendwo hinlaufen willst, dich in irgendeinem andern vergessen willst. Alleinheit ist es, wenn du dein eigenes Wesen tief aufregend findest. Du bist selig, einfach nur du selbst zu sein. Du brauchst nirgendwo hinzugehen, bist bedürfnislos, bist dir selbst genug. Aber nun steigt etwas Neues in dir auf. Du hast so viel, daß du es nicht bei dir behalten kannst. Du mußt es austeilen, mußt geben. Und jedem, der deine Gabe entgegennimmt, wirst du dankbar sein, daß er sie angenommen hat. Er hätte ablehnen können.

Liebende sind einander dankbar, daß ihre Liebe angenommen wurde. Sie sind dankbar, denn sie waren so voller Energie, daß sie jemanden brauchten, in den sie ihre Energie hineingießen konnten. Wenn eine Blume blüht und ihren Duft in alle Winde schickt, ist sie den Winden dankbar, der Duft war ihr immer schwerer geworden, fast zur Last. Es ist genau wie wenn eine Frau schwanger ist, und neun Monate sind vergangen und das Kind wird nicht geboren, es hält fest. Jetzt wird sie zu sehr belastet: sie will die Welt an ihrem Kind teilhaben lassen. Das ist die Bedeutung von Geburt.

Bis jetzt hat sie das Kind in sich getragen. Es hat niemandem gehört außer ihr. Aber jetzt ist es zu viel. Sie kann es nicht in sich halten. Es muß auch andern zukommen, es muß mit der Welt geteilt werden. Die Mutter muß ihren Geiz aufgeben. Sobald das Kind aus dem Schoß heraus ist, gehört es nicht mehr der Mutter allein. Nach und nach wird es fortgehen, weit fort. Es wird der weiten Welt gehören.

Das gleiche geschieht, wenn eine Wolke voller Wasser ist und bereit ist, sich auszuregnen. Und wenn sie sich ausregnet, fühlt sich die Wolke entlastet und glücklich und dankbar gegenüber der durstigen Erde, die sie aufgenommen hat.

Es gibt zwei Arten von Liebe: bei der einen fühlst du dich einsam, du gehst aus Bedürftigkeit zum andern. Und dann die Liebe, bei der du dich nicht einsam fühlst, sondern allein. Im ersten Fall gehst du hin, um etwas zu bekommen; im zweiten Fall gehst du, um etwas zu geben. Ein Gebender ist ein Kaiser.

Denkt daran: Tantra ist keine gewöhnliche Liebe. Es hat nichts mit Wollust zu tun. Es ist die denkbar größte Transformation von Wollust in Liebe. Die höchste Suche ist individuell, Liebe aber macht dich individuell. Wenn sie dich nicht individuell macht, wenn sie dich zum Sklaven machen will, dann ist es nicht Liebe, sondern Haß, der sich als Liebe maskiert. Liebe vortäuschend, ist es versteckter Haß, der sich irgendwie durchschlägt. Lügt sich nur irgendwie durch, aber will Liebe sein!

Liebe von dieser Art tötet, zerstört die Individualität. Sie läßt dich kein Individuum sein. Sie zieht dich herunter. Sie macht dich nicht schöner, du wirst durch sie nicht anmutig. Du wirst in den Schmutz gezogen. Und jeder spürt, wie er sich auf etwas Schmutziges einläßt. Liebe sollte dir Freiheit geben – laß dich auf nichts weniger ein als das. Liebe sollte dich zu einer weißen Wolke machen, vollkommen frei, ein Wanderer im Himmel der Freiheit, ohne jede Wurzeln. Liebe ist nicht Bindung; Wollust ja.

Meditation und Liebe sind die beiden Wege, zu jener Individualität zu gelangen, von der ich spreche. Beide sind sehr, sehr tief miteinander verknüpft. Ja, es sind zwei Seiten der gleichen Medaille: Liebe und Meditation.

Wenn du meditierst, wirst du früher oder später auf die Liebe stoßen. Wenn du tief meditierst, wirst du früher oder später eine ungeheure Liebe in dir aufsteigen fühlen, wie du sie nie zuvor gekannt hast. Eine neue Dimension deines Wesens, eine neue Tür tut sich auf. Du bist zu einer neuen Flamme geworden und willst jetzt austeilen.

Wenn du tief liebst, wird dir nach und nach bewußt, daß deine Liebe immer meditativer wird. Eine unmerkliche Stille breitet sich in dir aus. Gedanken verschwinden, Lücken entstehen. Stille Teiche... du berührst deine eigene Tiefe.

Liebe macht dich meditativ, wenn sie sich richtig entwickelt. Meditation macht dich liebend, wenn sie sich richtig entwickelt. Und es gibt im Grunde genommen nur zwei Arten von Menschen auf der Welt: solche, die durch Liebe zur Meditation finden, und solche, die durch Meditation zur Liebe finden. Für alle, die ihre Meditation durch Liebe finden, ist Tantra da, das ist ihre Wissenschaft. Für alle, die ihre Liebe durch ihre Meditation finden, ist Yoga da; das ist ihre Wissenschaft.

Tantra und Yoga: das sind die beiden einzigen Wege schlechthin, ganz grundsätzlich. Aber beide können sie in die Irre gehen, wenn ihr sie nicht richtig versteht. Und das Kriterium ist... hört genau hin: wenn du meditierst und es wird nicht Liebe daraus, dann wisse, daß du irgendwo in die Irre gegangen bist. Und unter hundert Yogis findet man neunundneunzig, die sich verirrt haben. Je tiefer sie in ihre Meditation gehen, desto mehr wenden sie sich gegen die Liebe. In Wahrheit bekommen sie Angst vor der Liebe. Sie fangen an, die Liebe für eine Ablenkung zu halten, aber dann ist ihre Meditation keine wirkliche Meditation. Eine Meditation, aus der nicht Liebe aufsteigt, ist überhaupt keine Meditation. Das ist Flucht, nicht Wachstum. So als hätte ein Samenkorn Angst davor, zur Pflanze zu werden und sich zu Blüten zu entfalten und den Blütenduft den Winden zu überlassen. Ein Samenkorn, das geizt."

Diesen Yogi-Typ könnt ihr in ganz Indien finden. Seine Meditation ist nicht zur Blüte gelangt. Seine Meditation hat irgendwo unterwegs Verstopfung erlitten. Er steckt fest. Und ihr könnt auf den Gesichtern dieser Yogis keine Anmut finden. Und in ihren Augen keine Intelligenz. Ihr werdet eine bestimmte Art von Stumpfheit und Dummheit an ihnen bemerken. Ihr findet sie nicht hellwach, bewußt, lebendig. Eine gewisse Abgestorbenheit… denn wenn man lebendig ist, muß man liebevoll werden. Um der Liebe auszuweichen, weichen sie dem Leben aus.

Und diese Leute werden sich immer in den Himalaja verkriechen – überallhin, wo sie ohne die andern sein können. Ihr Alleinsein wird keine Alleinheit sein, sondern Einsamkeit – man kann es an ihren Gesichtern ablesen. Sie sind nicht glücklich in ihrem Alleinsein. Auf ihren Gesichtern ist ein gewisses Märtyrertum zu erkennen, was einfach dumm ist. Als hätten sie etwas geopfert! Ego spiegelt sich darin wider. Demut? – nein! Denn mit der Demut kommt immer auch die Liebe. Wenn das Ego zu stark wird, kann die Liebe vollkommen zerstört werden. Ego ist das Gegenteil von Liebe.

Yoga ist in den Händen der falschen Leute. Und das gleiche ist mit Tantra passiert. Im Namen von Tantra haben die Leute angefangen, ihre Lust und ihren Sex und ihre Perversionen zu befriedigen. Nie wurde Meditation daraus. Es wurde zur subtilen Rationalisierung für Wollust, Sex und Leidenschaft. Es wurde zum Trick. Man kann sich dahinter verstecken. Für alle möglichen Perversionen wurde Tantra zum Deckmantel.

Also: der Mensch ist sehr gewitzt. Er hat Yoga zerstört, er hat Tantra zerstört. Paßt auf! Beide sind sie gut, beide sind sie ein unermeßlicher Segen, aber das Kriterium ist: wenn man eins von beiden richtig macht, dann folgt das andere wie ein Schatten nach. Wenn das andere nicht folgt, dann macht man es irgendwie falsch. Geht zurück, fangt von vorn an. Geht in eure Vorstellungswelt hinein, analysiert sie. Irgendwo hast du dich selbst hinters Licht geführt. Und das ist nicht schwer herauszufinden, denn man kann zwar andere täuschen, aber sich selbst kann man nichts vormachen. Das ist unmöglich. Wenn du einfach nur in dich hineingehst und nachschaust, wirst du erkennen, wo du dich selbst betrogen hast. Niemand kann sich selbst betrügen. Es ist unmöglich. Wie könntest du dich betrügen?

Die fünfte Frage:
Wie weit kann man sich auf seine „innere Stimme" verlassen?

Als erstes: die innere Stimme ist gar keine Stimme – sie ist Stille. Sie sagt nichts. Sie zeigt etwas, aber sie sagt nichts. Sie gibt Hinweise auf etwas, sagt aber nichts.

Die innere Stimme ist keine Stimme. Wenn du immer noch eine Stimme hörst, ist es keine innere. „Innere Stimme" ist eine Fehlbezeichnung, der Ausdruck stimmt nicht. Innen ist nur Stille. Alle Stimmen kommen von außen.

Zum Beispiel: du willst stehlen, und nun behauptest du, daß die innere Stimme ruft: „Stiehl nicht! Das ist Sünde!" Das ist nicht die innere Stimme, sondern nur deine gesellschaftliche Prägung: man hat dir lediglich beigebracht, nicht zu stehlen. Es ist die Gesellschaft, die da aus dir spricht. Obwohl es scheinbar von innen kommt, ist es trotzdem nichts Inneres. Wenn du anders erzogen wärest und man dir nicht beigebracht hätte, daß Stehlen schlecht ist, oder sogar, daß Stehlen gut ist, dann wäre diese „innere Stimme" nicht da. Und du weißt es auch!

Wenn du in einer Familie großgeworden bist, die vegetarisch lebt, dann sagt beim Anblick nicht-vegetarischer Speisen sofort eine innere Stimme: „Iß das nicht, das ist Sünde." Aber wenn du in einer nicht-vegetarischen Familie groß geworden bist, dann gibt es da kein Problem. Du kannst dir einfach nicht vorstellen, wieso bei andern Leuten eine innere Stimme sagt: „Das darfst du nicht essen!" Es kommt darauf an, was man dir beigebracht hat. Das ist also nicht die innere Stimme. Das ist nichts als soziales Gewissen. Die Gesellschaft muß dir eine innere Ordnung einbauen, weil die äußere Ordnung nicht genug ist. Es gibt zwar Polizei, aber das ist nicht genug – die Polizei kann getäuscht werden. Es gibt zwar Gerichte, aber das ist nicht genug, denn du kannst schlauer sein als das Gericht. Die äußere Kontrolle ist nicht genug; eine innere Kontrolle ist notwendig. Die Gesellschaft lehrt dich also, daß das Stehlen schlecht ist. Dies ist gut, das ist schlecht. Immerzu gepredigt, immerzu wiederholt, dringt es schließlich in dich ein. Es wird Teil deiner Innenwelt. Wenn du also kurz davor bist, zu stehlen, sagt plötzlich jemand in dir: „Nein!" Und du glaubst, die innere Stimme, oder Gott hätte gesprochen. Nein, nichts von alledem. Das ist nur die Gesellschaft, die aus dir spricht. Was ist dann aber die innere Stimme?

Du bist kurz davor zu stehlen, und plötzlich wirst du still und kannst nicht stehlen. Plötzlich erstarrst du. Eine Lücke reißt auf. Deine Energie bleibt stehen. Nicht, daß jemand sagt: „Stiehl nicht!" Keine Stimme ist da... nur inneres Schweigen. Aber das innere Schweigen ergreift Besitz von dir.

Es geschah einmal, daß ein großer buddhistischer Mönch, ein Mystiker, Nagarjuna, durch ein Dorf kam. Der Kaiser des Landes war ein Anhänger Nagarjunas. Er hatte ihm eine goldene Bettelschale geschenkt, mit Diamanten besetzt. Sie war äußerst kostbar, und Nagarjuna war ein nackter Fakir! Als er durch das Dorf kam, sah ihn ein Dieb und konnte es nicht fassen: ein so ungeheuer kostbares Ding in den Händen eines Nackten! Also schlich der Dieb ihm nach.

Nagarjuna wohnte in einer alten Klosterruine vor der Stadt. Es gab nicht einmal Türen dort, worüber sich der Dieb sehr freute. Er sagte bei sich: „Gleich wird er sich hinlegen, oder spätestens heute abend, und schlafen. Ich kann sie ihm ohne Schwierigkeiten wegnehmen." Und er verbarg sich hinter einer Mauer.

Nagarjuna sah hinaus und sagte: „Komm besser herein und nimm die Schale gleich mit, damit ich in Ruhe schlafen kann. Du wirst sie sowieso mitnehmen, warum soll ich sie dir also nicht geben? Ich finde es besser, sie dir zu geben. Ich möchte dich nicht zum Dieb machen. Es ist ein Geschenk!"

Der Mann trat ein, aber er traute seinen Ohren nicht. Und ohne es zu wollen, berührte er Nagarjunas Füße. Nagarjuna sagte: „Jetzt kannst du gehen, denn ich habe nichts mehr. Nun hast du deinen Frieden, nun laß mich in Ruhe."

Aber der Dieb sagte: „Nur eines: ich würde mich auch gern so von den Dingen lösen wie du. Du hast mir das Gefühl gegeben, sehr arm zu sein. Gibt es irgendeinen Weg für mich, eines Tages auch zu einem solchen Gipfel von Bewußtheit aufzusteigen?"

Nagarjuna sagte: „Ja, es gibt einen Weg."

Der Dieb sagte: „Aber laß mich zuerst eines sagen: Erzähl mir bitte nicht, ich soll mit dem Stehlen aufhören. Ich kann nämlich gehen, wohin ich will – und ich geh schon immer zu Mystikern und Weisen und bin ein berühmter Dieb hier in der Gegend, es kennen mich alle, aber alle sagen sofort: ‚Hör erst mit dem Stehlen auf!‘ Aber das kann ich nicht. Ich hab's versucht, aber ich kann es nicht. Mach es also bitte nicht zur Bedingung. Sonst aber mach ich alles, was du willst."

Nagarjuna sagte: „Dann kannst du noch keinem Mystiker oder Weisen begegnet sein. Da mußt du Ex-Dieben begegnet sein. Warum sonst kümmert es sie so, daß du ein Dieb bist? Sei ein Dieb, das ist deine Sache. Das ist nicht mein Problem. Nur eines möchte ich dir sagen: Geh, mach was du willst, aber tu's bewußt, sei wach dabei. Tu nichts unbewußt, mechanisch, roboterhaft."

Der Dieb sagte: „Das ist vollkommen in Ordnung. Ich will's versuchen."

Nagarjuna sagte: „Ich werd hier im Kloster warten, fünfzehn Tage lang, hmm?, komm dann und berichte mir."

Am zehnten Tag kam der Dieb angerannt, schwitzend, und er sagte: „Du bist mir ein gerissener Bursche! Seit zehn Tagen quäle ich mich nun schon ab. Wenn ich stehlen geh – und das ist ein richtiges Wunder: noch nie im Leben war ich so erfolgreich! wenn ich in die Häuser gehe und ihre Schatztruhen aufschließe und dann an dich denke und dann beobachte und dann bewußt werde, dann werd ich so still, daß ich keine Bewegung machen kann. Meine Hände wollen nicht! Sobald ich unbewußt bin, bewegen sich meine Hände, aber nun hab ich's dir einmal versprochen! Wieder werd ich bewußt – da kann ich das Ding nicht mitnehmen. Ich muß es da lassen. Seit zehn Tagen, ständig! Gib mir also bitte eine andere Aufgabe!"

Nagarjuna sagte: „Das ist die einzige. Jetzt liegt die Wahl bei dir. Du kannst die Bewußtheit aufgeben und ein Dieb bleiben, oder du kannst die Bewußtheit behalten und den Dieb fallenlassen. Das mußt du entscheiden. Ich sage nicht, daß du mit dem Stehlen aufhören sollst, stiehl ruhig weiter. Wenn du es mit Bewußtheit machst, hab ich keine Sorge."

Der Dieb sagte: „Das ist unmöglich. Ich hab es zehn Tage lang versucht. Wenn ich bewußt bin, kann ich nicht stehlen. Wenn ich stehle, dann bin ich nicht bewußt." Und der Dieb sagte: „Wirklich, jetzt hast du mich gefangen und ich kann diese Bewußtheit nicht lassen, ich habe davon gekostet. Nichts kann sie jetzt aufwiegen, nichts ist so wertvoll wie sie."

Nagarjuna sagte: „Dann belästige mich nicht mehr. Geh jetzt und lehre andere Diebe."

Die innere Stimme ist keine Stimme. Sie ist ein Energie-Phänomen. Bewußtheit ergreift dich... Schweigen. Und in diesem Schweigen ist alles richtig, was du tust. Und was nicht richtig ist, kannst du nicht tun. Ich sag dir also nicht, das eine zu lassen und das andere zu tun. Ich sage dir nur das, was Nagarjuna dem Dieb sagte: Sei einfach bewußt! Wenn du nicht bewußt bist, wirst du wählen müssen. Wenn du nicht bewußt bist, wirst du immer eine Alternative vor dir sehen – sollst du dies oder das tun? – und nie weißt du es genau! Wenn Bewußtheit da ist, gibt es keine Alternative. Bewußtheit ist ohne Wahl. Sie läßt dich nur das tun, was richtig ist. Sie läßt nicht zu, daß du tust, was nicht richtig ist. Das ist nicht eine Frage deiner Wahl. Frag also nicht, wie weit man sich auf seine innere Stimme verlassen soll.

Das erste: Die innere Stimme ist keine Stimme – sie ist Stille.
Das zweite: Du brauchst dir über das „wie weit" keine Gedanken zu machen. Bleib einfach in diesem Reich innerer Stille, völligen Schweigens. Das „Gute" ist ein Nebenprodukt, keine Disziplin. Es folgt der Bewußtheit wie ein Schatten – als Konsequenz.

Die sechste Frage:
Ich bin mir bewußt, ein großes Bedürfnis danach zu haben, von andern akzeptiert und anerkannt zu werden. Ich will nicht von diesem Bedürfnis angetrieben werden. Wie kann ich das lösen?

Du mußt einsehen, wie dumm das ist. Es geht nicht darum, es zu lösen. Du mußt das Lächerliche daran erkennen, dann verschwindet es; es kann nicht gelöst werden. Krankheiten sind nicht zu lösen: sie verschwinden. Versuch einfach, das Dumme daran zu erkennen.

Ich will dir ein paar Anekdoten erzählen:
Eine Frau, die in ein riesiges Landhaus eingezogen war, traf eine andere Frau, von der sie wußte, daß sie in einer Hütte am Rand ihres Gutes lebte.

„Willkommen in unserer kleinen Gemeinde", grüßte die Hüttenbewohnerin.

Die neue Gutsherrin richtete sich stolz auf und antwortete: „Bitte sprechen Sie mich nicht an. Ich rede nicht mit Leuten, die unter mir stehen."

„Ach", antwortete die Frau aus der Hütte liebenswürdig, „und wo wären Ihnen die je schon begegnet?"

Jeder ist ein Egoist. Es ist schwer, zu sehen, daß du im gleichen Boot sitzt. Du kannst sehen, daß alle andern im gleichen Boot sitzen. Sieh einfach ein, daß jeder, der in tiefer Unwissenheit lebt, ein Egoist bleibt und dauernd in egoistischen Vorstellungen denkt. Es gibt niemand auf der ganzen Welt, der dein Ego befriedigen könnte, jeder versucht, sein eigenes Ego zu befriedigen. Wer hat schon Zeit, dein Ego zu befriedigen? Und befriedigt einer doch mal dein Ego, dann muß er es tun, um auf diese Weise sein eigenes Ego zu befriedigen.

Im Grunde ist jeder nur an sich selbst interessiert. Genau wie du an dir interessiert bist, sind andere auch an sich interessiert. Du brauchst dir das nur klar zu machen.

Und jeder versucht, andere zu übertrumpfen. Und mit diesem Konkurrenzkampf, mit diesem egoistischen, ehrgeizigen Wettrennen, zerstört man alles, was schön ist. Man zerstört ein schönes Leben, das sonst geblüht hätte und zu einem Gipfel des Daseins geworden wäre... so wie Buddha, wie Jesus, wie Krishna. Aber jeder bittet andere und bettelt: „Sag, daß ich gut bin! Sag was, damit ich mich gut fühlen kann!" So funktioniert Schmeichelei. Und so kann jeder dich täuschen, nur indem er dir schmeichelt.

Und die Leute tun pausenlos Dinge, die sie gar nicht tun wollten, sondern die sie nur tun, weil das der einzige Weg ist, die Anerkennung der andern zu ergattern. Jeder wird von seiner Bestimmung abgelenkt, weil andere zuschauen und man eine feste Vorstellung davon hat, wie diese Anerkennung aussehen soll.

In einem kleinen Ort geschah folgendes:

Die junge Braut war, kurz nachdem sie durchgebrannt war und geheiratet hatte, wieder im Ort aufgetaucht. „Ich vermute, die Leute hier haben sich vierzehn Tage lang nicht darüber beruhigen können, daß ich durchgebrannt bin", sagte sie zum einzigen Dorfpolizisten.

„Das wäre bestimmt so gewesen, wenn nicht der Hund vom Schmied in der gleichen Nacht die Tollwut gekriegt hätte."

Die Leute vertun ihre Zeit und ihr Leben und ihre Energie. Wozu?! Du bist wirklich vollkommen, so wie du bist. Es braucht dir nichts hinzugefügt zu werden. Gott erschafft keinen Menschen unvollkommen. Wie könnte er jemanden unvollkommen erschaffen?

Ihr habt euch von den religiösen Leuten vorpredigen lassen: „Gott hat die Welt erschaffen", und sie predigen: „Gott schuf dich nach seinem Ebenbilde", und zugleich predigen sie ständig: „Werdet vollkommener!" Das ist einfach absurd! Gott schuf dich nach seinem Ebenbild, und dennoch mußt du vollkommener werden? Dann muß Gott unvollkommen sein! Wie kann von Gott etwas Unvollkommenes ausgehen? Die Schöpfung trägt seine Signatur. Auch du trägst ständig seine Signatur! Hör mit dieser Bettelei auf!

Der eine bettelt um Geld, der andere bettelt um Brot, der dritte bettelt um Anerkennung – alle sind sie Bettler. Bettle nicht! Indem du bettelst, entgeht dir vieles, was dir längst zugänglich ist. Sieh lieber hin, statt zu betteln. Sieh in dich hinein – und der Kaiser aller Kaiser ist dort zu finden. Fang an, dich zu genießen. Fang an, dich zu leben!

Es geschah:
Der berühmte Sportler war soeben von den Olympischen Spielen zu seiner Universität heimgekehrt, die Brust voller Medaillen. Und er erkrankte.

Im Krankenhaus wurde seine Temperatur gemessen. Der Arzt schüttelte den Kopf „Sie haben 41° Fieber!"

„Wirklich?" hauchte der Sportler. Aber plötzlich wurde er ganz lebhaft und fragte interessiert: „Sagen Sie, Doktor – was ist der Weltrekord?"

Laß den ganzen Unfug! Du bist schon für gut befunden, sonst wärst du gar nicht erst da. Gott hat dich für gut befunden, hat dir die Geburt geschenkt.

Wenn ein Van Gogh malt, ist alles, was aus seinem Pinsel kommt, schon für gut befunden, sonst hätte er es gar nicht erst geschaffen. Wenn ein Picasso malt, wird durch sein Malen selbst das Bild für gut befunden. Der Maler hat sein Herz hineingelegt. Geh nur tief in dein eigenes Wesen hinein – Gott hat dort alle Schätze hingetan, die du nur brauchst. Er hat dich anerkannt, dich akzeptiert. Er ist glücklich, daß es dich gibt. Aber du siehst nie hin.

Wie ein Bettler bettelst du die andern an: „Sagt, daß ich gut bin!" Und sie sind ebensolche Bettler wie du – Bettler betteln bei Bettlern! Selbst wenn sie dich ein bißchen anerkennen, erwarten sie von dir, daß du sie anerkennst. Es wird ein Kuhhandel draus. Und denk doch nach: wenn sie selber betteln, haben sie dir nichts zu geben; und was kannst du ihnen geben, wenn du selber bettelst? Nur ein kleines bißchen Wachheit, und du hörst überhaupt mit dem Betteln auf. Und damit hört aller Ehrgeiz auf, hört das Ego auf. Du fängst an zu leben!

Tanze, solange du lebst. Atme selig, solange du lebst. Singe, solange du lebst. Liebe, meditiere, solange du lebst. Und sobald sich dein Bewußtsein ändert, sobald du den Brennpunkt deines Bewußtseins von außen nach innen verlegst, fühlst du dich ungeheuer glücklich und gesegnet.

Nur das Gefühl „Ich existiere" ist ein solcher Segen, daß sonst nichts nötig ist.

„Ich existiere!" – aller Tanz, aller Gesang, alle Segnungen sind darin enthalten. „Ich existiere!" – Gott ist darin enthalten.

Mach deinen Gott nicht zum Bettler. Sei ein Gott! Erkenne deine Göttlichkeit, und danach gibt es nichts mehr zu erreichen. Man muß einfach anfangen, man muß einfach anfangen zu leben! Lebe wie ein Gott: Das ist meine Botschaft an euch. Ich sage nicht: Werde zum Gott. Ich sage: Du bist es! Fang an zu leben! Du bist es – erkenne das! Du bist es – erinnere dich. Du bist es – verliere es nicht aus dem Auge.

Es gibt nichts zu erreichen. Das Leben ist keine Leistung, es ist ein Geschenk. Es ist dir schon gegeben worden – worauf wartest du noch? Die Tür steht offen, und der Hausherr hat dich schon hereingebeten – komm rein!

Der Stier ist transzendiert

Stier und Selbst sind transzendiert

Der Stier ist transzendiert

Auf dem Rücken des Stieres kehre ich heim.
Ich bin heiter. Auch der Stier kann sich ausruhen.
Der Morgen dämmert, und selig ruhend
habe ich in meinem strohgedeckten Haus
Peitsche und Strick beiseite gelegt.

Kommentar:

Alles ist ein Gesetz, nicht zwei. Wir machen den Stier nur eine Zeitlang zu unserm Gegenstand. Es ist wie die Beziehung zwischen Hase und Falle, zwischen Fisch und Netz. Oder es ist wie Gold und Schlacke, oder wie der Mond, der aus einer Wolke auftaucht. Eine einzige Bahn klaren Lichts reist unentwegt durch endlose Zeit.

Stier und Selbst sind transzendiert

Peitsche, Strick, Mensch und Stier –
alles wird zu Nichts.
Dieser Himmel ist so grenzenlos –
keine Botschaft kann ihn beflecken.
Wie kann eine Schneeflocke in wütendem Feuer leben?
Hier finden sich die Fußspuren der Patriarchen.

Kommentar:

Alles Mittelmaß ist fort, der Geist ist frei von Begrenztheit.
Ich suche keinen Zustand von Erleuchtung. Aber auch dort, wo
keine Erleuchtung ist, bin ich nicht mehr. Da ich weder hier
noch dort weile, können keine Augen mich sehen. Schwärme
von Vögeln könnten mir Blüten auf den Weg streuen – es wäre
eine bedeutungslose Ehre.

Gertrude Stein lag im Sterben. Plötzlich öffnete sie die Augen und fragte ihre Freunde, die sich um sie versammelt hatten: „Was ist die Antwort?" Nun, das ist fast ein unglaublich schöner Koan! Es war gar keine Frage gestellt worden, und sie fragt: „Was ist die Antwort?" Natürlich wußte niemand drauf zu antworten. Alle sahen sich an. Sie wußten nicht mal, was sie meinte. Was hier fehlte, war ein Zen-Meister, jemand, der aus dem Herzen darauf geantwortet hätte – spontan, unmittelbar. Jemand, der lauthals gelacht oder geschrien oder irgendwas getan hätte! Denn eine solche Frage – „Was ist die Antwort?" – ist nicht mit Worten zu beantworten.

Gertrude Stein will damit sagen, daß es eine Art von Frage gibt, die sich nicht aussprechen läßt. Dennoch ist die Frage da – was also ist die Antwort? Die Frage ist so, daß sie unmöglich ausgesprochen werden kann. Sie ist so tief, sie läßt sich nicht an die Oberfläche bringen. Aber dennoch ist sie da; was also ist die Antwort? Die Frage ist so, daß sie sich nicht vom Fragenden trennen läßt – so als wäre der Fragende mit seinem ganzen Wesen zu einem Fragezeichen geworden: „Was ist die Antwort?"

Alle sahen sich an. Völlig ratlos, was sie tun sollten. Sie müssen gedacht haben: „Diese Sterbende muß wahnsinnig geworden sein." Es *ist* wahnsinnig, es ist absurd zu fragen: „Was ist die Antwort?", wenn doch die Frage gar nicht gestellt worden ist. Niemand antwortete. Niemand hatte Bewußtsein genug, darauf zu antworten. Niemand ging darauf ein, weil einfach niemand da war, der darauf eingehen konnte. Niemand war so präsent, daß er darauf eingehen konnte. „Nun gut", beharrte sie, „was ist dann die Frage?" Wieder Stille. Wie kann dir irgend jemand anderer sagen, was die Frage ist? Ohne Zweifel: die Frau ist verrückt. Zweifellos ist sie nicht mehr bei Sinnen. Aber die Frage ist so, daß sie sich unmöglich formulieren läßt. Sobald du sie aussprichst, übst du Verrat an ihr. Sobald du sie verbalisierst, ist sie's nicht mehr. Es ist nicht mehr die gleiche Frage, die du im Herzen hattest. Einmal in Worte gefaßt, wird sie zur Sache des Kopfes. Sie erscheint nun fast trivial, fast oberflächlich. Du kannst die letzte Frage nicht stellen. Indem du sie stellst, ist es nicht mehr die letzte.

Nur ein Meister hätte verstehen können, was sie sagte. Sie war eine wunderbare Frau, ein wunderbarer Mensch, sehr tiefsinnig. Und im letzten Augenblick ihres Lebens blühte dieser Koan in ihr auf. Ihr habt sicher schon ihren berühmten Ausspruch gehört, der heute fast schon ein Klischee ist: „Eine Rose ist eine Rose ist eine Rose." Nichts läßt sich über die Rose sagen – außer daß sie eine Rose ist. Alles, was man über sie sagen kann, ist verfälscht. Sie ist einfach da mit ihrer seltenen Schönheit, mit ihrem unbekannten Duft – als Gegebenheit. Man kann über sie nicht theoretisieren. Und was immer man da theoretisch sagt, betrifft alles andere als diese Rose; ist eine Reflektion im Spiegel, nicht das Ding an sich.

Eine Rose ist eine Rose ist eine Rose –, mehr kann nicht

gesagt werden. Wenn man sagt: „Eine Rose ist eine Rose ist eine Rose", wird nichts ausgesagt. Wenn ihr damit zu einem Logiker geht, wird er es eine Tautologie nennen: es wird unnötigerweise dasselbe wiederholt. Es wird gar nichts gesagt. Aber dennoch wird etwas gesagt: daß nichts gesagt werden kann.

„Nun gut", bestand sie, „was ist dann die Frage?" Das Schweigen blieb ungebrochen. Niemand war in der Lage, darauf zu antworten. Eine Antwort war gar nicht verlangt – sie wollte eine lebendige Erwiderung.

Man kann viel über Leben und Tod nachdenken, und man kann viele Theorien und Hypothesen aufstellen, aber alle Philosophie ist reiner Unfug. Das Leben bleibt unbeantwortet. Der Tod bleibt unbeantwortet. In jenem Augenblick wollte Gertrude Stein wissen, was Leben und Tod ist. Was das ist: Leben. Was das ist: Tod. Es ging ums Letzte, um das, was hinter allem liegt, um den eigentlichen Grund deines Daseins. Sie fragte: „Wer bin ich?" Aber die Philosophie hat keine Antworten. Die Philosophie hat versucht zu antworten – Jahrhunderte von Denken, von Spekulation – aber die ganze Mühe ist vergeblich.

Omar Khayyam hat gesagt:

Bei Heiligen und bei Gelehrten,
da suchte ich als junger Mann das Glück.
Doch alle ihre Argumente kehrten
im Kreis zum Anfangspunkt zurück.
Man ging durch eine Tür ins Haus –
und kam zur gleichen Tür heraus.

... im Kreis zum Anfangspunkt zurück – viele Argumente großes Philosophieren, immer im Kreis herum, ohne je den

Nagel auf den Kopf zu treffen. Immer wie die Katze um den heißen Brei. Viel Geschrei und Aufregung – nichts kommt dabei heraus. Anscheinend nichts als Wortsalat. Es kann nichts dabei herauskommen, denn das Leben ist keine philosophische Frage. Und jede Antwort, die nur philosophisch ist, kann nicht die Antwort sein. Das Leben ist existentiell. Nur eine existentielle Antwort kann dich zufriedenstellen. Keine Antwort, die von einem X-Beliebigen stammt; keine Antwort, die vom Kopf fabriziert, hergestellt worden ist. Keine Antwort, die aus Schriften geborgt ist, sondern eine Antwort, die in deinem Innern entsteht – die aufblüht, die sich entfaltet, die deine Bestimmung manifestiert, die dich vollkommen bewußt macht. Sie wird als Erkenntnis kommen; nicht als Antwort, sondern als Erkenntnis; nicht als Antwort sondern als Offenbarung. Nicht als Antwort, sondern als Erfahrung, eine existentielle Erfahrung.

Das ist die ganze Story von den zehn Stieren: die Suche ist existentiell. Zen ist der direkteste Weg. Er trifft direkt ins Schwarze. Er geht nicht hier – und dorthin, er dreht sich nie im Kreis. Nicht um den heißen Brei... pfeilgerade!

Einer der größten Philosophen des Westens, Ludwig Wittgenstein, kam sehr nahe an die Einstellung des Zen heran. Er stand nahezu auf der Schwelle. Er sagt: „Nicht wie die Dinge in der Welt existieren, ist mystisch, sondern daß die Welt existiert." Daß es die Welt gibt, das ist das wahre Mysterium. Das größte Mysterium ist nicht, wie man hier ist, nicht, wie man herkommt, nicht der Sinn deines Hierseins, sondern einfach nur die Tatsache, daß du hier bist. Die bloße Tatsache, daß es dich gibt, ist das größte Mysterium. Und wenn die Antwort nicht in Worten gesagt werden kann, kann auch die Frage nicht in Worte gefaßt werden.

Das erinnert mich an einen Mann, der zu Buddha kam und

sagte: „Bitte antworte mir, ohne Worte zu gebrauchen, denn ich habe gehört, daß seit Urzeiten die Antwort so ist, daß sie nicht in Worten ausgedrückt werden kann."

Buddha lachte und sagte: „Natürlich, du hast recht gehört aber dann frag auch ohne Worte, und ich werde dir deine Frage beantworten, ohne Worte zu gebrauchen."

Darauf sagte der Mann: „Das ist unmöglich." Und er verstand; wenn die Frage nicht ausgesprochen werden kann, wie soll man da die Antwort aussprechen können? Wenn selbst die Frage nicht in Worte zu fassen ist, wie kann man da eine Antwort verlangen?

Wittgenstein hat recht. Und wenn die Antwort nicht in Worte gefaßt werden kann und auch die Frage nicht in Worte gefaßt werden kann, existiert das Rätsel überhaupt nicht. Wenn sich weder für die Frage noch für die Antwort Worte finden lassen, wo ist dann das Rätsel, wo das Problem? Dies ist eine ungeheure Einsicht. Das Problem existiert nicht – es wird vom Denken erzeugt: es ist ein Gedanken-Produkt. Wenn eine Frage überhaupt formuliert werden kann, dann ist es auch möglich, sie zu beantworten.

Jemand fragte Wittgenstein: „Warum schreiben Sie dann aber immer noch so großartige Bücher?" Sein Buch „Tractatus Logico Philosophicus" ist in letzter Zeit als eines der ganz, ganz großen Bücher der gesamten Menschheitsgeschichte anerkannt worden. „Warum also schreiben Sie weiterhin Bücher, wenn doch die Frage nicht gestellt werden kann und die Antwort nicht zu finden ist – warum also?"

Er sagte: „Meine Thesen dienen zur Erhellung in dem Sinne, daß jeder, der mich schließlich versteht, sie als unsinnig erkennt." Ich wiederhole: „Jeder, der mich schließlich versteht, erkennt sie als unsinnig." Er hat sich ihrer als Stufen bedient, um über sie hinauszusteigen. Er muß sozusagen die Leiter fortwerfen, nachdem er sie erklommen hat.

Im Augenblick, da ihr mich versteht, ist alles, was ich auch sage, unsinnig. Solange ihr nicht versteht, sieht es sinnvoll aus. Alle Bedeutung beruht auf Mißverständnissen. Sobald ihr versteht, verschwindet jegliche Bedeutung – nur Leben ist. Bedeutung kommt aus dem Geist, ist eine Projektion des Geistes, eine Deutung des Geistes. Dann ist eine Rose eine Rose eine Rose – und nicht einmal diese Worte gibt es dann mehr. Nur Rose – nur Rose ohne jeden Namen, ohne jedes angehängte Eigenschaftswort, ohne jede aufgesetzte Definition. Nur Leben ist… plötzlich, ohne jede Bedeutung, ohne jeden Zweck. Und das ist das größte Mysterium, das es zu erkennen gibt. Die wahre Suche ist also nicht nach Sinn. Die wahre Suche ist nach Leben selbst – roh, nackt.

Alle Fragen sind in gewisser Hinsicht töricht, und ebenso alle Antworten. Alle Fragen sind in gewisser Weise töricht, weil sie alle vom Geist erzeugt werden und der Geist ist die Schranke zwischen dir und dem Wirklichen. Und der Geist erzeugt immerfort Fragen. Er schiebt die Suche auf. Er überzeugt dich, daß du ein großer Sucher bist, weil du doch so viele Fragen hast. Aber eben weil du fragst, sammelst du so viele Wolken um dich. Erst fragst du, dann hüllt dich die Frage ein, dann fängst du an, ein paar Antworten zu bekommen, dann hüllen dich die Antworten ein. Und immer wird eine Schranke zwischen dir und dem rohen, ungebändigten, nackten Leben sein. Zwischen dir und dem, was ist. Es ist weder eine Frage noch eine Antwort. Es ist eine Offenbarung. Wenn der Geist nicht ist, offenbart es sich dir. Es ist einfach da, manifest in all seinem Glanz, offenbar in seiner Totalität.

Aber der Mensch fragt immerzu, und dies Fragen erscheint

ihm irgendwie als eine große Suche. Es ist keine. Alle Fragen, alle Antworten – alles Spiele, alles nur Spiele. Ihr könnt sie spielen, wenn ihr mögt, aber gelöst wird dadurch nichts. Und so fragen die Leute weiter, bis an ihr Lebensende.

Aber Gertrude Stein machte es richtig. Im letzten Augenblick entpuppte sich in ihr eine Zen-Qualität. Sie erwies sich als eine Frau von tiefer Einsicht, Bewußtheit. Natürlich konnten die Anwesenden nicht begreifen, was sie offenbarte. Sie wäre im Osten verstanden worden – nicht im Westen. Dort muß man geglaubt haben, daß sie beim Sterben verrückt geworden sei – denn unsere Fragen gehen weiter, dieselben törichten Fragen. Selbst noch am Rand des Todes stellen wir die gleichen verrotteten Fragen und suchen immer noch nach Antworten.

Ich habe gehört, es geschah in einer Bank:

Der Bankräuber schob einen Zettel durch den Schalter, auf dem stand: „Steck das Geld in eine Aktentasche, du Arsch – und keine falsche Bewegung!"

Der Bankbeamte schrieb schnell etwas auf einen Zettel und schob ihn zurück: „Zieh deinen Schlips gerade, du Schwachkopf, du wirst fotografiert."

Selbst im Moment des Todes zieht ihr euch noch den Schlips gerade, weil ihr fotografiert werdet. Der Mensch bleibt an den Spiegeln interessiert. Der Mensch bleibt daran interessiert, was andere über ihn denken, was andere über ihn sagen. Der Mensch webt fortwährend an einem schönen Bild von sich. Das ist eure ganze Lebensarbeit. Und eines Tages verschwindet ihr, und euer Bild fällt in den Staub. Erde zu Erde. Nichts bleibt.

Paßt auf! Seid nicht zu sehr am Image interessiert, interessiert euch mehr für's Wirkliche – und das Wirkliche ist in euch; es ist eure Energie. Es hat nichts mit irgendeinem andern zu tun. Kein Spiegel ist für die Selbst-Erkenntnis nötig, weil Selbst-Erkenntnis keine Reflektion ist. Selbst-Erkenntnis ist eine direkte, unmittelbare Begegnung: Du stehst deinem eigenen Wesen von Angesicht zu Angesicht gegenüber.

Das siebte Sutra:

Der Stier ist transzendiert.

Auf dem Rücken des Stiers kehre ich heim.
Ich bin heiter. Auch der Stier kann sich ausruhen.
Der Morgen dämmert, und selig ruhend
habe ich in meinem strohgedeckten Haus
Peitsche und Strick beiseite gelegt.

…der Stier ist transzendiert. Bist du einmal Herr deines Geistes, wird der Geist transzendiert. Im Augenblick, wo du deinen Geist meisterst, ist der Geist nicht mehr da. Er bleibt nur, solange du Sklave bist. Sobald du dich des Stieres bemächtigt hast und auf ihm reitest, verschwindet der Stier. Der Stier existiert nur so lange als etwas von dir Getrenntes, wie du nicht Herr bist. Das mußt du verstehen.

Du bleibst gespalten, solange du nicht Herr bist, du bleibst schizophren, bruchstückhaft. Sobald deine innere Meisterschaft herangewachsen ist, sobald Bewußtheit und Disziplin, die Peitsche und der Strick, da sind, lösen sich alle Spaltungen auf wirst du eins. In diesem Eins-Sein wird der Stier transzendiert. Dann, dann siehst du dich nicht mehr getrennt von deinem Geist. Dann siehst du dich nicht mehr getrennt vom Körper, dann siehst du dich nicht mehr getrennt vom Ganzen. Du wirst eins. Alle Meister sind eins mit der Schöpfung; nur Sklaven sind von ihr getrennt.

Trennung ist Krankheit. Gesund bist du nicht mehr vom Ganzen getrennt – du wirst eins mit ihm. Versucht einfach, das zu verstehen. Wenn du Kopfschmerzen hast, ist dein Kopf von dir getrennt – habt ihr das schon mal beobachtet? Wenn innen das Kopfweh hämmert und pocht, ist dein Kopf von dir getrennt. Aber wenn die Kopfschmerzen weg sind, verschwindet auch der Kopf; dann fühlst du ihn nicht, dann ist er nicht mehr abgetrennt, dann ist er Teil von dir geworden.

Wenn dein Körper völlig gesund ist, hast du kein Körpergefühl, so als wärest du körperlos. Körperlosigkeit ist die Definition vollkommener Gesundheit. Was wehtut, wird dir sofort bewußt, und diese Bewußtheit führt zu Spaltung. Du hast einen Dorn im Fuß, oder der Schuh zwickt – die Spaltung ist da. Wenn der Schuh wie angegossen paßt, ist die Spaltung transzendiert.

Ihr seid euch des Denkens bewußt, weil eurem Leben irgendwie die Harmonie fehlt – es ist Mißklang, unharmonisch, unstimmig. Etwas in dir ist aus dem Takt, und deswegen fühlst du dich gespalten. Wenn alles im Einklang ist, alles in Harmonie, sind alle Spaltungen transzendiert.

Dies ist das siebte Sutra: „Auf dem Rücken des Stiers…" man reitet auf seiner eigenen Energie. Die Energie strebt nicht mehr in die eine Richtung und du in die andere. Ihr beide strebt in die gleiche Richtung. Es findet kein Konflikt mehr statt. Die Spaltung ist verschwunden. Du kämpfst nicht gegen den Fluß an; du treibst, du reitest auf ihm. Plötzlich bist du nicht mehr vom Fluß getrennt.

Steig in den Fluß und versuche erst, flußaufwärts zu schwimmen: Kampf, Anstrengung! Und du wirst sehen, daß der Fluß gegen dich kämpft. Und du wirst sagen, daß der Fluß dich besiegen will. Und du wirst sehen, der Fluß *wird* dich am Ende besiegen… denn es kommt der Augenblick, wo du müde wirst, wo du den Fluß gewinnen siehst und du dich geschlagen geben mußt.

Und dann versuch es umgekehrt: Laß dich mit dem Fluß treiben, laß los, und nach und nach wirst du merken, daß der Fluß nicht gegen dich kämpft. Tatsächlich hat der Fluß überhaupt nicht gegen dich gekämpft; selbst als du versuchtest, flußaufwärts zu schwimmen, hat der Fluß nicht gegen dich gekämpft. Es war niemand anderes als du, der da gekämpft hat, der sich egoistisch verhielt, der gewinnen und Sieger sein wollte, der etwas beweisen wollte, nämlich, daß „ich wer bin". Diese Vorstellung, jemand sein zu müssen, war die Wurzel des ganzen Problems.

Jetzt bist du ein Niemand, mit dem Fluß treibend, eine tiefe Losgelöstheit. Der Fluß ist nicht mehr gegen dich – er war es nie! Nur deine Einstellung ändert sich, aber du hast das Gefühl, der Fluß hätte sich völlig verändert. Der Fluß war immer der gleiche. Jetzt reitest du auf dem Fluß. Und wenn du restlos treibst, ohne auch nur die geringste Anstrengung zu schwimmen, einfach nur treibend, dann verschmilzt dein Körper mit dem Körper des Flusses. Dann merkst du nicht, wo dein Körper aufhört und wo der Körper des Flusses beginnt. Dann bist du in einer organischen Einheit mit dem Fluß. Dann wirst du eine orgasmische Erfahrung erleben. Eins mit dem Fluß, sind plötzlich alle Grenzen transzendiert. Du bist nicht mehr klein, du bist nicht mehr groß – du bist das Ganze.

„Auf dem Rücken des Stiers kehre ich heim." Und nur so kommt man heim, denn die Heimat ist der Ursprung, die eigentliche Quelle, aus der du entsprungen bist. Nirgends sonst ist die Heimat. Die Heimat ist dort, wo du herkommst, von wo du ausgegangen bist. Die Heimat ist die Quelle. Wenn man sich erlaubt, ganz tief drinnen loszulassen, erreicht man die Heimat. „Heimat" heißt: Man kommt zum wahren Ursprung des Lebens und des Seins, man stößt zum eigentlichen Anfang vor.

Auf dem Rücken des Stiers kehre ich heim. Ich bin heiter.

Und du kannst gar nicht anders heiter sein als so. Die einzige Art, heiter zu sein, ist, nicht zu sein. Die einzige Art, heiter zu sein, ist ein tiefes Loslassen, ausgeliefert, eins mit der Lebensenergie.

Ich bin heiter. Auch der Stier kann sich ausruhen.

Und nicht nur du kannst dich ausruhen, der Stier kann es auch. Nicht nur du kannst ruhen, der Fluß kann es auch. Solange der Konflikt weitergeht, können weder du noch Gott ruhen, vergeßt das nicht. Dies ist etwas sehr Wertvolles, das man nie vergessen darf: Wenn du nicht heiter bist, kann Gott nicht heiter sein; wenn du nicht glücklich bist, kann Gott nicht glücklich sein; wenn du nicht selig bist, kann Gott nicht selig sein. Denn du bist Teil von ihm, Teil des Ganzen. Du berührst ihn ebenso, wie er dich berührt.

Leben ist Zusammenhang. Alles hängt mit allem zusammen. Es ist eine Ökologie, ein tief verflochtenes Zusammenleben. Es ist eine Kette. Wenn du nicht glücklich bist, kann Gott nicht glücklich sein, weil du dazugehörst. Es ist so, wie wenn mein Bein unglücklich ist – wie kann ich da glücklich sein? Dies Unglück berührt mich. Nicht nur du hast Schwierigkeiten, die Lebensenergie hat ebenso große Schwierigkeiten mit dir.

Nicht nur du hast Komplikationen, nicht nur du bist krank,

auch die Lebensenergie hat Komplikationen und ist krank.

Ich bin heiter. Auch der Stier kann sich ausruhen.
Der Morgen dämmert, und selig ruhend
habe ich in meinem strohgedeckten Haus
Peitsche und Strick beiseite gelegt.

Nun sind Peitsche und Strick nicht mehr nötig. Die Peitsche bedeutet Bewußtheit und der Strick Disziplin. Wenn du an einen Punkt gekommen bist, wo du dich mit dem Strom des Lebens eins fühlst, dann sind Bewußtheit und Disziplin nicht mehr nötig. Dann braucht man nicht mehr zu meditieren. Dann braucht man überhaupt nichts mehr zu tun, dann tut das Leben alles für dich. Dann kann man sich entspannen, weil man sich ihm total anvertrauen kann. Man braucht nicht einmal mehr auf Bewußtheit zu achten; denkt daran.

Anfangs brauchst du Bewußtheit. Anfangs brauchst du sogar Disziplin. Aber in dem Maße, wie du spirituell wächst, läßt du die Leiter zurück. Du kannst sie fortwerfen.

... selig ruhend
habe ich in meinem strohgedeckten Haus
Peitsche und Strick beiseite gelegt.

Vergeßt nicht: Ein Weiser ist erst dann wirklich ein Weiser, wenn er Peitsche und Strick aufgegeben hat. Das ist das Kriterium. Wenn er immer noch versucht, zu meditieren, zu beten, dies und jenes zu tun, um sich zu disziplinieren, ist er noch nicht erleuchtet. Dann ist er immer noch da und *tut* weiterhin etwas. Und Tun stärkt das Ego. Er ist noch nicht heimgekommen. Die Reise muß erst noch zu Ende gehen.

In China gibt es eine wunderschöne Zen-Geschichte:

Eine sehr reiche Frau diente dreißig Jahre lang einem Mönch. Der Mönch war wirklich beeindruckend – immer bewußt, immer diszipliniert. Er hatte eine Schönheit, die sich ganz von allein einstellt, wenn das Leben geordnet ist – eine bestimmte Sauberkeit und Frische.

Die Frau lag im Sterben, sie war sehr alt. Da rief sie eine Prostituierte aus der Stadt zu sich und sagte zu ihr: „Bevor ich meinen Körper verlasse, möchte ich gern eines wissen – ob dieser Mann, dem ich seit dreißig Jahren diene, angekommen ist oder nicht." Der Verdacht lag nahe, denn der Mann hatte noch nicht Peitsche und Strick beiseite gelegt.

Die Prostituierte fragte: „Was soll ich tun?"

Die Frau sagte: „Ich gebe dir so viel Geld wie du willst. Geh einfach hin um Mitternacht, da meditiert er. Er meditiert nämlich immer mitten in der Nacht. Die Tür ist nie verschlossen, denn er hat nichts, was gestohlen werden kann. Mach also nur die Tür auf – und beobachte seine Reaktion. Mach die Tür auf, geh nah 'ran, umarme ihn – und dann komm zurück und sag mir, was passiert ist. Ehe ich sterbe, möchte ich gern wissen, ob ich einem wirklichen Meister gedient habe oder nur einem gewöhnlichen Durchschnittswesen."

Die Prostituierte ging hin. Sie machte die Tür auf. Eine kleine Lampe brannte; der Mann meditierte. Er machte die Augen auf – als er die Prostituierte sah, sie als Prostituierte erkannte, bekam er Angst und fing zu beben an. Und er sagte: „Was?! Was willst du hier?" Und als die Frau Anstalten machte, ihn zu umarmen, wollte er fliehen. Er zitterte vor Wut.

Die Frau ging zurück und erzählte der alten Dame alles, was geschehen war. Diese befahl ihren Dienern, die Hütte niederzubrennen, die sie für diesen Mann errichtet hatte, und mit ihm Schluß zu machen. Er war nirgends angekommen. Die alte Frau sagte: „Wenigstens hätte er ein bißchen Freundlichkeit, ein bißchen Mitgefühl zeigen können."

Solche Angst zeigt, daß die Peitsche noch nicht beiseite gelegt wurde. Solche Wut zeigt, daß Bewußtheit immer noch Anstrengung ist, daß sie noch nicht selbstverständlich, nicht spontan ist.

Das achte Sutra:

Stier und Selbst sind transzendiert.

Erst wird der Stier transzendiert – der Geist, die geistige Energie, das Leben, die Lebensenergie werden transzendiert. Und dann, wenn du das Leben transzendiert hast, transzendierst du dich selbst. Beides, Stier und Selbst sind transzendiert:

Peitsche, Strick, Mensch und Stier –
alles wird zu Nichts.
Dieser Himmel ist so grenzenlos –
keine Botschaft kann ihn beflecken.
Wie kann eine Schneeflocke in wütendem Feuer leben?
Hier finden sich die Fußspuren der Patriarchen.

Im gleichen Moment, wo sich der Geist auflöst, verschwindest auch du – denn du existierst durch den Kampf. Das Ego existiert aufgrund von Spannung. Um existieren zu können, braucht das Ego Dualität. Es kann in einer nicht-dualistischen Wirklichkeit nicht bestehen. Beobachte es einfach nur: Wann immer du kämpfst, gewinnt dein Ego an Schärfe. Beobachte es vierundzwanzig Stunden lang, und du wirst viele Hoch- und

Tiefpunkte deines Egos erkennen, und viele Male wirst du sehen, daß es nicht da ist.

Wenn du mit nichts kämpfst, ist es nicht da. Es ist auf Kampf angewiesen. Darum finden die Leute pausenlos Mittel und Wege und Vorwände, um zu kämpfen, denn ohne Kampf fangen sie an, sich einfach aufzulösen. Er muß ständig angekurbelt werden: so wie ein Fahrrad durch Pedale in Gang gehalten wird. Man muß immerzu in die Pedale treten, nur dann bleibt das Fahrrad in Bewegung. Hört man zu treten auf, dauert es nicht lange und das Fahrrad fällt um. Es ist ein Wunder: Gegen alle Gesetze der Schwerkraft kann man sich auf nur zwei Rädern fortbewegen, aber man muß ständig in die Pedale treten.

Das Ego ist ein Wunder: die größte Illusion überhaupt, und doch scheint es nichts Festeres und Solideres zu geben. Menschen leben dafür und sterben dafür. Aber es muß ständig angekurbelt werden – und der Antrieb ist das Kämpfen. Deswegen könnt ihr ohne Kampf nicht leben. Ihr findet immer eine Möglichkeit dazu. Wenn ihr sonst niemanden finden könnt, fangt ihr an, mit euren Kindern zu kämpfen, fangt ihr an, mit dem Ehemann, mit der Ehefrau zu kämpfen – manchmal ohne jeden Grund. Es ist auch gar kein Grund nötig; alle Gründe sind Rationalisierungen. Aber kämpfen müßt ihr, sonst fangt ihr an, zu verschwinden, fangt ihr an, euch aufzulösen. Ihr fallt wie in einen Abgrund hinein, in einen bodenlosen Abgrund.

Am Morgen, wenn du gerade aus dem Schlaf kommst, herrscht ein paar Sekunden lang ein Zustand von Nicht-Ego. Darum fühlt ihr euch so rein und sauber und unberührt. Aber schon Augenblicke später fängt die Welt an. Selbst in den Nächten, im Schlaf, geht euer Kampf weiter, produziert ihr Alpträume – damit der Verbindungsfaden mit dem Ego nicht ganz abreißt.

Das Ego ist nur möglich aufgrund von Konflikt und Kampf. Wenn es nichts zu kämpfen gibt, erfindest du einen Konflikt in irgendeiner Form.

Ich las erst kürzlich von einem Mann, der sich nie mit seiner Frau stritt, und die Nachbarn wunderten sich, was das wohl für ein Mann war. Immer kam er heiter und lachend aus der Fabrik nach Hause, niemals müde, niemals nervös. Selbst seine Frau wunderte sich manchmal: „Er streitet sich nie, wird nie böse – was ist los?" Schließlich versammelte sich die gesamte Nachbarschaft und fragte ihn. Und der Mann sagte: „Da ist nicht viel dahinter; in der Fabrik…" Er arbeitete in einer Glasfabrik, wo alle fehlerhaften Fabrikate zu ihm gebracht wurden – und er zerschlug sie. Das war sein Job. Untertassen, Tassen, Gläser – den ganzen Tag zertrümmerte er etwas. Er sagte: „Danach fühl ich mich so wohl, daß ich mich mit niemandem zu streiten brauche. Es wird mir fast schon zu viel, so wohl, wie ich mich fühle."

Ihr könnt es euch denken: Ist die Frau nicht gut aufgelegt, müssen umso mehr Untertassen dran glauben, gehen noch mehr Gläser in Scherben. Unweigerlich. Das Ego findet schon einen Weg… irgend etwas, und sei es nur in der Einbildung, das ist gleich, etwas muß zerstört werden. Auf die Art entstehen Konflikte.

Holzfäller, Holzhacker sind sehr friedliche Menschen. Sie sind psychologisch anders: beim Holzhacken, den ganzen Tag lang, wird die Wut abreagiert. Sie sind in ständiger Katharsis. Sie brauchen keine dynamische Meditation. Und ihr werdet sie sehr liebevoll finden. Jäger sind auch sehr liebevolle Menschen. Ihre ganze Arbeit ist Gewalt, aber sie sind sehr liebevolle Menschen. Ihr könnt keine besseren Menschen finden als Jäger. Sie brauchen nicht ihr Ego gegen eures zu stellen; sie haben das zur

Genüge bei Tieren getan. Geht in die Gefängnisse und seht euch die Verbrecher dort an, und ihr werdet überrascht feststellen, daß Verbrecher stillere Augen haben als eure sogenannten rechtschaffenen Leute. Eure sogenannten rechtschaffenen Leute sitzen auf Vulkanen, unterdrücken ständig etwas. Verbrecher haben nichts unterdrückt. Darum sind sie Verbrecher. Sie haben keinen Vulkan in sich. Sie sind in gewisser Weise gute Leute – sind stiller, liebevoller, aufrichtiger. Man kann ihnen vertrauen, aber man kann den Rechtschaffenen nicht trauen. Das sind gefährliche Leute, viel Gift sammelt sich in ihnen an. Und außerdem müssen sie eingebildete Kampfsituationen herstellen.

Ihr müßt davon gehört haben, wie der Teufel die Heiligen versuchen kommt. Er ist nirgendwo zu finden – es gibt keinen Teufel. Es ist ihre eigene Phantasie – irgendeinen Kampf brauchen sie, sonst fühlen sie sich nicht wohl. Ihr Ego hat sonst keine Stütze: schließlich gehören sie nicht mehr zum Marktplatz. Die Konkurrenz der Halsabschneider ist nichts mehr für sie. Sie sind da ausgestiegen. Wo also jetzt das Ego abstützen, wie das Ego päppeln? Sie sind nicht in der Politik – wie das Ego füttern? Sie sind keine Dichter, Maler – wie das Ego füttern? Sie tun überhaupt nichts, kämpfen mit keinen Rivalen. Sie erschaffen sich imaginäre Feinde: den Teufel. Und sie fangen an, mit dem Teufel zu kämpfen.

In Indien haben wir viele Geschichten in den Puranas, den alten Schriften, über meditierende Heilige, zu denen schöne Frauen vom Himmel herabsteigen, um sie zu versuchen. Aber warum sollte sich jemand die Mühe machen? Sie tun doch nichts Schlimmes, wenn sie meditieren?! Warum sollte irgend jemand überhaupt daran interessiert sein, sie abzulenken? Aber da kommen die Apsaras, wunderschöne Fräuleins, vom Himmel herab und tanzen um sie herum. Und die Heiligen kämpfen einen heroischen Kampf! Sie versuchen, der Versuchung zu widerstehen. Nun, das ist alles eingebildet. Wirkliche Feinde haben sie zurückgelassen, nun müssen sie sich eingebildete Feinde schaffen, denn ohne Feinde kann das Ego nicht bestehen.

Kampf ist nötig – ob wirklich, ob unwirklich, das ist egal. Solange es Kampf gibt, bist du da. Wenn es keinen Kampf mehr gibt, verschwindest du. Daher ist dies die größte Botschaft, die ich euch geben kann – vergeßt sie nicht – ihr müßt an einen Punkt kommen, wo alles Kämpfen aufhört. Erst dann wirst du über dich selbst hinausgehen. Erst dann wirst du nie wieder dein kleines Selbst sein, das winzige, das häßliche Selbst, das du bist. Du wirst es transzendieren und wirst eins werden mit dem Ganzen.

Peitsche, Strick, Mensch und Stier –
alles wird zu Nichts.

Ein großes Nichts entsteht, in das sich alles verliert. Diese Leere ist nicht negativ: sie ist die Quelle allen Seins. Aber sie hat keine Grenzen.

Dieser Himmel ist so grenzenlos –
keine Botschaft kann ihn beflecken.
Wie kann eine Schneeflocke in wütendem Feuer leben?

So, wie eine Schneeflocke in wütendem Feuer verschwindet, so verschwindet in dieser ungeheuren Energie des Ganzen alles

Peitsche, Strick, Mensch und Stier –
Hier finden sich die Fußspuren der Patriarchen.

Hier findest du zum ersten Mal den Ort, wo sich die Buddhas bewegt haben. Hier findest du zum ersten Mal den Duft der Erleuchteten, den Sinn ihres Daseins, ihrer Erkenntnis. Hier hörst du ihr Lied. Eine neue Dimension öffnet ihre Tore. Nennt diese Dimension Nirvana, Moksha, Reich Gottes – was ihr wollt. Aber etwas, das absolut anders ist als die Welt, die ihr bisher gekannt habt, tut sich jetzt auf. „Hier finden sich die Fußspuren der Patriarchen" – all der Großen, die ins Nichts eingegangen und darin verschwunden sind.

Der Prosa-Kommentar für das siebte Sutra:

Alles ist ein Gesetz, nicht zwei. Wir machen den Stier nur eine Zeitlang zu unserm Gegenstand. Es ist wie die Beziehung zwischen Hase und Falle, zwischen Fisch und Netz. Oder es ist wie Gold und Schlacke, oder wie der Mond, der aus einer Wolke auftaucht. Eine einzige Bahn klaren Lichts reist unentwegt durch endlose Zeit.

Alles ist ein Gesetz, nicht zwei.

Einheit ist die wahre Natur der Existenz. Zweiheit ist unsere Einbildung. Daher sehnen wir uns das ganze Leben lang nach Liebe. Die Sehnsucht nach Liebe ist nichts als ein Symptom dafür, daß wir an Stelle der Einheit eine Zweiheit erschaffen haben, die unwirklich ist.

Man kann keinen Menschen finden, der nicht zutiefst Liebe braucht, der nicht lieben und geliebt werden will. Woher dies große Verlangen nach Liebe? Muß etwas ganz tief Verwurzeltes sein... Und was da so tief verwurzelt ist, ist dies: das Leben ist eins; wir haben uns eingebildet, getrennt zu sein – jetzt bedrückt uns die Trennung. Sie ist unecht und dazu eine Last. Liebe ist nichts als die Idee, wieder eins zu werden mit dem Ganzen. Daher das Verlangen, geliebt zu werden. Daher das Verlangen, gebraucht zu werden. Daher das Verlangen, daß jemand deine Liebe akzeptieren möge. Eins mit dem Ganzen zu werden scheint schwierig, aber wenigstens ein Mensch sollte dich akzeptieren. Wenigstens durch die Tür eines Menschen wirst du fähig sein, die Kluft zu überbrücken.

Darum denkt ihr, wenn ihr nicht gerade verliebt seid, ständig an Liebe. Es verfolgt euch, wird euch zur fixen Idee. Es läßt euch nicht los. Und wenn ihr dann jemanden liebt, kommt etwas anderes auf: die Liebe, wie tief und intensiv sie auch sein mag, scheint nicht zu genügen. Irgendwas scheint zu fehlen. Die, die nicht verliebt sind, suchen nach Liebe; die, die verliebt sind, werden sich bewußt, daß noch etwas mehr nötig ist... Große Liebende sind tief im Innersten enttäuscht, weil sie anfangs wohl zusammenkommen, bis hin zu einem Punkt, wo alles zu verschwinden scheint... und dann werden sie wieder auf sich selbst zurückgeworfen. Sie machen blitzhafte Erfahrungen von allernächster Nähe, aber nicht von Einheit.

Wer richtig geliebt hat, in dem rührt sich die Sehnsucht nach Gebet oder Meditation.

Das Verlangen nach Gebet ist dies: Ich habe es immer wieder versucht und gefunden, daß die Liebe zwar Einblicke gibt, aber Einblicke machen nur noch durstiger. Man ist durstig, und dann hat man Visionen von einem herrlichen Fluß, einem Brunnen – kühl! Und man hört das Lied der Quelle, und dann ist es wieder weg – man wird durstiger sein als je zuvor! Alle, die nicht lieben, leiden – aber ihr Leid ist nichts im Vergleich mit denen, die wirklich lieben. Deren Leid ist unermeßlich. Sie sind von einem tiefen und starken Schmerz erfüllt. Denn sie sind sich so nah und dennoch so fern. Es scheint, das Reich Gottes ist gleich um die Ecke, und je näher sie ihm kommen, desto mehr zieht es sich zurück. Wie ein zurückweichender Horizont.

Liebe ist der erste Schritt zu Gott. Andacht ist der letzte. Oder auch Meditation ist der letzte Schritt. Die Liebe lehrt euch einen neuen Durst, einen neuen Hunger; das macht Liebe schön. Es kommen Leute zu mir, die stellen mir Fragen über die Liebe, und ich sage zu ihnen: „Geht hinein!" – wohl wissend, daß ich sie in die Gefahr schicke. Ich schicke sie nicht darum tief in die Liebe hinein, damit sie Befriedigung finden. Niemand findet je Befriedigung. Ich schicke sie tief in eine Liebesbeziehung hinein, um sie wirklich durstig zu machen, um sie so durstig zu machen, daß nur noch Gott sie zu stillen vermag, und sonst nichts.

Liebe bereitet euch auf einen großen Durst vor – den Durst auf das Göttliche, denn durch den andern Menschen waren dir kurze Lichtblicke vergönnt – Momente, in denen du den Gott oder die Göttin gesehen hast. Du hast tief in den andern hineingeblickt und Stillung gefunden – eine große Heiterkeit war über dich gekommen... Aber das hält nur kurz an, nur einen Moment lang, es kommt und geht. Mehr aus Traum gewebt als aus Wirklichkeit.

Es kam einmal ein Mann zu Ramanuja, einem großen Mystiker, und sagte: „Ich möchte Gott lieben lernen, zeig mir den Weg!"

Und Ramanuja antwortete: „Sag mir erst eines: Hast du je einen andern Menschen geliebt?"

Der Mann sagte: „Diese Welt und weltliche Belange und Liebe und alle diese Dinge kümmern mich nicht. Ich will Gott."

Ramanuja sagte: „Noch einmal bitte, überlege gut: Hast du je irgendeine Frau geliebt, irgendein Kind? – irgend jemanden?"

Der Mann sagte: „Ich sage dir doch, ich bin ein religiöser Mensch; ich bin kein weltlicher Mensch und ich liebe niemanden. Zeig mir den Weg, wie ich zu Gott gelangen kann."

Es heißt, Ramanuja fing zu weinen an, Tränen stiegen ihm in die Augen, und er sagte: „Dann ist es nicht möglich. Erst wirst du jemanden lieben müssen. Das ist der erste Schritt, du forderst den letzten Schritt und hast noch nicht mal den ersten getan? Geh hin und liebe einen Menschen!"

Erst wenn die Liebe deinen Durst nicht stillen kann, wird Gott zu einem Muß. Aber beide Bedürfnisse liegen auf dem gleichen Weg. Der eigentliche Grund dafür ist, daß wir in Wirklichkeit nicht vom Ganzen getrennt sind, sondern uns nur für getrennt halten. Daraus entsteht das Verlangen: Wie kann ich mich wieder mit dem Ganzen vereinigen?

Der erste Schritt muß mit jemandem getan werden, den du liebst, und dann wird sich der zweite Schritt ganz von selbst daraus ergeben. Eine wahre Liebe führt notwendig zu Gebet. Und führt dich deine Liebe nicht dem Gebet entgegen, dann ist es noch nicht Liebe, ist es nicht wahre Liebe – denn eine wahre Liebe beweist dir unwiderleglich, daß es damit nicht genug ist. Mehr ist nötig. Eine wahre Liebe bringt dich an die Tür zum Tempel – unweigerlich! Das ist das Merkmal einer wahren Liebe.

Alles ist ein Gesetz, nicht zwei. Wir machen den
Stier nur eine Zeitlang zu unserm Gegenstand.

Nun, das Sutra sagt: Der Stier ist nicht von dir getrennt – er war nur vorübergehend ein Objekt. Bei deinem Mangel an Einsicht muß er dir als Objekt erscheinen. Es war nur eine Hypothese, benutzt und dann verworfen, benutzt und dann überwunden. Kämpft also nicht endlos weiter! Der Kampf darf nicht zu einer ewigen Angelegenheit werden. Der Kampf ist nur Methode – vergeßt das nicht!

Ich habe Menschen gesehen, die ihr ganzes Leben lang gekämpft haben; nicht nur in diesem Leben, auch schon in früheren Leben haben sie nichts anderes getan als gekämpft – sie sind zu Kriegern geworden. Jetzt haben sie das eigentliche Ziel völlig aus den Augen verloren. Jetzt ist ihnen der Kampf an sich zum Ziel geworden. Jetzt hören sie nicht mehr auf zu kämpfen, und durch den Kampf bauen sie sich ein immer subtileres Ego auf. Sehr heilig vielleicht, aber dennoch giftig – ihr Ego wird immer subtiler. Asketen, Mönche – beobachtet sie, und ihr werdet ein messerscharfes Ego finden, wie aus Stahl! Bei weltlichen Menschen ist es lange nicht so scharf, denn die weltlichen Leute wissen, daß sie unwissend sind.

Ich habe eine Geschichte gehört:

Gegen besseres Wissen ließ sich ein Mann, ein sehr alter Mann, dazu überreden, mit seinem Teenager-Sohn und seinem Neffen zusammen eine Probefahrt in einem selbstgebastelten Schrottauto zu machen. Als die Karre keine Kurve machen konnte und schließlich in einem gepflügten Feld zum Stehen kam, ließ er seinen Kopf in seine zitternden Hände sinken.

„Bist du verletzt, Vater?" fragte der Sohn, „brauchst du einen Arzt?"

„Nein", kam die nachdenkliche Antwort, „da nur ein Esel sich in so eine Höllenmaschine setzen kann, bringst du mich besser zum Tierarzt."

Der weltliche Mensch weiß, daß er ein Esel ist. Sein Ego kann nicht allzu scharf sein. Er weiß, daß er hinter lauter Dummheiten hergelaufen ist. Er weiß es! – weiß es sehr wohl, daß er Unfug gemacht hat, aber er fühlt sich zu schwach. Sehenden Auges geht er trotzdem immer wieder in die alten Fallen, in die ausgefahrenen Spuren, in den alten Trott hinein. Er ist ein Schwächling; das weiß er. Bereut es, nimmt sich wer weiß wie oft vor, nicht wieder in die alte Falle zu rutschen, tut's aber trotzdem wieder. Er kennt seine Schwächen, seine Grenzen. Sein Ego kann nicht sehr geschliffen sein.

Es geschah:
Mulla Nasrudin suchte einen Psychiater auf.
Er sagte: „Ich habe nicht viel Geld, ich kann auch nicht allzu viel Zeit für diese Couch-Liegerei opfern. Ich möchte Sie nur zwei Dinge fragen."
Der Psychiater sagte, das sei zwar nicht der übliche Geschäftsweg, aber für diesmal wolle er eine Ausnahme machen. „Was wollen Sie wissen?"
Sagte der Mulla: „Meine erste Frage: Ist es möglich, daß sich ein Mann in einen Elefanten verlieben kann?"
Der Psychiater überlegte gründlich und sagte schließlich: „Nein, es ist nicht möglich, daß ein Mann sich in einen Elefanten verlieben kann."
Der Mulla sah enttäuscht aus. Ob sich der Arzt sicher sei? Der Arzt hatte nicht den geringsten Zweifel.
„Tja, dann wäre", sagte der Mulla, „meine zweite Frage diese: Kennen Sie jemand, der einen überlebensgroßen Verlobungsring gebrauchen kann?"

Der gewöhnliche weltliche Mensch weiß irgendwie, daß er

sich dumm und töricht verhält. Seine Liebesgeschichten sind alberne Geschichten – er liebt Elefanten, liebt Geld, Macht und Ruhm. Er weiß genau, daß das nicht geht; er weiß irgendwo, daß er es falsch macht, aber er kann einfach nicht widerstehen, kann sich einfach nicht bremsen, fühlt sich zu schwach. Er kann kein großes, geschliffenes Ego haben.

Aber der religiöse Asket, einer, der sich aus der Welt zurück-gezogen hat und in den Himalaja gegangen ist, ist ungeheuer egoistisch. Sein Ego ist scharf wie ein Schwert. Natürlich ver-letzt er niemanden damit, denn er hat die Welt zurückgelassen, nur gut, daß er's getan hat! – er verletzt sich selbst damit. Er ist selbstzerstörerisch.

Menschen, die in der Welt leben, verletzen mit ihrem Ego andere. Menschen, die der Welt entsagt haben, verletzen mit ihrem Ego nur sich selbst. Sie werden masochistisch. Sie fangen an, mit sich selbst zu kämpfen, sich selbst zu zerstören. Ja, sie fangen sogar an, ihre selbstgeschaffenen Qualen, ihre selbstau-ferlegten Leiden, auf eine subtile, perverse Art zu genießen. Eine sehr pervertierte Genußsucht!

Erinnert euch: Wenn ich euch sage, bewußt zu sein, dann ist das nur als Hilfsmittel gedacht. Wenn ich euch sage, diszipli-niert zu sein, dann ist es nur ein Hilfsmittel, eine Methode, die euch helfen kann – macht keinen Selbstzweck daraus. Vergeßt niemals: Eines Tages müßt ihr darüber hinausgehen, klammert euch also nicht zu sehr daran. Das ist nicht leicht. Erst muß ich den Leuten beibringen, wie man meditiert und es ist sehr schwierig, sie überhaupt zum Meditieren zu bewegen. Bockig sind sie, leisten alle möglichen Widerstände – und irgendwie zwinge ich sie da hinein. Dann kommt eines Tages der Mo-ment, wo ich möchte, daß sie es fallenlassen – und sie wollen es nicht fallenlassen. Erst waren sie nicht auf den Weg zu bringen, später dann hängen sie zu sehr daran. Jetzt glauben sie, daß ihr ganzes Leben umsonst war, wenn sie den Weg aufgeben. So als würden sie sich jetzt an der Treppe, an der Leiter festklammern. Erst hatten sie Angst, sie zu besteigen, jetzt sind sie nicht bereit, sie zu verlassen.

Meditation ist gut, sie ist wie Medizin. Das Wort Meditation kommt aus der gleichen Wurzel wie das Wort Medizin. Es ist Medizin. Medizin wird gebraucht, solange du krank bist. Wenn du gesund bist, mußt du damit aufhören. Sie ist kein Selbstzweck. Man muß nicht ständig Medizinfläschchen mit sich herumtragen. Und es besteht auch kein Grund, auf seine Medizin stolz zu sein.

Man muß Meditation hinter sich lassen. Man muß die Wachsamkeit hinter sich lassen, man muß die Disziplin hinter sich lassen.

Es kommt ein Augenblick, wo man spontan leben muß – man hackt Holz, man holt Wasser vom Brunnen, man ißt, wenn man hungrig ist, schläft, wenn man müde ist, man bewegt sich absolut normal. Nicht mehr weltlich, nicht mehr unweltlich. Nicht mehr materialistisch, nicht mehr religiös. Ganz einfach unkompliziert, gewöhnlich. Wenn ein Mensch wirklich so lebt, kann er nicht mehr kategorisiert werden. Man kann ihn nicht zu den weltlichen und nicht zu den religiösen Menschen tun, er ist über alle Kategorien hinaus. Er ist über Logik hinaus.

Wir machen den Stier nur eine Zeitlang zu unserm Gegenstand. Es ist wie die Beziehung zwischen Hase und Falle, zwischen Fisch und Netz…

Es ist eine vorübergehende Beziehung.

Oder es ist wie Gold und Schlacke, oder wie der Mond, der aus einer Wolke auftaucht.

Wenn der Mond aus einer Wolke auftaucht, ist die Wolke rein zufällig da. Sie hat nichts mit dem Wesen des Mondes zu tun. Wenn der Mond hinter die Wolke tritt, bleibt er der gleiche Mond. Wenn er aus der Wolke hervortritt, ist er noch der gleiche Mond. Nichts hat sich verändert. Die Wolke war nur vorübergehend da, ein momentaner Zustand. Denken ist eine Wolke. Denken ist wie Wolken. Du bist der Mond. Die Welt ist die Wolke. Sie läßt keine Spur auf dir zurück. In deiner innersten Natur hat sie dich überhaupt nicht berührt. Du bleibst rein, du bleibst göttlich.

Darum betone ich immerzu, daß ihr schon jetzt Götter seid. Da gibt es nichts aufzuschieben. Mag sein, daß es da eine Wolke gibt, aber das macht überhaupt keinen Unterschied. Ihr könnt eure Göttlichkeit erkennen, auch wenn sie hinter einer Wolke verborgen ist. Der Mond bleibt der gleiche Mond.

Eine einzige Bahn klaren Lichts reist unentwegt durch endlose Zeit.

Der Prosa-Kommentar zum achten Sutra:

Alles Mittelmaß ist fort, der Geist ist frei von Begrenztheit. Ich suche keinen Zustand von Erleuchtung. Aber auch dort, wo keine Erleuchtung ist, bin ich nicht mehr. Da ich weder hier noch dort weile, können keine Augen mich sehen. Schwärme von Vögel könnten mir Blüten auf den Weg streuen – es wäre eine bedeutungslose Ehre.

Alles Mittelmaß ist fort…

Denken ist Mittelmaß. Die Leute sagen, jemand wäre ein Durchschnittskopf. Das stimmt nicht, denn der Kopf überhaupt, alle Köpfe sind durchschnittlich. Der Kopf als solcher ist Mittelmaß. Merkt es euch: das Mittelmaß ist das Maß allen Denkens.

Intelligenz hat mit dem Kopf nichts zu tun. Intelligenz kommt aus dem Jenseits. Wenn der Kopf nicht da ist, dann ist Intelligenz da. Wenn der Mond sich nicht hinter einer Wolke versteckt, könnt ihr ihn sehen – glänzend, leuchtend. Solange er sich hinter einer Wolke versteckt, mischt sich die Wolke in seinen Glanz, so daß er nicht zu euch dringen kann. Dann könnt ihr sein Leuchten nicht sehen. Jeder ist ein leuchtender Mond, der sich hinter einer Wolke versteckt. Die Wolke ist das Denken: du bist das Nicht-Denken.

Alles Mittelmaß ist fort, der Geist ist frei von Begrenztheit.

Und wo es keine Begrenzung gibt, da gibt es kein Denken.

Ich suche keinen Zustand von Erleuchtung.

In diesem Augenblick der Erkenntnis, wer kümmert sich schon um Erleuchtung?

Es gibt im Zen Hunderte von herrlichen Geschichten...

Jemand kommt zu einem Meister und bittet ihn: „Ich möchte gern ein Buddha werden", und der Meister versetzt ihm einen harten Schlag. Und der Mann sagt: „Aber warum? Warum schlägst du mich? Habe ich etwas Verkehrtes gesagt?" Und der Meister sagt: „Du bist ein Buddha – und willst ein Buddha werden? Das ist unmöglich."

Ein Buddha, der versucht, ein Buddha zu werden – das ist unmöglich. Deshalb war ein guter Schlag nötig, damit du wieder heimkommst, damit du wieder zur Besinnung kommst und siehst, was für einen Unsinn du fragst. Du bist ein Buddha.

Manchmal reichte schon ein einfacher Schlag... und der Betroffene wurde erleuchtet. Muß zur richtigen Zeit gewesen sein! Der Mann mußte viele Leben lang gesucht haben und der ganzen Reise überdrüssig sein, mußte müde und nunmehr bereit sein. Als wartete das Faß nur noch auf den letzten Tropfen, um überzulaufen. Und der Schlag war dieser letzte Tropfen.

Aber es stimmt wirklich! – du bist schon das, wonach du suchst. Der Sucher ist das Gesuchte! Und das Ziel ist nicht irgendwo weit weg in der Zukunft. Es ist genau unter deinen Füßen. Es ist genau da, wo du stehst. Du magst Zeit brauchen, um das zu erkennen, aber einen Unterschied macht das nicht. Am Tag, wo du es erkennst, wirst du über die ganze Dummheit lachen – daß es genau unter deinen Füßen war.

Alles Mittelmaß ist fort, der Geist ist frei von Begrenztheit. Ich suche keinen Zustand von Erleuchtung. Aber auch dort, wo keine Erleuchtung ist, bin ich nicht mehr.

Alle Zustände sind transzendiert: Erleuchtung, Nicht-Erleuchtung; die Welt, Nirvana – alles ist nun transzendiert.

Aber auch dort, wo keine Erleuchtung ist, bin ich nicht mehr. Da ich weder hier noch dort weile, können keine Augen mich sehen.

Dies achte Bild enthält gar nichts: ein leerer Kreis... weder der Stier, noch der, der nach dem Stier sucht. Peitsche, Strick, Stier und Kämpfer – alle sind sie fort. Reine Leere.

Dies achte war das letzte taoistische Bild, weil der Taoismus nichts jenseits davon erkennen konnte, was noch geschehen könnte... Schluß! alles verschwunden. Das Nichts hat sich eingestellt, was kann nun noch geschehen? Alles ist überwunden. Die reine Transzendenz hat sich ereignet; was kann jetzt noch geschehen? Aber Kakuan hat noch zwei Bilder mehr geschaffen: er muß ein großer Schöpfer gewesen sein. Das werden die beiden letzten Bilder sein, über die wir sprechen. Aber dies hier ist das letzte taoistische Bild.

Das ist der Unterschied zwischen Tao und Zen. Und es ist der gleiche Unterschied zwischen Buddhismus und Zen. Buddha hätte wohl ebenfalls das achte als das letzte angesehen. Seine Jünger Bodhidharma und Kakuan und Basho sind noch ein wenig weiter gegangen als der Meister selbst. Zen ist nicht einfach nur Buddhismus; Zen ist mehr. Zen ist seine höchste Blüte – Buddha ist sozusagen noch verbessert worden! Ein paar Tupfer hier und da, meisterhafte Tupfer – und das ganze Porträt hat sich verändert. Zen schenkt der Welt eine gänzlich neue Form von Religiosität.

Zen wird die Zukunftsreligion der Menschheit sein, denn es lehrt, zugleich mit der Entsagung, auch der Entsagung zu entsagen. Zen zeigt, wie man über die Welt hinausgehen kann, und es zeigt auch, wie man über dies „Jenseits" noch hinausgehen kann. Das sieht paradox aus, ist es aber nicht, denn wenn du über das Jenseits hinausgehst, bist du wieder zurück in der Welt... der Kreis hat sich geschlossen.

Bei Buddha ist der Kreis noch nicht ganz geschlossen. Nirvana bleibt Nirvana, die Welt bleibt die Welt – getrennt. Der erleuchtete Mensch bleibt erleuchtet, der unerleuchtete Mensch bleibt unerleuchtet – getrennt. Zen schlägt eine Brücke. Die allerhöchste Blüte kommt, wenn einer weder erleuchtet noch unerleuchtet ist – jenseits von allen Kategorien. Er lebt in der Welt, und dennoch lebt er nicht in ihr. Er lebt in der Welt, und dennoch lebt die Welt nicht in ihm – er ist zur Lotusblume aufgeblüht.

Sei eine Lotusblume: sei im Wasser, aber laß dich nicht vom Wasser benetzen. In den Himalaja zu gehen, um dort ein reines Leben zu führen, ist nicht weiter schwer... was willst du da sonst tun? Du mußt ein reines Leben führen; du hast fast keine andere Wahl.

Bring deinen Himalaja zur Welt zurück. Laß deinen Himalaja hier und jetzt in der Welt sein, im Marktgewühl – und dann kannst du sehen, was er wert ist; das ist das Kriterium, das ist der wahre Test. In der Welt habt ihr den wahren Prüfstein.

Wenn du wirklich Nirvana erreicht hast, wirst du in die Welt zurückkehren. Denn jetzt ist keine Angst mehr da. Jetzt kannst du überall sein. Jetzt wird selbst die Hölle zum Himmel, und das Dunkel ist Licht, und Tod Leben. Jetzt kann dich nichts mehr stören. Was du erlangt hast, ist vollkommen, endgültig, letztendlich.

Sei eine Lotusblume!

Das Ziel heißt Leben!

Die erste Frage:
Es kommt mir vor, als wäre alles, was ich wahrnehme, beim Medi-
tieren oder sonst, von mir selbst erzeugt oder projiziert.
Ich kann nicht unterscheiden, ob ich etwas sehe und fühle oder ob ich
es nur erzeuge. Osho, was ist wirklich?

Du brauchst gar nicht zwischen Gedanke, Traum und Wirklichkeit zu unterscheiden. Wenn du es versuchst, wirst du nur
noch verwirrter. Es läßt sich nicht unterscheiden, denn was deinen geistigen Apparat betrifft, so erscheint darin alles als Gedanke. Es mag wirklich sein, es mag nicht wirklich sein – aber
sobald auch nur irgend etwas in deinem Geist erscheint, erscheint es in Form eines Gedankens.

Du kannst also nicht unterscheiden, und du brauchst es auch
nicht. Und geh erst gar nicht auf diese Reise, denn diese Reise
wird zu einem Denk-Trip, und die Meditation geht dabei verloren. Bleibe lieber ganz und gar bei der Beobachtung. Mache
dir keine Gedanken über die Dinge, die dir in den Kopf kom-

men; es kann sein, was es will, es ist Kopfsalat. Bleibe du einfach nur zentriert und bleibe Zeuge. Sei einfach der Beobachter. Versuche nicht zu unterscheiden. Was immer vor deinem geistigen Auge erscheint, beobachte es einfach. Sieh zu, wie es auftaucht; sieh zu, wie es da ist; sieh zu, wie es verschwindet.

Früher oder später, wenn du wirklich zentriert bist... und das kann jeden Augenblick geschehen. Dieser Augenblick bleibt immer unvorhersagbar. Wann immer du dein Zentrum fühlst, verschwindet der gesamte Geist: Gedanken, Träume, Wirklichkeit alles. Plötzlich bist du in der Leere. Nichts im Geist – reine Leere. Dann öffne die Augen und sieh: was immer da ist, ist wirklich.

Wenn du Zeuge bist und der Geist völlig aufgehört hat, nur dann wird das erkannt, was wirklich ist – nenn es Gott, das Wirkliche, die Wahrheit, oder wie immer du es nennen willst. Der Geist wird dir nie erlauben, das Wirkliche zu erkennen. Geist ist die Störung. Und wenn du dich zu sehr in ihm verfängst, dann wirst du zum Rätselrater. Du kannst rätseln und rätseln, immer neue Rätsel aufstellen und lösen, aber es kommt nie zu einem Ende. Denken kann dich nicht zur Wirklichkeit führen; nur gedankenleere Bewußtheit.

Versuche also nicht zu unterscheiden. Beobachte nur – ganz gleich, was es ist. Der Geist ist das Unwirkliche.

Zum Beispiel: Wenn du vor dem Spiegel stehst, erscheint etwas im Spiegel. Es mag wirklich sein; es mag ein Spiegelbild von etwas außerhalb des Spiegels sein, aber im Spiegel ist es ein Spiegelbild... also nicht wirklich. Was du siehst, mag vielleicht deinen eigenen Traum widerspiegeln. Du magst projizieren. Das ist auch unwirklich. Was immer *im* Spiegel erscheint, ist unwirklich, denn der Spiegel reflektiert nur.

Der Geist ist ein Spiegel. Er reflektiert nur. Gib den Geist auf, gib den Spiegel auf, und schau: Was immer dann da ist, ist wirklich – denn jetzt ist der Störfaktor nicht mehr da.

Mein ganzes Bestreben ist es, euch dabei zu helfen, Zeugen zu werden. Versucht also bitte nicht, euch ins Denken zu vertiefen, ins Nachsinnen. Sonst werdet ihr nur immer verwirrter. Und es gibt keinen Weg, durch Denken aus dem Denken herauszukommen. Es reproduziert sich endlos. Der einzige Weg ist, gar nicht erst hineinzugehen. Beobachte also! und bleibe wach. Was immer dir durch den Geist zieht – versuche nicht, es zu bestimmen. Beobachte, als wäre alles Traum.

Das ist der Sinn des Hindu-Konzepts von der *Maya* – der Illusion: alles ist unwirklich. Kein Grund also, sich Sorgen zu machen. Nicht nötig, Unterscheidungen zu treffen. Was immer im Geist erscheint, ist unwirklich, einfach deshalb, weil es im Geist erscheint. Im Geist ist das Unwirkliche angelegt.

Laß also den Geist fallen. Sammle dich ganz im Zeuge-sein der Seele. Sei einfach nur Beobachter. Nach und nach wird Stille in deine Seele einziehen, deine Seele durchtränken. Nach und nach wirst du näher nach Hause kommen. Nach und nach wird alles seinen Platz finden, und du wirst zu deinem Mittelpunkt gelangen.

Wann immer du diese Mitte findest, hört der Geist plötzlich auf zu sein, und deine Augen sind klar... vom Geist gereinigt. Dann ist alles, was du siehst, wirklich. Und so, wie du die Welt zuvor wahrgenommen hast, wird sie nicht mehr sein. Sie wird vollkommen neu sein. Sie wird etwas nie zuvor Gekanntes sein. Alles wird dasselbe sein und doch nicht dasselbe... denn du hast dich verändert. Du bist nicht mehr vom Geist betrunken. Du bist wach und bewußt.

Laß es mich einmal so sagen: Je bewußter du bist, desto mehr Wirklichkeit kannst du erkennen. Je weniger bewußt du bist, desto geringer ist die Möglichkeit, die Wirklichkeit zu erkennen. Grundsätzlich hängt es also von der Bewußtheit ab. Wenn du völlig bewußt bist, ist alles, was du erkennst, Wirklichkeit.

Die zweite Frage:
Wir lieben das Leben und seine Genüsse und glauben, daß wir zu den Lauwarmen gehören; aber wir wollen eigentlich nicht von hier weg, solange du uns nicht hinauswirfst.

Dann müßt ihr mich mißverstanden haben. Ich bin nicht gegen das Leben. Ich bin gegen keine Art von Genuß. Was ich aber sage ist dies: daß die Art, wie ihr lebt, nichts mit Genuß zu tun hat. So wie ihr lebt, träumt ihr nur, daß ihr genießt. Ihr tut nichts als leiden. Ihr bleibt unglücklich. Ihr hofft nur.

Hoffnung ist nicht Genuß. Hoffnung ist nur ein Trick des Geistes um euch zu vertrösten, um euch irgendwie einzureden, daß zwar heute nichts mehr zu machen ist, morgen aber alles gut sein wird. Heute ist man im Unglück, morgen ist man aus dem Unglück heraus. Man träumt, man hofft, man projiziert.

Ein Mensch, der wahrhaft genießt, ist hierjetzt. Er denkt nie ans Morgen, er braucht nicht ans Morgen zu denken. Wenn du wirklich glücklich bist, denkst du nie an die Vergangenheit und nie an die Zukunft. Warum denn? Wozu? Deine ganze Energie bewegt sich hierjetzt, wird zu einem endlosen Tanz von Seligkeit, Glück, Jubel.

Ich bin nicht gegen das Leben. Ich bin nicht dagegen, es zu genießen. Wenn ihr mich aber so versteht, dann habt ihr mich mißverstanden. Meine Religion ist Jubel. Meine Religion ist Genuß. Meine Religion ist Tanz. Ich möchte, daß ihr keinen

Gott verehrt, der nicht tanzen kann, denn dann ist es kein Gott mehr. Ich möchte euch lehren, das Leben so intensiv zu leben, so leidenschaftlich, daß ihr es lebt, ohne euch daran zu klammern, denn Klammern ist immer ein Zeichen von Elend. Ihr klammert euch nur an das, was ihr nicht richtig lebt.

Das erste also: So wie ich euch sehe, seid ihr unglücklich. Ihr mögt euch zwar einbilden, das Leben zu genießen. Überdenkt es noch einmal, meditiert, ob es stimmt – genießt ihr es wirklich? Wenn ihr es genießt, dann gibt es kein Problem. Genießt es mit meinem Segen; aber ich weiß, daß ihr es nicht genießt. Ihr glaubt es nur, denn der nackten Tatsache eures Leidens ins Auge zu sehen, ist zu viel für euch. Das ist unerträglich. Also macht ihr euch ständig vor, das Leben zu genießen.

Ihr lächelt immerzu, um eure Tränen zu verbergen. Ihr verkleidet euch dauernd, schminkt euch, um eure Wunden zu verstecken. Irgendwie macht ihr weiter, macht ihr euch selbst und andern vor, daß ihr glücklich seid. Das stimmt nicht. Wärt ihr glücklich, dann wärt ihr schon zu Hause angekommen, dann hättet ihr keine Meditation nötig. Wer glücklich ist, braucht keine Religion.

Religion ist als Mittel notwendig. Religion ist nicht Selbstzweck. Es ist eine Methode für diejenigen, die noch nicht glücklich sind, für diejenigen, die noch immer im Unglück stecken, im Finstern, die immer noch in Qual und Angst leben. Aber ich weiß: Die Angst ist so groß, daß ihr einen Unterschlupf braucht; die Qual ist so groß, daß ihr einen Traum braucht, um irgendwie hoffen zu können – hoffen auf die Zukunft, auf das Morgen.

Euer Himmel und euer Glück ist immer irgendwo anders, aber nie dort, wo ihr seid. Wahres Glück ist immer hier, es ist immer jetzt. Es kennt keine andere Zeit und keinen andern Raum. Wenn du wirklich glücklich bist, existiert nur noch

Glück – *du* existierst nicht mehr. Vergeßt es nicht: nur im Unglück – und ihr seid im Unglück – existiert beides. Im Glück – nur Glück.

Glück ist nicht-dualistisch, ist das, was wir in Indien *Advait* nennen. Unglück ist dualistisch. Im Unglück bist du immer zweigeteilt. Unglück ist eine Spaltung deines Wesens. In Stücke gerissen, bist du nicht mehr eine organische Einheit. Etwas ist gegen dich. Etwas ist da, das besser nicht da wäre, aber dennoch da ist, als Dorn im Fleisch. Du leidest, hoffst aber, daß es morgen nicht mehr so ist... aber weißt du noch, was gestern war?

Dein Gestern war genauso, und du hast auf heute gehofft, denn da war dies Heute morgen. Jetzt ist es da. Nichts ist passiert. Und genauso werden andere „Morgen" kommen, aber sie werden immer als Heute kommen – sie kommen nie als Morgen. Das Morgen kommt nie. Es kann einfach nicht kommen, das liegt in der Natur der Sache. Es ist nur ein Traum am Horizont. Du kannst über ihn nachdenken, aber du kannst ihn nicht leben. Es ist ein Trugbild.

Ihr glaubt, daß ihr genießt? – überlegt nochmal. Denn ich kann es nicht sehen. Ich sehe in euch hinein und finde euch dort unglücklich – ihr versteckt es, aber vor wem versteckt ihr es? Und wozu es überhaupt verstecken? Je mehr man es versteckt, desto schwerer ist es loszuwerden; denn je mehr man es versteckt, desto tiefer dringt es ein. Je tiefer es geht, desto mehr vergiftet es dich bis in die Wurzeln. Deine eigentliche Lebensquelle wird immer mehr vergiftet. Unglück breitet sich aus. Es wird fast ein Teil von dir, und dann weißt du nicht, wie du es loswerden sollst.

Das erste also: Ich bin für das Leben, ganz und gar für das Leben, und ganz und gar für's Genießen. Ich bin nicht für den tierischen Ernst, ich bin nicht für Trübsal! Ich bin gegen alle

Religionen, die den Leuten vorpredigen, ernst zu sein. Gott ist nicht ernst, sonst gäbe es keine Blumen. Gott ist nicht ernst, sonst würden die Vögel nicht singen. Gott hat ungeheuer viel Spaß – in Indien sagen wir daher, daß die Schöpfung in Wirklichkeit keine Schöpfung ist, sondern nur ein Spiel, eine *Leela*.

Gott spielt. Er ist wie ein Kind, das hierhin und dorthin rennt. Aus reiner Energie, überschäumend, voller Freude, tausend Tänze tanzend, tausend Lieder singend... und niemals erschöpft. Immer von neuem erfinderisch, immer von neuem die Erde bevölkernd. Jeder Mensch ist sein modernster Tanzstil und mit jedem Menschen setzt er von neuem an zu singen, zu lieben, zu leben. Jeder Mensch ist ein neues Projekt, ein neues Experiment. Gott ist nie müde. Unendlich ist sein Spiel.

Gott ist nicht ernst. Gott ist nicht christlich. Er lebt nicht in einer Kirche. Er liebt das Feiern! Seht euch das Leben an: ein ständiges Fest. Hört diesen Vögeln zu!... ein ständiges Fest. Seht, wie die Bäume unaufhörlich blühen, seht die Sonne und den Mond und die Sterne. Vom Tiefsten bis zum Höchsten pulsiert der gleiche Rhythmus der Freude. Außer dem Menschen scheint niemand ernst zu sein. Außer dem Menschen scheint niemand sich Sorgen und Ängste zu machen. Außer dem Menschen ist das ganze Leben ein Spaß.

Nein, ich bin nicht für den Ernst. Ich bin absolut dagegen. Ich möchte euch gern spielerisch sehen. Hört mich genau: Ich möchte, daß für euch sogar das Beten ein Spaß wird. Sobald sich Ernsthaftigkeit in euer Gebet schleicht, ist es schon tot. Ich möchte, daß ihr so meditiert wie ihr liebt – mit einem leisen Entzücken, einem ständigen Entzücken, einfach nur dazusein, einfach nur lebendig zu sein.

Ich bin nicht gegen den Genuß, aber ich sehe nicht, daß ihr genießt. Darum ist Meditation notwendig. Meditation ist dazu da, euch von eurem Ernst zu befreien. Meditation ist dazu da, euch eure Abgestorbenheit bewußt zu machen. Meditation ist dazu da, euch von allem Katzenjammer der Vergangenheit frei zu machen, und von all den Projektionen und Träumen der Zukunft, um hierjetzt zu sein, einfach, spontan.

Meditation ist dazu da, euch zu einer so ungeheuren Freude zu verhelfen, daß ihr in dieser Freude aufgeht. Solange *du* da bist, bleibt das Unglück da. Laßt es mich so sagen: du *bist* das Unglück. Solange *du* da bist, geht das Unglück weiter. Wo immer du bist, verbreitest du augenblicklich ein ernstes, düsteres Klima um dich herum – und schon stirbt etwas. Du bist dein Tod. Du bist die Krankheit.

Wenn du genießt, tanzt, liebst, oder einfach nur dasitzt und nichts tust, einfach nur glücklich bist, aus überhaupt keinem Grund... und Glück braucht keinen Grund! Wenn du nach Gründen suchst, wirst du niemals glücklich sein. Glück braucht keinen Grund. Es kann nicht verursacht werden. Ihr könnt es nicht in der Welt von Ursache und Wirkung unterbringen. Glück ist absolut unlogisch. Wenn du glücklich sein willst, sei glücklich! Warte nicht, arrangiere nichts – es braucht nichts arrangiert zu werden. Du bist, so wie du bist, zum Glücklichsein imstande. Nichts fehlt. Wenn ihr nur so viel von mir lernt, dann habt ihr alles gelernt, meine ganze Kunst.

Glück braucht keine Ursache. Ursachen denkt sich euer Unglück aus. Unglück sagt: „Heute bin ich unglücklich, wie kann ich jetzt sofort glücklich sein? Erst müssen Vorbereitungen getroffen werden. Natürlich gehört Zeit dazu, und morgen dann, wenn alles bereit ist, will ich glücklich sein. Ich muß erst eine schöne Ehefrau finden; ich muß den vollkommenen Ehemann finden. Ich muß ein gutes Haus finden, einen großen Wagen... dies und das. Das ist nur morgen möglich. Im Augenblick aber

– wie wäre es da möglich? Ich brauche Zeit dazu." Das ist die List der Unglückshaltung.

Der unglückliche Geist sagt: „Es gehört Zeit dazu." Der unglückliche Geist lebt in der Zeit, ist auf Zeit angewiesen. Glück hat nichts mit Zeit zu tun. Nur jetzt, nur hierjetzt – seht ihr den springenden Punkt? Es geht darum, es zu sehen!

Wer ein bißchen aufwacht, kann es jetzt sofort sehen. Es ist eine Erkenntnis. Wer hält dich denn jetzt im Augenblick ab? Und wer glaubt, daß er, ehe er glücklich sein kann, die perfekte Ehefrau finden muß... das scheint ganz logisch: wie kannst du ohne perfekte Ehefrau glücklich sein? Aber hat man je schon von einer perfekten Ehefrau gehört? Hat man je schon von einem perfekten Ehemann gehört? Von einem perfekten Haus, oder einem perfekten Auto? Alles Illusionen.

Ich habe von einem Mann gehört, der hatte gesucht und gesucht, bis er schließlich siebzig war. Als ihn jemand fragte: „Wie lange willst du denn noch weitersuchen? Willst du dich denn nicht endlich niederlassen?"

Da sagte er: „Ich suche nach der perfekten Frau."

„Aber nach siebzig Jahren, wo der Tod schon an die Tür klopft, willst du dich da nicht endlich entscheiden?"

Er sagte: „Was kann ich dafür? Wie kann man ohne eine perfekte Ehefrau glücklich werden?"

Der Freund fragte: „Aber du suchst nun schon so lange, hast du denn überhaupt niemanden finden können?"

Er sagte: „Ja schon, einmal hab ich so eine Frau kennengelernt."

„Und warum hast du sie nicht geheiratet?"

Da wurde der siebzigjährige Sucher ganz traurig und sagte: „Es war schwierig. Sie war auch auf der Suche – nach dem perfekten Ehemann."

Perfektion ist eine Verstandes-Forderung, ein Ego-Trip. Das Leben ist herrlich unvollkommen. Hast du das erstmal verstanden, dann fängst du gleich jetzt an, es zu genießen. Und je mehr du genießt, desto genußfähiger wirst du.

Laßt es euch gesagt sein: zum Glück gehört kein Grund – zum Glück gehört nur eines: im Genießen geübt sein, nichts als eine natürliche Gabe, eine Fähigkeit zum Genießen. Sonst nichts. Und diese Fähigkeit kommt nur dadurch, daß man genießt; sie kann nirgendwo anders herkommen. Indem du genießt, wirst du immer genußfähiger. Je fähiger du wirst, desto mehr genießt du. Und das geht immer weiter und steigert sich zu einem immer höheren Crescendo, zu einem immer höheren Gipfel.

Jeder Moment kommt aus diesem Moment. Der nächste Moment wird aus diesem hervorgehen. Wenn du diesen Moment total gelebt, geliebt, gelacht hast – dann kommt der nächste Augenblick aus diesem. Und du wirst aus diesem Moment geboren werden. Der nächste Augenblick wird noch mehr Möglichkeiten öffnen, er wird dich noch mehr beflügeln.

Glück ist eine Fähigkeit, die du schon hast, nur hast du sie noch nicht in Gang gesetzt. Wie ein Kind, das nie seine Füße benutzen durfte, so daß sie nun verkrüppelt sind. Nicht, daß es nicht laufen könnte, es hat nie gedurft. Die Mutter hatte zu viel Angst, es könnte hinfallen, und so ist es auf allen Vieren weitergekrochen, wegen dieser Angst. Jedes Kind wird dazu geboren, glücklich zu sein – so natürlich, wie es zum Laufen geboren wird. Das ist alles!

Deine Frage ist also: *Wir lieben das Leben und seine Genüsse...* nicht so sehr, wie ich es gern hätte! Sonst wärt ihr hundertprozentig glücklich. *...und glauben, daß wir zu den Lauwarmen gehören...* Ihr gehört zu den Lauwarmen, weil ihr das Leben noch nicht total geliebt habt. Seht meine Meditationen nie als etwas anderes an als Leben; stellt sie niemals gegen das Leben! Ich versuche euch keine andere Münze zu geben als das Leben selbst! Ich will euch zu keiner andern Reise überreden als ins Leben selbst. Das Leben ist die Reise! Leben ist das Ziel.

Religion ist keine losgelöste Reise. Sie führt vielmehr schnurstracks ins Leben hinein; so sehr, daß das Leben all seine Geheimnisse offenbart – Gott ist sein innerstes Geheimnis. Wenn du erstmal das Leben lebst und liebst, dann enthüllt es dir immer mehr. Plötzlich dann, eines Tages, enthüllt es seinen innersten Kern: Gott. Indem du das Leben liebst, liebst du eines Tages Gott. Indem du das Leben lebst, lebst du eines Tages Gott.

Seid also nicht halbherzig. Seid total im Leben. Und ich bin nicht hier, um euch vom Leben wegzuziehen – das ist ja längst passiert! Die ganze Menschheit leidet an nichts anderem. Die Religionen haben sich als Katastrophen entpuppt, weil sie versucht haben, Ziele aufzustellen, die gegen das Leben waren, dem Leben diametral entgegengesetzt. George Gurdjieff hat oft gesagt, daß alle Religionen gegen Gott seien. Er scheint absolut recht zu haben. Denkt nur mal über die Religionen nach: Sie sind offenbar alle gegen Gott – gegen das Leben heißt, gegen Gott. Gott ist nicht gegen das Leben. Soviel ist gewiß. Sonst hätte das Leben schon lange zu existieren aufgehört.

Eure Mahatmas mögen gegen das Leben sein, Gott ist es jedenfalls nicht. Eure Mahatmas mögen euch ständig predigen: „Ihr müßt entsagen!" Und Gott hört nicht auf, Leben zu erschaffen. Er scheint kein Eskapist zu sein, kein Entsager; er scheint ungeheuer und tief ins Leben verstrickt zu sein, dem Leben verpflichtet zu sein. Seine Liebe zum Leben ist ewig.

Überlegt doch nur! Innerhalb von siebzig oder achtzig Jahren habt ihr es satt, habt ihr genug und denkt daran, davonzugehen und in den Himalaja zu fliehen – und Gott existiert schon ewig und ist noch nicht müde. Er weiß von keiner Müdigkeit. Die Energie ist nach wie vor frisch und unverbraucht – als würde er jetzt eben erst beginnen. Vergangenheit wird nicht mitgeschleppt. Jeder Augenblick ist eine neue Schöpfung.

Wenn ihr religiös werdet – in meinem Wortsinn – dann entsagt ihr nicht dem Leben; ihr werdet euch selbst entsagen, aber nicht dem Leben. Ihr werdet euch selbst aufgeben und total eins werden mit dem Leben, so daß keine Spaltung zurückbleibt. Das Ich, das Ego müßt ihr aufgeben, nicht das Leben.

Die dritte Frage:
Alles, was du uns manchmal zu tun empfiehlst, finde ich vom Verstand her gut, und etwas in mir möchte es auch befolgen, aber trotzdem sehe ich, daß ich es nie tue. Woran liegt das, Osho?

Dein Verstand mag mir folgen wollen, aber der Verstand ist impotent. Der Verstand ist nur ein winziger Teil, und er hat keinen Willen. Er träumt gut, er denkt gut, er plant gut, aber er hat keinen Willen. Er kann nicht handeln. Was das Handeln betrifft, ist der Verstand ein Feigling. Im Denken ist er sehr mutig; im Handeln absolut feige.

Wenn du mir also zuhörst und mich nur denkst und immer nur nachdenkst über alles, was ich sage, dann sagt dein Verstand: „Absolut wahr! Sehr gut! Das ist es, was ich immer wollte." Aber du wirst es nie in die Tat umsetzen. Hör mir also nicht vom Verstand her zu. Es gibt einen anderen Weg des Zuhörens.

Hör mir zu als ungeteiltes Wesen, nicht nur vom Kopf her.

Hör mir direkt aus den Eingeweiden zu. Nur dann wirst du auch tun, was ich sage. Sonst bleibst du geteilt: der Kopf denkt das eine, und du machst genau mit dem Gegenteil weiter. Und danach bereust du es und fühlst dich schuldig. Dann ist es besser, du hörst mir gar nicht erst zu, denn ich bin nicht hier, um dir Schuldgefühle zu geben. Das wäre Sünde. Schuldgefühle in anderen zu erzeugen, ist Sünde. Vergiß also nicht: Ich bin nicht dafür verantwortlich, du stellst die Schuld selbst her.

Entweder du hörst mir als totale organische Einheit zu... dein Blut hört zu, deine Herzschläge hören zu, deine Knochen, dein Mark, deine Eingeweide – du hörst mich als ungeteiltes Wesen. Nur dann wirst du fähig sein, auch danach zu handeln. Ja, es stimmt nicht einmal, hier von „Fähigkeit" zu sprechen – du wirst es einfach tun. Wenn du mich als ein ungeteiltes, einheitliches Wesen gehört hast, dann hast du schon damit begonnen. Du brauchst nicht erst eine bewußte Anstrengung zu machen, danach zu handeln – du wirst einfach sehen, daß du es tust. Es ist dir ins Blut übergegangen, es ist ein Stück von dir geworden. Du kannst gar nicht anders als entsprechend zu handeln.

Hör mir also auf die richtige Weise zu, und wenn ich sage: „Auf die richtige Weise", dann meine ich: Höre mir nicht vom Kopf her zu. Der Kopf ist der Übeltäter, weil der Kopf Schliche und Wege gefunden hat, zuzuhören, ohne dem ganzen Wesen zu erlauben, sich bewußt zu machen, was hier passiert. Er legt mir nicht dein ganzes Wesen bloß. Nur durch einen kleinen Schlitz, ein kleines Loch, so groß wie ein Schlüsselloch – so hörst du vom Kopf her zu und versteckst dich dahinter.

Und du trägst alles zusammen, was ich sage. Du trinkst mich nicht und ißt mich nicht, du verdaust mich nicht. Sonst würde die Frage nach dem richtigen Handeln gar nicht erst auftauchen. Du denkst nur immerzu über mich nach, über das, was ich sage. Du interpretierst pausenlos, legst dir deine eigenen Theorien zurecht, Erklärungen, Kommentare, und dann, ja dann steckst du im Kopf fest. Dann kommst du zu einem Entschluß, aber der Kopf hat nicht die Kraft, ihn auch auszuführen. Der Kopf ist nicht das ausführende Organ in dir. Der Kopf hat keinen Willen; er ist impotent. Er kann denken, aber er kann niemals ausführen.

Darum denken die Denker immer nur. Seht euch ihr Leben an, und ihr werdet euch einfach nur wundern. Es scheint unglaublich! Ihr Denken ist so reich und ihr Leben so absolut armselig! Selbst Winzigkeiten können sie nicht entscheiden; das Denken bleibt immer unentschlossen.

Immanuel Kant, einem großen, deutschen Philosophen, passierte folgendes: Eine Frau verliebte sich in ihn, und sie wartete und wartete darauf, daß er eines Tages um ihre Hand anhielte. Aber er redete nur immerzu über tausend Dinge – große Dinge, philosophische Spekulationen – aber um ihre Hand hielt er nicht an. Schließlich hatte sie es satt und fragte selbst: „Ich möchte dich heiraten!"

Er war sehr verwirrt. Er sagte: „Laß mich darüber nachdenken. Ich kann nicht handeln, ohne vorher zu denken."

Und die Geschichte weiß zu berichten, daß er zu denken anfing. Eines Tages klopfte er bei der Frau zu Hause an: Er hatte sich zur Heirat entschlossen, hatte sich zu einem Ja durchgerungen. Aber als er den Vater nach der Tochter fragte, sagte der Vater: „Aber sie ist doch schon verheiratet und hat jetzt zwei Kinder. Wo haben Sie denn die ganze Zeit gesteckt?"

Fast sieben Jahre waren vergangen… er hatte gedacht und gedacht und gedacht. Seine Tagebücher existieren heute noch. Er hatte dreihundertvierundfünfzig Gründe für die Ehe gefunden und dreihundertfünfzig gegen die Ehe. Weil vier Gründe mehr fürs Heiraten sprachen, entschied er sich – nun mußte etwas getan werden. Aber es war zu spät.

Das Leben des Denkens ist ein Schein-Leben. Es hat keinen Boden unter den Füßen. Es ist ein Leben im Niemandsland: weder auf der Erde noch im Himmel – einfach irgendwo dazwischen.

Wenn du mir vom Kopf her zuhörst, wird dies Problem dich dein ganzes Leben lang verfolgen. Der Kopf wird ja sagen, und dann entsteht das Problem: wie es umsetzen? Und dein ganzes übriges Wesen hat es nicht vernommen, dein ganzes übriges Wesen wird seinen eigenen Weg weitergehen. Dein gesamtes Wesen wird sich nicht um den Kopf scheren; es ist ihm egal.

Tatsächlich hört dein ganzes übriges Wesen nie auf den Kopf. Es erlaubt deinem Kopf nachzudenken, aber wenn es zur Entscheidung kommt, trifft deine Gesamtheit die Entscheidung, nicht der Kopf. Du entschließt dich, daß jetzt mit der Wut Schluß sein soll – was genug ist, ist genug! Und jedesmal ist es so schlimm! Und es vergiftet dich, und läßt dir einen üblen Geschmack im Mund zurück, und zieht immer nur noch mehr Schwierigkeiten nach sich und löst gar nichts. Und dein Kopf faßt den Entschluß: „Keine Wut mehr, jetzt nehme ich es mir vor." Und am nächsten Tag wirst du wütend. Was ist passiert? Dein ganzes übriges Wesen hat noch nicht einmal etwas von der Entscheidung gehört. Deine Knochen, dein Blut, deine Eingeweide sind sich deiner Entscheidung nicht einmal bewußt.

Denken ist Luxus. Wenn ihr mich aus eurer Ganzheit heraus hört, nicht als denkende Wesen, wenn ihr mit mir pulsiert, wenn eure Herzen mit mir schlagen, wenn ihr in meinen Rhythmus einstimmt, dann ist nichts weiter nötig, dann wird dies Problem des In-die-Tat-Umsetzens niemals aufkommen. Du setzt es in die Tat um. Plötzlich siehst du, wie du danach handelst. Wenn etwas deinem Wesen entspricht, wenn etwas von deiner Totalität als Wahrheit empfunden wird, dann ist es schon unterwegs, in die Tat umgesetzt zu werden. Du hast es verdaut. Und dann erzeugt es niemals Schuldgefühle.

Diese Frage der Schuldgefühle muß verstanden werden; sonst hört ihr mir zu, könnt aber nicht danach handeln und fühlt euch schuldig. Und ich bin hier, um euch glücklich zu machen, nicht schuldig.

Ein schuldbeladener Mensch ist ein kranker Mensch. Ein schuldbeladener Mensch ist ein vergifteter Mensch. Ein schuldbeladener Mensch ist nicht harmonisch – ist in einem inneren Zwiespalt. Er will etwas tun, tut aber immer etwas anderes, genau das Gegenteil. Die Kluft wird immer größer, und die Brücke wird immer unmöglicher. Schuld führt zu Schizophrenie: du wirst zu zwei oder gar mehreren Personen. Du wirst zur Menge, du wirst polypsychisch – du verlierst jegliche Einheit.

Hört mir aus ganzem Herzen zu. Absorbiert mich. Sonst nämlich ist es besser, mir nicht zuzuhören – dann vergeßt mich. Aber bitte, fühlt euch nicht schuldig!

Wenn du richtig zugehört hast, wenn du überhaupt zugehört hast, dann kommt die Frage nach der Ausführung gar nicht erst auf. Du handelst einfach so! Genauso natürlich wie du durch die Tür nach draußen gehst und nicht durch die Wand. Du siehst die Tür! Und du gehst einfach zur Tür hinaus. Du denkst nicht erst nach, wo die Tür ist, du fragst nicht: „Wo ist die Tür?" Du triffst keine Entscheidung, „daß ich diesmal aber durch die Tür gehen will und nicht durch die Wand, daß ich mich diesmal an meine Entscheidung halten werde, komme was will! Wie groß die Versuchung auch sein mag, ich gehe nicht durch die Wand. Ich gehe durch die Tür!" Wenn du es so hältst, zeigt das nur, daß du verrückt bist. Und: du gehst durch die Wand, nicht durch die Tür. Die Wand ist allzu verlockend; du bist fasziniert, besessen... Einsicht führt von allein zum Handeln. Einsicht genügt. Wenn du mich verstehst, dann gibt es kein Problem. Wenn also die Frage des richtigen Handels auftritt, werde ich dir nicht sagen, dich noch mehr anzustrengen! Nein. Laß alle Anstrengungen fallen. Versuch mich erneut zu verstehen. Du hast es von vornherein nicht mitbekommen. Du hast das Eigentliche überhört, das Samenkorn, aus dem spontan das richtige Handeln kommt.

Hör mir erneut zu. Hör mir sehr entspannt zu. Wenn der Kopf hört, ist man sehr aufmerksam, konzentriert; es ist Spannung da. Hör mir ganz entspannt zu. Erlaube mir, dich von allen Seiten einzuhüllen. Laß mich ein Klima sein, das dich von allen Seiten einhüllt. Und laß mich einfach herein, laß dich mit mir vollaufen – sei wie ein Schwamm. Nicht gespannt, sondern locker wie ein Schwamm, so daß du trinken kannst, was immer ich sage. Nicht nötig, drüber nachzudenken: trink es! Laß es Teil deines Wesens werden. Und dann wirst du sehen, daß du gar nicht befolgst, was ich sage. Wenn die Einsicht da ist, folgst du immer nur dir selbst. Es entsteht kein Schuldgefühl und kein Untertan. Es entsteht keine Schuld und es entsteht kein Konflikt, wie man es befolgen soll. Und du bist kein Gefolgsmensch. Ihr werdet zu meinen Liebenden, aber nicht zu meinen Gefolgsleuten – und das ist eine total andere Dimension. Und wenn du eines Tages entdeckst, daß es da etwas gibt, was dir der Kopf zu befolgen und zu tun befiehlt, und du tust es nicht, dann unternimm keine Anstrengung, es doch zu tun – hör es dir lieber noch einmal an. Geh zum Anfang zurück und versuche erneut, es zu verstehen. Fang ganz von vorn an.

Das ist ein Trick des Verstandes. Erst führt er dich in die Irre.

Durch ein verbales, intellektuelles Verstehen gibt er dir den Eindruck, verstanden zu haben. Dann sagt er: „Und nun führe es aus!" und du kannst es nicht ausführen, weil du nicht davon durchdrungen bist. Es ist noch nicht Teil von dir. Es ist kein integraler Bestandteil deiner selbst. Es ist etwas Fremdes, Äußerliches. Wie kannst du danach leben? Es wird zur Last, zur Bürde. Dann sagt der Kopf: „Du bist schuldig! Du hast es verstanden, aber du tust es nicht." Jetzt kannst du tun, was du willst, du wirst dich nicht wohlfühlen. Und dies, das Verständnis, das du zu haben glaubst, kann nicht in die Tat umgesetzt werden. Du wirst dich schlecht fühlen. Auf diese Weise leben Millionen von Menschen in Schuld, in Sünde, beladen, niedergedrückt von der Last.

Laß sie fallen! Es ist eine falsche Dimension. Hör mir noch einmal zu. Du *brauchst* mich nicht intellektuell zu verstehen; ich bin nicht intellektuell, und ich lehre euch auch keine Ideologie. Ich erlaube euch lediglich, an meinem Sein teilzuhaben, euch auf mich zu beziehen, euch auf mich einzustimmen. Das ganze Bestreben geht dahin, euch zu einer gewissen Harmonie zwischen mir und euch zu verhelfen, damit ihr meine Partner werden könnt, Teilhaber an mir, an jener unbekannten Dimension, die mir widerfahren ist, und die auch euch möglich ist. Ich möchte euch an der Hand halten. Ich möchte euch Mut geben, nicht intellektuelles Verständnis. Ich möchte euch Leben geben. Ich möchte mit euch etwas teilen, was in mir überfließt.

Hört mir also nicht vom Kopf her zu; das ist die falsche Stelle des Zuhörens. Im Zen heißt es: hör vom Bauch her – das ist besser. Versucht es ab und zu mal: hört mir vom Bauch her zu. Das ist besser als vom Kopf. Im Tao hören sie von den Fußsohlen aus. Das ist sogar noch besser – denn wenn man von den Fußsohlen aus hört, muß es von den Füßen bis zum Kopf dein ganzes Wesen durchwandern. Wenn man vom Bauch aus hört, dann ist das auch sehr gut. Wenigstens hört man von der Mitte her, genau aus dem Zentrum.

Aber ich sage dir: hör mir als Einheit zu. Du brauchst mir nicht von den Fußsohlen oder vom Bauch oder vom Kopf aus zuzuhören. Nur höre mir als einheitliches Wesen zu.

Wenn du zum Beispiel in Gefahr bist und jemand hinter dir her rennt., mit einem Schwert in der Hand, wie rennst du da? Nur mit dem Kopf? Nur mit den Füßen? Nur mit dem Bauch? Nein – du wirst als geschlossene Einheit rennen. Du wirst völlig vergessen, wo Kopf und Füße und Bauch sind. Alles wird vergessen sein. Und du bist plötzlich ein einziges Ganzes. Du wirst als einer rennen.

Das ist die richtige Art, hier bei mir zu sein. Trinkt mich auf! Saugt mich auf! Und dann gibt es kein Problem, mir entsprechend zu handeln. Es fängt an, dich zu erfassen, es fängt an, dich zu verändern. Du wirst überrascht sein! – plötzlich siehst du, daß du genau das tust. Jemand war aggressiv gegen dich, aber du warst es nicht; du konntest ruhig und gefaßt bleiben. Auf einmal hast du so gehandelt – nicht etwa mit Absicht, sondern weil es Teil deines Wesens geworden ist. Es ist von allein passiert...

Ihr werdet überrascht sein. Wenn es wahre Einsicht ist, dann werdet ihr keine Schuldgefühle haben, sondern im Gegenteil viele, viele Überraschungen über euer eigenes Verhalten erleben, über eure eigenen Reaktionen. In den gleichen alten Situationen: jemand beleidigt dich, und es macht dir überhaupt nichts mehr aus, so als ginge es durch dich hindurch, ohne dich irgendwo zu treffen. Es geht einfach vorbei, hinterläßt keine Wunde. Kratzt dich nicht einmal! Und du kannst lächeln und den Blick erwidern. Was ist passiert? Ein Wunder! Einsicht ist ein Wunder. Das einzige Wunder, das es gibt.

Wenn du mich verstanden hast, wirst du überall, auf Schritt und Tritt, Überraschungen erleben. Du wirst nicht glauben können, daß „das mit mir geschieht!" – weil du nur mit dem Alten rechnest. Und das hier ist neu, absolut neu! Du wirst dich in dich selbst verlieben. Ein neues Wesen entpuppt sich.

Die vierte Frage:
Ich bin mir nicht immer im klaren über den Unterschied zwischen Energieverlust und Überfließen. Kannst du mir bitte ein paar Hinweise geben?

Der Verstand versucht ständig, dich zu verwirren – denn deine Verwirrung ist die Macht des Verstandes. Je verwirrter du bist, desto mehr mußt du auf den Verstand hören. Wenn du zu Klarheit gelangt bist, dann ist die Funktion des Verstandes hinfällig. Darum macht der Verstand nie Ferien.

Ich kenne einen Mann, einen hohen Beamten. Als ich einmal in den Himalaja fuhr, lud ich ihn ein, mitzukommen. Er sagte: „Das ist unmöglich. Ich kann keinen Urlaub nehmen."

Ich sagte: „Warum?" Und ich hatte ihn noch nie auf Urlaub gehen sehen. „Warum geht es nicht?"

Er sagte: „Ich bin völlig überflüssig in meinem Büro, und ich will nicht, daß irgend jemand das herausfindet. Ich muß ständig da sein, um den Eindruck zu erwecken, daß ich gebraucht werde. Sobald ich Ferien mache, wird jeder erkennen, daß ich überhaupt nicht gebraucht werde. Ich kann keinen Urlaub machen."

Mit dem Verstand ist es genauso. Der Verstand läßt euch nicht eine Minute allein. Er verwirrt euch ständig, denn solange ihr verwirrt seid, fühlt er sich wohl: ihr müßt den Verstand nach dem richtigen Weg fragen. Dann wird der Verstand zu eurem Guru. Ja sogar in den einfachsten Situationen, wo jede Verwirrung unmöglich scheint, bringt er Verwirrung zustande.

Diese Frage zum Beispiel: *Ich bin mir nicht immer im klaren über den Unterschied zwischen Energieverlust und Überfließen.*

Nun, das sind so diametral entgegengesetzte Phänomene, daß man sie gar nicht verwechseln kann. Es ist unmöglich – aber der Verstand schafft es.

Wenn du leck bist, fühlst du dich erschöpft. Wenn du überfließt, fühlst du dich erfüllt. Überfließen ist ein Genuß – schieres Entzücken, und nichts sonst. Genau wie Bäume sich mit Blüten bedecken, so ist es mit dem Überfließen. Nur wenn der Baum zuviel hat, nur dann blüht er auf. Sonst kann er gar nicht b!ühen. Wenn er zuviel hat und es nicht mehr bei sich halten kann, muß er es wegschenken. Es ist eine Entlastung. Seht euch den Baum an der in Blüte steht: der ganze Baum scheint entspannt, entlastet gelöst, glücklich.

Wann immer du überfließt, wann immer du dich verschenkst fühlst du dich nachher niemals erschöpft. Im Gegenteil, du fühlst dich energiegeladener, besser gestimmt, mehr zu Hause. Alles ist im Lot, frei von Last. Es wachsen dir Flügel, du kannst in den Himmel fliegen – du bist so gewichtslos, die Schwerkraft verschwindet. Dies Gefühl ist so völlig anders, als wenn du leck bist, als wenn du dich zerfranst, als wenn du Energie verlierst! Es ist praktisch unmöglich, das zu verwechseln. Wie kannst du das verwechseln? Das sind so völlig verschiedene Dinge!

Aber der Verstand bringt es fertig, da Verwirrung zu stiften.

Die ganze Funktion des Verstandes ist es, Verwirrung zu stiften. Er erzeugt Zweifel – selbst da noch, wo es keine gibt. Er erzeugt Gespenster, eingebildete, und gibt Rätsel auf. Dann mußt du natürlich den Verstand selbst fragen: „Wo geht es lang?"

Du kannst dir den Unterschied dieser Gefühlszustände am Beispiel des sexuellen Orgasmus klarmachen. Wenn du mit einer Frau oder einem Mann schläfst, mechanisch, ohne Liebesaustausch – es ist keine Liebe dabei, nichts als mechanische Gewohnheit, oder nur weil die Ärzte sagen, daß es hygienisch ist, daß der Körper das braucht, oder dergleichen Unsinn – dann verschleuderst du dich nur, dann wird deiner Energie nur ein Leck geschlagen. Und hinterher fühlst du dich erschöpft, unerfüllt, frustriert. Es wird dich schwächer zurücklassen, nicht stärker. Darum fühlen sich so viele Leute nach dem Lieben so frustriert, und viele Leute entschließen sich, mit der Liebe Schluß zu machen, weil es so sinnlos erscheint!

Aber wenn du den andern liebst, und du überfließt, und du deine Energien mit ihm teilen willst, dann ist das in dem Augenblick überhaupt nicht sexuell, dann denkst du gar nicht an Sex. Deine Gedanken sind dann überhaupt nicht da. Es geschieht spontan. Du planst es nicht im Kopf. Du probst es nicht erst. Ja, du tust es gar nicht – es geschieht. Du bist nicht der, der es tut – du wirst zum Medium. Etwas Höheres ergreift Besitz von dir, etwas, das größer, das mächtiger ist als du. Dann ist es kein Verlust – dann fließt du nach allen Seiten über. Nicht nur an einer Stelle, nicht nur sexuell – es ist total. Dann gelangst du zu Frieden, Heiterkeit, Ruhe. Dann erlangst du Erfüllung. Das ist eigentlicher Orgasmus. Aber nur selten erreicht jemand einen Orgasmus.

Das läßt dich nicht geschwächt zurück, das macht dich stärker. Und du bist nach dem Liebesakt nicht gegen den Sex und meinst nicht etwa, daß die sogenannten Heiligen recht haben, und daß du lieber auf sie hättest hören sollen und jetzt ein Gelübde der Keuschheit oder Enthaltsamkeit ablegen oder ein katholischer Mönch werden oder in ein Kloster gehen mußt. Nein.

Wenn es einen orgasmischen Fluß gegeben hat und du deine Energie einfach nur verschenkt und überfließen lassen hast, fühlst du dich nach wie vor Gott gegenüber dankbar. Ein Gebet wird in dir aufsteigen. Du wirst dich so erfüllt fühlen, daß du gerne danken möchtest. Du wirst dich so froh fühlen, so gesegnet, daß du in diesem Augenblick die ganze Welt segnen möchtest. Dein Gesicht, dein Körper, dein Geist, alles ist ruhige Erhabenheit – eine neue Fülle des Seins. Du wirst umgeben sein von einem Segen.

In solchen Augenblicken steigt Gebet auf, Dankbarkeit, Dank. In solchen Augenblicken wird man religiös.

Für mich entspringt die Religion aus einem tiefen Liebesorgasmus. Daher ist und bleibt für mich Tantra das Höchste an Religion, das letzte Wort. Denn das ist der höchste Gipfel des Einsseins, den der Mensch je erklommen hat, der höchste Gipfel. Wo das Ego verschwindet, sich auflöst. Wo man ist, aber unbegrenzt ist. Wo einen nichts mehr hemmt: man ist ein einziger Strom. Wo Energie fließt und strömt und man nur noch der Mittelpunkt einer Unmenge von sich kreuzenden Bahnen ist, von Energiebahnen, und wo das Ego verschwindet. Das Ego ist sehr fest, wie Stein. In der Liebe wird man flüssig, fließt man, strömt man aus nach allen Seiten.

Energieverlust ist frustrierend – was immer das Leck sein mag: ob sexuell, ob nicht sexuell, es erschöpft. Manchmal ist jemand bei dir, und du fühlst dich wie ausgelaugt – du bist einfach nur mit dem Menschen zusammen, die Gegenwart dieses

Menschen reicht. Du willst diesen Menschen nicht, du bist gelangweilt, und dann fängst du an, Energie zu verlieren, dann verpufft deine Energie. Dann fühlst du dich, nachdem der andere fort ist, einfach nur müde und zerschlagen, als hätte der andere dir Energie geraubt, ohne dir welche zurückzugeben. Er läßt dich einfach nur schwach zurück. Aber wenn du den andern liebst, wenn du dich freust, daß der andere zu dir gekommen ist, fühlst du dich beschwingt. Deine Energie belebt sich, du fühlst dich vitaler. Du fühlst dich verjüngt. Zwischen diesen beiden Zuständen kann es kein Mißverständnis geben.

Vermeidet Energielecks und bleibt offen für Augenblicke des Überfließens. Und nach und nach werdet ihr nur noch zum Überfließen fähig sein – denn Energielecks werden durch geistige Einstellungen verursacht. Wenn ein Mensch für dich langweilig ist, wenn er Dinge erzählt, von denen du nichts wissen willst, fühlst du dich zersplittert, und deine Energie fließt ab. Du brauchst nur deine Einstellung zu ändern.

Mitten in der Unterhaltung – grad eben fing es an, dich zu langweilen – ändere einfach deine Einstellung und beginne dich für den andern zu interessieren; auch er ist ein geheimnisvoller Mensch! Vielleicht ein bißchen langweilig... aber selbst das ist Gott, wenn auch in etwas langweiligerer Form. Hör ihm mit einer anderen Einstellung zu. Gib dir einen Ruck, schüttle dich durch; laß die alte Einstellung fallen und fang an, auf seine Geschichte zu hören – vielleicht ist etwas dran. Und augenblicklich wirst du sehen: die Energie verpufft nicht mehr.

Es liegt an deiner Einstellung. Alles kann Energie verleihen. Und alles kann Energie absaugen. Es kommt auf die Einstellung an. Ein religiöser Mensch ist jemand – dies ist meine Definition eines religiösen Menschen – der immerzu überfließt, ungeachtet der Situation. Selbst wenn der Tod kommt, wird ihn der Tod in einem tiefen Orgasmus finden. Gewöhnlich findet dich nicht mal das Leben in tiefem Orgasmus; selbst die Liebe hat dich noch nicht in tiefem Orgasmus gefunden. Aber ein Mensch wie Sokrates – ihn trifft selbst der Tod im Orgasmus an… offen, bereit, voller Tanz. Als brächte der Tod nichts als Mysterien. Was er auch tatsächlich tut! Auch er ist ein Gesicht Gottes, mag sein ein dunkles, aber auch Dunkelheit ist göttlich.

Du mußt verschwinden, aber das Verschwinden ist so mysteriös wie das Erscheinen. Geburt und Tod sind zwei Seiten der gleichen Medaille. Sokrates ist ganz aufgeregt! Ihr findet nicht mal das Leben aufregend – er findet den Tod aufregend. Seine Schüler begannen zu weinen und zu schluchzen, er aber sagte: „Hört auf! Das könnt ihr machen, wenn ich fort bin. Verschwendet nicht diese wenigen Momente, Momente von größter Bedeutung! Laßt uns den Tod empfangen – er kommt nur einmal im Leben. Er ist ein seltener Gast. Er kommt nicht jeden Tag. Und ich habe das Glück, daß er angemeldet kommt; sonst kommt er immer unvorhergesehen, und man kann ihn nicht willkommen heißen."

Sokrates sollte vergiftet werden, er war von den Griechen zum Tode verurteilt worden. Punkt sechs Uhr, und er wird seinen Giftbecher trinken, und er wartet darauf wie ein aufgeregtes Kind! Die Schüler wollten es nicht glauben. Er nahm das Gift, und er fing an, im Zimmer auf und ab zu gehen, und als ihn jemand fragte: „Was machst du?", da sagte er: „Ich will wach und bewußt sein, damit mich der Tod nicht schlafend findet."

Dann konnte er nicht mehr laufen – die Beine versagten. Er bettete sich also auf sein Lager und begann zu beschreiben: „Jetzt sterben meine Füße ab; die Füße sind jetzt anscheinend tot. Aber ich bin noch so heil wie zuvor. Nichts ist mir genommen worden – ich bleibe ganz!" Und er freute sich. Und dann sagte er: „Meine Beine sind jetzt ganz weg, aber hört ihr? – ich bleibe trotzdem unversehrt. Das heißt, daß einem nur der Körper weggenommen wird. Mein Bewußtsein bleibt unberührt, unangetastet. Es scheint, der Tod kann mich nicht töten!"

Das ist die Haltung eines religiösen Menschen... und es kommt auf deine Einstellung an. Dein ganzes Leben kann ein einziges orgasmisches Strömen sein, nicht nur die Liebe; jeder einzelne Augenblick deines Lebens kann ein orgasmisches Strömen sein. Dann fließt du über! Und vergiß nicht die eine grundsätzliche, die fundamentale Regel: Je mehr aus dir strömt, desto mehr wird dir gegeben. Es ist wie wenn du Wasser aus einem Brunnen schöpfst: Je mehr Wasser du herausholst, desto mehr frisches Wasser quillt nach – fortwährend. Wenn du aufhörst, Wasser zu schöpfen, wird das Wasser abgestanden, tot, es kommen keine frischen Quellen mehr nach. Wozu auch?

Schenke aus! Gib, soviel du nur kannst, und umso mehr wird dir gegeben.

Jesus sagt: „Was du behalten willst, wirst du verlieren; was du gibst, bekommst du." Geize nicht – gib! Und sei dankbar; wer immer deine Energie entgegennimmt, dem danke, denn er hätte dich auch zurückweisen können. Sei dankbar, und hör nicht auf zu geben. Und du wirst sehen: Aus deinen inneren Quellen kommt ständig frisches Wasser nach. Je mehr du gibst, desto jünger bleibst du. Je mehr du gibst, desto jungfräulicher bleibst du. Je mehr du gibst, desto frischer, desto reiner... Und wenn du nicht gibst, dann fängst du an, Energie zu verlieren. Wenn du nicht gibst, wenn du nicht gern teilst, wirst du zum Geizhals – ein Geizhals ist leck. Sei ein Verschwender, was deine Lebensenergie angeht. Ein Geizhals wird leck und fühlt sich frustriert und immer elend, weil ihm etwas weggenommen worden ist.

Und in dieser Unzufriedenheit schrumpft er zusammen. Und weil er immer enger wird, können ihm die inneren Quellen, die inneren Brunnen nicht mehr nachschenken. Es hängt von dir selbst ab.

Der Unterschied ist klar wie Kristall. Laß dies dein Merkmal sein: nach jedem Energie-Kontakt... und das ganze Leben ist Energie-Kontakt! Schau auf den Baum, und es ist ein Energie-Kontakt: deine Augen und das Grün des Laubes treffen sich; du hast den Baum auf eine unmerkliche Art umarmt. Du berührst den Stein, und es findet ein Kontakt statt; Energie wurde ausgetauscht. Du schaust in die Augen eines anderen, und es hat eine Kommunikation stattgefunden. Sag etwas, oder bleibe still, aber die Kommunion geht ständig weiter. Sie geschieht jeden Augenblick.

Nun hängt es von dir ab, ob dein Leben ein Energieverlust ist. Bist du leck, stirbst du jeden Tag tausend Tode. Je nachdem. Wenn du einen Überfluß daraus machst, ein Ausschenken von Herzen, wenn du immer nur geben willst, dein Herz leicht machen willst... so wie die Blume ihren Duft dem Winde gibt, und die Kerze ihr Licht der Nacht, und die Wolke ihren Regen der Erde. Wenn du nicht aufhörst zu geben, wird dein ganzes Leben zu einem ungeheuer schönen Tanz von Energie. Und jeder Tag wird dir tausend Neugeburten bringen.

Rückkehr zur Quelle

In der Welt

Rückkehr zur Quelle

Zu viele Schritte sind getan worden,
um zur Wurzel und Quelle zurückzukehren.
Besser, man wäre von Anfang an
blind und taub gewesen!
Wohnend, wo man wirklich hingehört,
unbekümmert ums Äußere –
der Fluß zieht gelassen weiter,
und die Blumen sind rot.

Kommentar:

Von Anfang an ist die Wahrheit klar. Schweigend sitze ich da und betrachte die Formen der Gestaltung und Auflösung. Einer, der nicht an Form gebunden ist, braucht nicht neu geformt zu werden. Das Wasser ist smaragden, der Berg tiefblau, und ich sehe das Erzeugende und das Zerstörende.

In der Welt

Barfuß und mit bloßer Brust mische ich mich
unter die Menschen der Welt.
Meine Kleider sind zerlumpt und staubig,
und ich bin immerzu selig.
Ich brauche keinen Zauber,
um mein Leben zu verlängern.
Nun werden vor meinen Augen die Bäume lebendig.

Kommentar:

Innerhalb meiner Pforten kennen mich tausend Weise nicht. Die Schönheit meines Gartens ist unsichtbar. Wozu nach den Fußspuren der Patriarchen suchen? Ich geh zum Markt mit meiner Flasche und kehre heim mit meinem Stab. Ich suche den Weinladen und den Marktplatz auf, und wen ich auch ansehe, wird erleuchtet.

Sat Prem kam gestern abend zu mir. Vipassana liegt im Sterben. Er war sehr durcheinander, erschüttert, ungeheuer erschüttert, und zu Recht. Wenn jemand, den du tief geliebt hast, stirbt, führt dir das deinen eigenen Tod vor Augen. Der Augenblick des Todes ist eine große Offenbarung. Er macht dich hilflos, ohnmächtig. Er gibt dir das Gefühl, nicht zu sein. Die Illusion, da zu sein, wird ausgelöscht.

Sat Prem weinte. Er ist nicht der Mann, der leicht weint. Er ist nicht der Mann, der sich leicht hilflos fühlt. Ihm kommen sonst keine Tränen. Aber er war erschüttert. Jeder ist in solchen Augenblicken erschüttert – denn du siehst den Boden unter deinen Füßen verschwinden. Du kannst nichts ändern. Jemand, den du lieb hattest, stirbt.

Wie gern würdest du *dein* Leben für den andern hingeben; aber es geht nicht. Man kann nichts machen. Man muß ohnmächtig zusehen.

Dieser Augenblick kann dich deprimieren, dieser Augenblick kann dich traurig machen, oder aber dieser Augenblick schickt dich auf die große Reise nach der Wahrheit – die große Reise auf der Suche nach dem Stier.

Was ist dies Leben? Wenn der Tod kommen und es dir nehmen kann, was ist dies Leben dann? Welche Bedeutung hat es, wenn man gegen den Tod so ohnmächtig ist? Und ihr dürft nicht vergessen, nicht nur Vipassana liegt auf dem Totenbett – jeder liegt auf dem Totenbett. Von Geburt an liegt jeder im Sterben. Es gibt keine andere Wahl.

Alle Betten sind Totenbetten, denn nach der Geburt ist nur noch eines gewiß, und das ist der Tod. Ihr alle sterbt, nicht nur Vipassana. Ihr mögt ein bißchen weiter hinten in der Schlange stehen, aber das ist nur eine Frage der Zeit. Der eine stirbt heute, der andere morgen, der dritte übermorgen. Wo liegt da der Unterschied? Zeit macht keinen großen Unterschied. Zeit kann nur die Illusion von Leben erzeugen; aber ein Leben, das im Tod endet, ist und kann nicht das wahre Leben sein. Es muß ein Traum sein. Und darauf möchte ich eure Aufmerksamkeit lenken... denn damit beginnt die Suche nach dem Stier.

Die Suche nach dem Stier ist die Suche nach dem wirklichen Leben, dem authentischen Leben, das von keinem Tod weiß. Leben ist erst dann authentisch, wenn es ewig ist. Wie sonst wollt ihr zwischen einem Traum und eurem sogenannten Leben unterscheiden? Nachts, im Tiefschlaf, ist ein Traum so wahr wie nur irgend etwas, so wirklich, ja sogar wirklicher als was du mit offenen Augen siehst. Am Morgen ist es dann verschwunden; keine Spur bleibt zurück. Wenn du morgens aufwachst, erkennst du, daß es ein Traum und nicht Wirklichkeit war.

Dieser Traum vom Leben dauert ein paar Jahre – dann plötzlich wacht man auf, und das ganze Leben entpuppt sich als Traum.

Der Tod ist eine große Offenbarung. Ohne Tod hätte es nie Religion gegeben. Religion gibt es nur aufgrund des Todes. Weil es den Tod gibt, konnte es einen Buddha geben. Alle Buddhas werden dadurch geboren, daß sie den Tod verstehen.

Buddha fuhr eine Straße entlang und sah vom Wagen aus einen Toten. Er fragte seinen Diener, den Fahrer: „Was ist diesem Mann zugestoßen? Was ist ihm denn passiert?"

Und der Wagenlenker konnte nicht lügen. Er hätte gern gelogen. So halten wir es alle. Er hätte diesen jungen Prinzen gern angelogen. Warum ihn unnötig beunruhigen? Er ist noch so jung. Warum soll er sich schon jetzt Gedanken über den Tod machen? Eine wunderschöne Geschichte. Es heißt, daß der Wagenlenker gerade mit ausweichenden Erklärungen beginnen wollte, als sich die Götter einschalteten und von ihm Besitz ergriffen: „Sprich die Wahrheit, sonst geht dieser Gautam Siddhartha in die Irre!" So zwangen die Götter den Fahrer, die Wahrheit zu sagen. Und entgegen seiner Absicht hörte er sich selber sagen: „Dieser Mann ist tot, und jedem wird es genauso ergehen – selbst dir, Herr!"

„Selbst mir?" fragte Buddha. „Kehr sofort um! Wozu dann noch weiterfahren – wohin denn? Dann ist dies ganze Leben eine Lüge. Ich darf keine Zeit verlieren. Ich muß herausfinden, was ewig ist." Die Suche nach dem Stier hatte begonnen.

Geht und setzt euch an Vipassanas Seite – fühlt den Tod. Bemitleidet sie nicht! Wer das tut, hat nichts begriffen und geht an einer großen Chance vorbei, an einer offenen Tür. Habt kein Mitleid mit ihr; das ist völlig fehl am Platz. Es geht ihr wunderbar. Sie verläßt diese Welt und ist innerlich reicher geworden.

Am Tag, als sie zu mir kam, wurde mir mit Schrecken klar, daß ihr Atem gestört war. Daher der Name „Vipassana". Vipassana bedeutet „Atembewußtheit". Und ich trug ihr auf, so stark

wie möglich auf ihren Atem zu achten. Sie mußte sterben –
wann genau, das war unwichtig – und zwar an einer tiefen
Atemstörung. Ihr Atem war nicht rhythmisch.

Aber sie hat hart gearbeitet, und ich bin sehr froh, daß sie
jetzt mit einer gewissen Kristallisation stirbt. So stirbt sie jetzt
nicht sinnlos. Ihr braucht sie in keiner Weise zu bemitleiden.
Ihr könnt euch im Gegenteil mit ihr freuen. Sie hat hart gearbeitet. Und alles, was sie sich erarbeitet hat, wird sie in ihr näch-
stes Leben mit hinübernehmen. Sie hat diese Gelegenheit voll
ausgenutzt. Jetzt ist es unwesentlich, ob sie stirbt oder noch
weiterlebt.

Wenn ihr hingeht und neben ihr sitzt, dann bemitleidet euch
selbst. Ihr sitzt im gleichen Boot, in der gleichen Klemme. Jeden Tag kann der Tod an deine Tür klopfen. Sei bereit. Finde
den Stier, bevor du stirbst. Bevor der Tod anklopft, komm nach
Hause zurück. Bleib nicht unterwegs stecken. Sonst verlöscht
dies ganze Leben wie ein Traum, und es bleibt nur eine ungeheure Armut zurück, eine innere Armut.

Die Suche nach dem Stier ist die Suche nach der Energie, der
ewigen Energie, der hochdynamischen Energie des Lebens. Sie
weiß von keinem Tod, sie geht durch viele Tode hindurch. Und
jeder Tod ist nur eine Tür für eine neue Form. Jeder Tod ist ein
Reinigungsprozeß. Jeder Tod ist eine Entlastung. Jeder Tod
nimmt dir einfach das Altgewordene ab.

Das Leben – das wirkliche Leben – stirbt nie. Wer stirbt dann
aber? – *du* stirbst. Das „Ich", das „Ego" stirbt. Das Ego ist dem
Tod verfallen. Nicht das Leben. Wenn du also egolos sein
kannst, gibt es keinen Tod für dich. Wenn du das Ego bewußt
fallenlassen kannst, hast du den Tod besiegt. Und auf der Suche
nach dem Stier gibt es nur eines zu tun: nach und nach das Ego
fallenzulassen. Wenn du wirklich wach bist, kannst du es mit

einem Schlag tun. Wenn du nicht so wach bist, kannst du es schrittweise tun. Es kommt auf dich an. Indem das Ego verschwindet, verschwindet auch der Tod. Laß das Ego fallen, und der Tod fällt mit ihm.

Geht also und setzt euch neben Vipassana. Bald wird sie nicht mehr da sein. Bemitleidet sie nicht – bemitleidet euch selbst. Laßt euch vom Tod einhüllen. Kostet ihn. Fühlt euch hilflos, machtlos. Wer ist es, der sich hilflos, machtlos fühlt? – das Ego! Weil du siehst, daß du nichts machen kannst. Du würdest ihr gern helfen, aber du kannst es nicht. Du möchtest ihr helfen zu überleben, aber du kannst nichts machen.

Fühlt diese Ohnmacht so tief wie möglich. Und aus dieser Hilflosigkeit wird sich eine Dimension von Bewußtheit, Andacht und Meditation auftun. Nutzt ihren Tod – er ist eine Chance. Hier bei mir müßt ihr alles als Chance wahrnehmen.

Sie hat ihr Leben sehr schön genutzt. Ich kann ihr mit großem Vergnügen Lebewohl sagen, so daß sie bald zurückkommen kann. Sie wird auf einer höheren Ebene wiederkommen. Und jetzt zu sterben, wird ihr helfen, denn mit ihrem Körper, so wie er jetzt ist, wäre keine weitere Arbeit mehr möglich gewesen.

Sie hat alle Arbeit, die sie leisten konnte, getan. Und für die weitere Arbeit braucht sie einen neuen, unverbrauchten Körper.

Und sie kämpft nicht, sie wehrt sich nicht. Sie fügt sich einfach immer mehr ins Sterben – und das ist wunderschön. Sie läßt sich völlig los. Würde sie kämpfen, könnte sie noch ein paar Tage länger leben. Darum können ihr auch keine Ärzte mehr helfen, denn sie selbst hat den Tod schon akzeptiert. Wer den Tod akzeptiert, dem kann nichts mehr helfen. Der ist nämlich tief innen bereit zu sterben. Und das Schöne an dieser Bereitschaft zu sterben ist, daß man sie nur dann spürt, wenn man etwas erfahren hat, das jenseits des Todes liegt – niemals vorher. Wer den Geschmack des Todlosen kennengelernt hat, und sei es auch nur für ein kurzes Aufblitzen, der weiß, daß man nicht sterben kann. Daß man stirbt und doch nicht stirbt. Wenn man das erkannt hat, entspannt man sich. Wo ist der Kampf geblieben? Er ist sinnlos geworden. Man entspannt sich. Sie entspannt sich. Sachte, ganz sachte, verschwindet sie jetzt. Nutzt diese große Chance…

Seid bei ihr. Sitzt schweigend dabei. Meditiert. Laßt euch ihren Tod zum Wegweiser werden, damit ihr euer Leben nicht weiter vertut. Was ihr geschieht, wird auch euch geschehen.

Rückkehr zur Quelle. – Das neunte Sutra.

Zu viele Schritte sind getan worden,
um zur Wurzel und Quelle zurückzukehren.
Besser, man wäre von Anfang an blind und taub gewesen!
Wohnend, wo man wirklich hingehört,
unbekümmert ums Äußere –
der Fluß zieht gelassen weiter,
und die Blumen sind rot.

Zu viele Schritte sind getan worden… Wirklich, es war nicht nötig, so viele Schritte zu tun. Aber das wird erst erkannt, wenn du den neunten Punkt erreicht hast. Wenn du heimgekehrt bist, erkennst du, daß es mit einem Schritt möglich gewesen wäre. Unnötig, so viele Schritte zu tun, unnötig, so allmählich voranzugehen, so schrittweise. Es wäre mit einem Sprung möglich gewesen. Die Leute kommen zu mir, und ich sage ihnen, sie sollen springen. Sie sagen: „Aber wir müssen es uns erst überlegen." Wie kann man sich einen Sprung überlegen? Und wenn du erst überlegst und durch Überlegung zu einem Entschluß kommst, wie kann man es dann noch einen Sprung nennen?

Ein Sprung ist ein Sprung ins Unbekannte... unbedacht, unüberlegt, ungeplant. Ein Sprung kann nicht geplant werden. Man kann ihn nicht vorbereiten, man kann sich das Für und Wider nicht erst überlegen. Du kannst nicht der sein, der da entscheidet. Ein Sprung führt aus dem Ego hinaus, ist also nichts, was vom Ego entschieden wird. „Mit einem Sprung" heißt, dem Ganzen erlauben, Besitz von dir zu ergreifen. Ein Sprung hängt nicht mehr mit dir zusammen. Da ist kein Zusammenhang. Wenn du erst überlegst und dann zu einer Entscheidung kommst, besteht ein Zusammenhang. Dann magst du zwar Sannyas nehmen, aber es wird ein erster Schritt in einer ganzen Reihe von Schritten sein.

Das Sannyas, das ich mir für dich erhofft hatte, war ein einziger Schritt. Mit einem einzigen Schritt hättest du heimkehren können... aber du wolltest erst überlegen. Ich kann dein Problem auch verstehen: Wie kannst du etwas entgegennehmen, ohne erst zu überlegen? Wie kannst du so vertrauensselig sein? Zu einem Sprung gehört Vertrauen. Du hast kein Vertrauen. Du zweifelst; du bist zum Zweifeln erzogen worden. Du bist dazu erzogen worden, erst alle Möglichkeiten zu ergründen, bevor du eine Entscheidung triffst. Du bist dazu erzogen worden, immer in Kontrolle zu sein.

Du kannst Sannyas nehmen als Konsequenz eigener Überlegungen. Dann geschieht es aus einem Zusammenhang heraus. Das Sannyas, das ich dir geben wollte, sollte eher dem Tod oder der Liebe ähnlich sein. Du kannst über Liebe nicht nachdenken. Sie passiert. Darum haben wir in allen Sprachen einen

Ausdruck wie „falling in love" – sich verlieben, in die Liebe hineinfallen. Es ist ein Fallen, ein Fallen aus dem Ego, ein Fallen aus dem Kopf, ein Fallen aus der Kontrolle, ein Fallen aus dem Zusammenhang. Ja, es ist ein Fallen. Du bist nicht mehr in deiner Denkstruktur, deinem Zusammenhang. Plötzlich klafft eine Lücke. Oder es ist wie Tod. Du kannst nichts daran ändern. Es kommt, es ergreift Besitz von dir – es ist nicht deine Entscheidung. Aber eines Tages, wenn du der Heimat immer näher gekommen sein wirst, wenn deine Heimat direkt vor dir liegt, dann wirst du erkennen:

> *Zu viele Schritte sind getan worden,*
> *um zur Wurzel und Quelle zurückzukehren.*
> *Besser, man wäre von Anfang an blind und taub gewesen!*

Das ist die Bedeutung von Vertrauen – besser wäre es, blind zu sein, besser, taub zu sein, von Anfang an.

Wenn du vertraust, sagt dein Verstand: „Du wirst ja blindgläubig. Sei nicht blind! Denk erst nach, nimm dir Zeit, und dann entscheide! Alles muß deine Entscheidung sein." Hast du dir je überlegt, daß deine Geburt nicht deine Entscheidung war? Niemand hat dich auch nur gefragt. Und selbst wenn dich jemand hätte fragen wollen, warst du gar nicht da, um befragt zu werden.

Deine Geburt kam aus dem Unbekannten. Aus dem Nichts heraus wurdest du geboren. Es war nicht deine Entscheidung. Eines Tages wirst du wieder ins Unbekannte verschwinden; das wird dein Tod sein. Das wird nicht deine Entscheidung sein. Und zwischen diesen beiden wird es hin und wieder Lichtblicke der Liebe geben. Sie werden alle aus dem Unbekannten kommen. Oder solltest du so glücklich sein, es mit Meditation und Gebet zu versuchen, dann wirst du ebenfalls Lichtblicke ins Unbekannte haben. Sie werden nicht aus deinem Handeln kommen. Dein Handeln ist vielmehr das Hindernis.

Es gibt Dinge, die nur du tun kannst, und es gibt Dinge, die nur dann getan werden können, wenn du nicht da bist, sie zu tun. Es gibt Dinge, die nur aus einem tiefen Nicht-Tun heraus getan werden können: Geburt, Tod, Liebe, Meditation. Alles, was schön ist, geschieht dir – vergiß das nie! Mach es dir ständig gegenwärtig. Du kannst diese Dinge nicht *tun!*

> *Zu viele Schritte sind getan worden,*
> *um zur Wurzel und Quelle zurückzukehren.*
> *Besser, man wäre von Anfang an blind und taub gewesen!*
> *Wohnend, wo man wirklich hingehört,*
> *unbekümmert ums Äußere –*
> *der Fluß zieht gelassen weiter,*
> *und die Blumen sind rot.*

Seht den Fluß an: Ungestört von allem, was ringsum geschieht fließt er weiter, in tiefer Ruhe, in tiefer Gelassenheit, nicht abgelenkt durch das, was am Ufer geschieht. Ungestört zieht er weiter. Er bleibt seinem eigenen Wesen treu; er verläßt nie seine Natur. Er bleibt wahr. Nichts lenkt ihn ab, nichts lockt ihn, von sich abzuweichen. Mag um ihn her geschehen, was will, der Fluß hört nicht auf, Fluß zu sein – sich selbst treu, zieht er immer weiter. Mag ein Krieg stattfinden, mag es Bomben hageln, was immer geschieht, gut oder schlecht, der Fluß bleibt sich selbst treu. Er zieht immer weiter. Bewegung ist seine ureigenste Natur. Und Gelassenheit ist dein Schatten, wenn du dir selber treu bist.

Und seht euch die Blüten am Baum an… *und die Blumen sind rot.* Die Bäume sind sich auch selber treu. Keine Blume versucht, irgendwie eine andere Blume zu sein. Da gibt es keine Nachahmung, keine Konkurrenz, keinen Neid. Die rote Blume ist lediglich rot und ungeheuer froh, rot zu sein. Sie hat nie daran gedacht, etwas anderes zu sein. Wo ist der Mensch vom Weg abgekommen?

Der Mensch geht wegen seiner Begierden an seiner wahren Natur vorbei – Nachahmung, Eifersucht, Rivalität. Der Mensch ist das einzige Wesen auf der Welt, das sich nicht selber treu ist, dessen Fluß nicht mit sich in Einklang ist, der immer woanders hin will, der immer auf andere schaut, der immer ein anderer sein möchte – das ist sein Elend, sein Unglück. Du kannst nur du selbst sein. Es gibt keine andere Möglichkeit; es gibt sie einfach nicht. Je eher du das einsiehst, desto besser.

Du kannst kein Buddha sein, du kannst kein Jesus sein – wozu auch? Du kannst nur du selbst sein.

Aber jeder versucht, jemand anders zu sein! Nur deswegen entfernen wir uns immer weiter von der ursprünglichen Quelle. Die Entfernung kommt aus dem Verlangen. Du siehst jemanden ein schönes Auto fahren und möchtest es haben; nicht etwa, weil du es brauchst – noch vor einem Moment hast du es nicht gebraucht. Plötzlich siehst du einen andern mit dem Auto, und schon ist der Wunsch da. Hättest du den Wagen nicht gesehen, wäre der Wunsch niemals dagewesen. Es hat also eigentlich nichts mit dir zu tun... es ist etwas Äußerliches. So als wenn ein Fluß auf dem Weg zum Meer plötzlich etwas am Ufer sieht, und er hält die Strömung an und will jetzt nicht mehr zum Meer. Jetzt will er sich am Ufer festhalten, dort etwas haben. Jetzt hat sich der Fluß von seiner innersten Natur entfernt. Er ist von seiner Echtheit, von seiner Authentizität, von seiner Wahrheit abgewichen. Du siehst jemanden – einen Sportler, einen schönen Körper, eine gute Figur, und plötzlich entsteht ein Verlangen. So einen Körper hättest du auch gern, du wärst gern ein Mohammed Ali – der Größte! Oder du siehst einen gutaussehenden Mann oder eine Frau und möchtest auch gern so sein. Oder du siehst einen Buddha, die Ruhe tiefer Weisheit, und so wärst du auch gern. Vergiß dies eine nicht: Du kannst nur du selbst sein. Es führt kein Weg daran vorbei. Alle andern Wege führen nur von dir selbst weg.

Hast du das einmal erkannt, dann ist die grundlegende Einsicht da, und im gleichen Augenblick fängt dein Fluß an zu fließen. Es gibt keine Schranken mehr. Es kommen Leute zu mir und sagen, sie wären so blockiert... hier und da. Und die Blockierungen gibt es nur deshalb, weil tiefsitzende Wünsche da sind, anders zu sein als man sein kann. Alle Blocks sind nur deshalb da, weil die Energie gefriert – denn Energie kennt nur eine Richtung, in der sie strömen kann – ihre natürliche Strömung.

Stellt euch nur mal eine Rose vor, die neurotisch ist und gern eine Lotus-Blume wäre. Nun, was passiert dann? Das kann nur Unglück bringen. Und vor lauter Unglück wird die Rose nicht mal zur Rose werden... soviel steht fest. Die Rose kann kein Lotus werden, das ist absolut sicher, aber sie kann auch nicht zur Rose werden, das ist fast ebenso sicher, denn jetzt ist ihre ganze Sehnsucht auf etwas weit Entferntes gerichtet. Die Rose wird vom Lotus träumen, und die Rose wird an den Lotus denken, und die Rose wird sich selbst verdammen. Wie kannst du wachsen, wenn du dich selbst verdammst? Die Rose wird sich nicht selbst lieben können.

Wie kannst du wachsen, wenn du dich nicht selbst lieben kannst? Die Energie wird nicht fließen. So entstehen Blocks. So hat die Rose ewig Probleme; den einen Tag hat sie Kopfschmerzen, den andern Tag etwas anderes. Die Rose ist krank.

Wenn die Rose erst einmal begreift, daß es für sie nur die Möglichkeit gibt, Rose zu sein, und daß sie gar keine Lotus-Blume zu sein braucht, und daß es wunderbar ist, eine Rose zu sein – wenn sich die Rose erst einmal akzeptiert hat, und die Selbstverdammung verschwindet, wenn sie sich erst einmal liebt, dann kehrt die Anmut zurück, kommt die Würde wieder. Jetzt gibt es keine Vereisungen mehr; sie tauen auf. Die Rose fließt wie ein Fluß. Die Rose ist rot, glücklich, ungeheuer entzückt über alles, was ihr von Natur aus gehört.

Rosen sind nicht neurotisch. Sie lachen den Menschen aus. Lotus-Blumen sind nicht neurotisch. Die ganze Welt lacht den Menschen aus. Der Mensch ist das einzige Tier, das neurotisch ist. Und Neurose entsteht, wenn du versuchst, etwas Unnatürliches mit dir anzustellen. So entstehen Neurosen. Hast du erst einmal ein Ideal, endest du in der Neurose. Du bist das Ideal, du bist deine Bestimmung.

Wohnend, wo man wirklich hingehört…

…das bedeutet, daß du einfach nur du selbst bist, statt jemand anders sein zu wollen

unbekümmert ums Äußere –
der Fluß zieht gelassen weiter,
und die Blumen sind rot.

Der Prosa-Kommentar:

Von Anfang an ist die Wahrheit klar. Schweigend sitze ich da und betrachte die Formen der Gestaltung und Auflösung. Einer, der nicht an Form gebunden ist, braucht nicht neu geformt zu werden.

Das Wasser ist smaragden, der Berg tiefblau, und ich sehe das Er-
zeugende und das Zerstörende.

Von Anfang an ist die Wahrheit klar.

Von Anfang an ist die Wahrheit nicht verborgen. Von Anfang
an ist die Wahrheit direkt vor dir. Von Anfang an gibt es nichts
als die Wahrheit. Mit dir, nicht mit der Wahrheit, ist etwas
schiefgelaufen.

Es kommen Leute zu mir und fragen: „Warum ist Gott unsichtbar?" Ich sage ihnen: „Er ist es nicht. Du bist blind. Sag
nicht, Gott sei unsichtbar." Gott ist das All, das dich umgibt, innen wie außen. Gott ist nicht unsichtbar – du hast nur die
Fähigkeit verloren zu sehen. Gott ist hierjetzt. Gott ist alles, was
ist. Gott ist nur ein Name für die Totalität, für das Ganze. In
Millionen von Formen ist er sichtbar. Im fließenden Strom ist
er die Strömung. In der roten Blume ist er die Röte.

Gott ist nicht unsichtbar. Entweder bist du irgendwie blind geworden, oder du hältst zu sehr an deinen Scheuklappen fest. Du
behältst eine Binde vor den Augen. Eure Religionen, eure Kultur,
eure Gesellschaft, eure sozialen Muster, die Zivilisation und der
ganze Unfug, all das wirkt wie Scheuklappen. Ihr dürft auf keinen
Fall die Augen aufmachen. Ihr habt euch daran gewöhnt, mit ge-
schlossenen Augen zu leben. Ihr habt vollkommen vergessen, daß
ihr Augen habt und sie auch aufmachen könnt. Ihr habt eine solche Angst davor, die Augen aufzumachen, die Wahrheit zu sehen,
ihr habt euch so auf Lügen eingestellt, daß der Anblick der Wahrheit ganz verheerend sein würde.

Dein ganzes Image würde zusammenbrechen, entzweige-
hen. Dein ganzes Kartenhaus würde einfach zusammenfallen
und verschwinden. Du hast zu sehr in Träumen und Wün-

schen gelebt und hast nun eine tiefsitzende Angst vor der
Wirklichkeit.

Sagt also nicht, Gott sei unsichtbar. Gott ist absolut sichtbar –
hier und jetzt.

Von Anfang an ist die Wahrheit klar.

Wo aber kommt der Mensch vom Weg ab? Indem er versucht, etwas anderes zu sein; indem er versucht, jemand anders
zu sein; indem er versucht, irgendwelche Ideale zu erfüllen; indem er versucht, in die Zukunft zu gehen und jemand zu werden – kurz, alle Ego-Trips führen euch in die Irre.

Laßt alle Ideale fallen. Laßt alle Vorstellungen fallen, wie ihr
sein sollt. Das „sollte" ist das größte Gift, das es gibt. Lebt einfach natürlich.

Das ist das Einmalige am Zen: es gibt euch keine Ideale. Es
hilft euch, natürlich zu sein. Es gibt euch keine Vorbilder, denen
ihr zu folgen oder die ihr nachzuahmen habt. Zen-Meister sagen: „Sollte dir selbst Buddha unterwegs begegnen – töte ihn
auf der Stelle! Und wenn du den Namen Buddhas aussprichst,
spül dir den Mund aus." Sie kennen die Botschaft Buddhas genau; sie haben verstanden. Eben darum können sie so hart sein.
Sie scheinen nur hart – sie sind nicht hart. Sie sagen: Du kannst
nur du selbst sein, also ist Nachahmung nicht erlaubt. Du mußt
alle Nachmacherei an der Wurzel zerstören. Sonst wirst du
nämlich zu etwas Falschem, wirst du ein unechtes Wesen.

Sei einfach du selbst! Es gibt kein anderes Ziel zu erreichen.
Lebe bewußt, vergnügt, und alles wird sein wie es sein sollte. Es
besteht kein Grund, über das „sollte" nachzudenken. Die
Wahrheit wird dir wie ein Schatten folgen. Du brauchst dich
nur hinzusetzen, dich in deine Natürlichkeit zu entspannen. Sei

spontan, natürlich. Lebe nicht nach Regeln. Die Regeln werden sich aus deiner Natürlichkeit ergeben.

Zen ist die natürliche Religion des Menschen. Es ist fast eine religionslose Religion, eine „gott-lose" Religion. Zen ist über gewöhnliche Moral erhaben.

Von Anfang an ist die Wahrheit klar. Schweigend sitze ich da und betrachte die Formen der Gestaltung und Auflösung.

Wenn du einfach natürlich bleibst, wirst du zum Zeugen. Ein Wunsch entsteht, formt sich – du bleibst Zeuge. So, wie er sich bildet, so löst er sich auch wieder auf. Du brauchst nichts zu tun. Genau wie sich eine Welle auf dem Meer bildet und wieder zurückfällt... du brauchst nichts zu tun. Kein Grund zu kämpfen, kein Grund, sich zu behaupten. Formen bilden sich und verschwinden. Du bleibst Zeuge. Und du weißt genau, daß keine Form mit dir identisch ist. Du bist mit keiner Form identifiziert.

Du warst einmal Kind – eine Form, die kam und verschwand. Wenn dir irgendwo deine Kindheit begegnen würde, würdest du sie nicht erkennen. Du warst jung – die Form deiner Jugend ist ebenfalls verschwunden. Wenn du ihr jetzt irgendwo begegnen würdest, du würdest sie nicht erkennen. Du wirst alt – auch diese Form wird im Tod verschwinden. Formen sind wie Wellen, kommen und gehen, erscheinen und verschwinden. Kein Grund, sich von ihnen ablenken zu lassen. Wut kommt und geht... da läßt sich nichts machen. Wenn du gelassen in deiner Wachheit bleibst, kann sie dich nicht vergiften. Du bleibst fern – nah, ganz nah, und dennoch fern, weit, weit weg.

Du bleibst mitten unter den Formen, und dennoch bleibt dir bewußt, daß keine Form mit deinem Wesen identisch ist. Dein

Wesen läßt sich auf keine Form begrenzen. Dein Wesen ist reine Bewußtheit. Es ist nur Bewußtheit, ohne Form.

Schweigend sitze ich da und betrachte die Formen der Gestaltung und Auflösung. Einer, der nicht an Form gebunden ist, braucht nicht neu geformt zu werden.

Dies ist ausgesprochen schön:

Einer, der nicht an Form gebunden ist, braucht nicht neu geformt zu werden.

Anfangs bindest du dich an die Form des Zorns, oder der Gier, oder der Eifersucht, oder der Besitzwut – was es auch sei. Erst identifizierst du dich mit der Form der Wut, und dann stellt sich die Frage: wie da herauskommen? Wie kann ich es erreichen, nicht wütend zu werden? Erst klammerst du dich an die Form der Gier, und dann fängst du zu suchen an: wie werde ich ungierig? Jetzt mußt du dich neu formen, reformieren... und das geht so im Kreise weiter.

Zen sagt: Warum sich überhaupt erst mit irgendeiner Form identifizieren? Statt aus der Wut Nicht-Wut zu machen, aus Gewalt Gewaltlosigkeit, aus Gier Genügsamkeit, warum nicht aus der Identifikation überhaupt aussteigen? Beobachte die Wut; identifiziere dich nicht mit ihr. Plötzlich bist du weder wütend noch nicht-wütend, weder gewalttätig noch gewaltlos – du bist der Beobachter. Gewalt und Gewaltlosigkeit sind beides Formen auf der Leinwand. Du bist der Zuschauer. Du bist drüber hinaus. Jetzt ist keine Reform mehr nötig. Versucht, dies Grundsätzliche, dies ganz Grundsätzliche zu verstehen.

Zen lehrt euch nicht, Enthaltsamkeit zu üben – nein. Es sagt lediglich: Identifiziere dich nicht mit der Form der Sexualität. *Da* passiert das Wesentliche. Bist du erst mit der Form des Sex identifiziert, gerätst du in einen Teufelskreis. Der erste Schritt war schon falsch; jetzt kannst du nicht mehr nach Hause kommen. Der erste Schritt muß richtig gesetzt werden, so daß es gar nicht erst nötig wird, zu einem Heiligen zu gehen und Enthaltsamkeit zu geloben.

Diese Enthaltsamkeit ist eine gefährliche Sache; sie wird nichts als Repression sein. Und du wirst immer unglücklicher dabei, und der Sex wird immer mehr an Macht gewinnen. Er wird dich immer mehr faszinieren, er wird dich immer mehr reizen. Du wirst ein sehr pervertiertes Sexualleben führen. Nach außen Zölibat, und tief drinnen das reine Chaos.

Zen sagt: Mach dir keine Gedanken um sexuelle Enthaltsamkeit. Identifiziere dich einfach nicht mit der Form des Sex. Wenn der Wunsch nach Sex aufkommt beobachte. Verdamme ihn nicht, denn wenn du verdammst, kannst du kein Beobachter sein – du hast Partei ergriffen. Dann kannst du nicht unparteiisch bleiben; du bist schon voreingenommen. Verdamme nicht! Verurteile nicht! Bleib einfach wach, ohne Urteil, denn alle Urteile sind subtile Formen der Identifikation. Wenn du sagst, daß Sex schlecht ist, bist du schon identifiziert, bist du schon dagegen. Er hat bereits Besitz von dir ergriffen, er ist schon in dich eingedrungen. Wenn du sagst, er sei gut, identifizierst du dich natürlich auch damit.

Sag nicht „gut", sag nicht „schlecht". Sag einfach gar nichts. Kannst du wach bleiben, wenn die Wut hochkommt, der Sex hochkommt, die Gier hochkommt – ohne ja oder nein zu sagen? Kannst du der Versuchung widerstehen, ja oder nein zu sagen? Kannst du einfach nur wach sein, zur Kenntnis nehmen, daß es da ist, ohne zu urteilen? Dann hast du den Schlüssel in der Hand. Das ist der Zen-Schlüssel. Er ist ein Dietrich: er öffnet alle Schlösser der Welt.

Einer, der nicht an Form gebunden ist, braucht nicht neu geformt zu werden. Das Wasser ist smaragden, der Berg tiefblau, und ich sehe das Erzeugende und das Zerstörende.

Für den, der im Zen lebt, gibt es wirklich kein Problem; denn er blickt auf die Dinge und akzeptiert ihre Natürlichkeit. „Das Wasser ist smaragden…" – okay! „…der Berg ist tiefblau…" – okay. Eine Blüte ist eine Blüte, und ein Dorn ist ein Dorn. Die Dinge sind wie sie sind. Okay.

Das Problem entsteht, wenn du zu werten beginnst. Du sagst: „Wenn das Wasser nicht smaragdgrün wäre, das wäre besser!" Jetzt ist ein Problem daraus geworden. Oder du sagst: „Wenn der Berg nicht tiefblau wäre, dann wäre es besser." Jetzt kommst du in Schwierigkeiten.

Das Wasser ist smaragdgrün; die Berge sind tiefblau; akzeptiere die Tatsache. Lebe mit der Tatsache, und komm nicht mit Theorien. Hör nicht auf, deinen Geist zu beobachten. Er kommt ständig mit Theorien. Er erlaubt dir nicht, irgend etwas zu akzeptieren. Er denkt immerfort: „Es sollte nicht so, sondern so sein." Er kommt ständig mit eingebildeten Sachen.

Sieh hin… wo ist das Problem?

Die Dinge sind wie sie sind. Und wenn du das akzeptierst, wenn du das verstehst, gibt es nichts mehr zu tun. Du bist wieder zu Hause! Dann kannst du immer zuschauen und genießen. Die Szene ist wunderschön, die Szene ist ungeheuer schön, nur mische dich nicht ein! Mit deiner Wertung, deinem Urteil, kommt das Ego ins Spiel.

Ein Kind ist quirlig, rennt überall herum. So muß es sein – es ist ein Kind. Jetzt willst du, daß es still sitzt, willst, daß es sich benimmt wie ein alter Mann und das Problem ist da. Jetzt kannst du nicht sehen, daß das Kind ein Kind ist. Jetzt willst du etwas aus ihm machen, was es nicht ist. Jetzt wirst du Schwierigkeiten haben und auch dem Kind Schwierigkeiten machen. Nimm es wie es ist!

Hunde bellen, und du meditierst. Sag jetzt nicht, daß sie dich stören. Sie haben nicht das Geringste mit dir zu tun; sie wissen nicht mal, daß du meditierst. Es sind Hunde – und Bellen ist ihre Meditation. Genieße du deine Meditation, laß ihnen ihre Meditation. Sobald du akzeptierst, ist das Problem plötzlich fort. Aber tief drinnen wertest du ständig: „Wenn doch bloß diese Hunde nicht bellen würden!" Aber warum sollen sie nicht bellen? Es sind Hunde und es macht ihnen ungeheuren Spaß. Nimm einfach die Tatsache hin, und du wirst sehen, daß dich ihr Bellen umso weniger ablenkt, je mehr du es akzeptierst. Dann plötzlich – sie bellen immer noch – meditierst du weiter, und es macht nichts. Die Störung kommt aus deiner geistigen Einstellung. Alles ist seiner Natur entsprechend. Sei auch du deiner Natur entsprechend. Und die Welt ist vollkommen in Ordnung, die Welt ist durch und durch schön. Es ist die beste aller möglichen Welten.

Das zehnte Sutra: *In der Welt.*
Das neunte Sutra lautet: *Rückkehr zur Quelle.*

Aber wann immer man zur Quelle zurückkehrt, muß der Kreis geschlossen werden.

Ich habe eine kleine Anekdote gelesen:
„Wer hat Gott erschaffen?" fragte ein achtjähriger Junge.

„Gott hat keinen Anfang und kein Ende", antwortete der Lehrer.

„Aber alles hat einen Anfang und ein Ende!" protestierte der Junge.

Ein anderer wollte helfen: „Wo ist der Anfang und das Ende eines Kreises?" fragte er.

„Ach so!" sagte der Achtjährige.

Wenn das Leben wirklich vollständig ist, muß der Kreis zum allerersten Schritt zurückkehren. Das war es, was vor Kakuan gefehlt hatte. Die taoistischen Stier-Bilder endeten mit dem achten, aber Kakuan hatte das Gefühl – und es war ein richtiges Gefühl – daß der Kreis nicht geschlossen war. Etwas fehlte noch. Der Mensch beginnt in der Welt, also muß er in der Welt enden. Dann erst ist der Kreis geschlossen und der Mensch ist vollendet.

Im Zen gibt es ein Sprichwort: „Bevor ich mich auf den Weg machte, waren Flüsse Flüsse und Berge Berge. Je weiter ich dem Pfad folgte, desto verwirrter wurde ich. Flüsse waren jetzt nicht mehr Flüsse und Berge nicht mehr Berge. Alles ging drunter und drüber, alles stand auf dem Kopf. Es war ein Chaos. Und als ich ankam und der Pfad zu Ende war, wurden Flüsse wieder Flüsse und Berge wurden Berge." So muß es sein.

Du beginnst in der Welt. Die Welt ist *das Gegebene.* Wo immer du anfängst, du fängst in der Welt an. Jetzt ist eines gewiß: Wenn der Kreis geschlossen ist und die Reise zu Ende und du dich erfüllt hast, mußt du *in der Welt* aufhören. Zwischendrin geht alles drunter und drüber.

Der *Siddha* – einer, der angekommen ist – kommt in die Welt zurück als ein gewöhnlicher Mensch. Manchmal mag es dir nicht einmal bewußt sein, daß in deiner unmittelbaren

Nachbarschaft ein Siddha lebt. Irgend jemand, den du kennst, könnte ein Siddha sein, ohne daß du es merkst. Der Kreis mag so geschlossen sein, daß er genau wie ein gewöhnlicher Mensch aussieht, denn die Anstrengung, als ungewöhnlicher Mensch zu erscheinen, ist immer noch ein Ego-Trip. Sei also vorsichtig! – du magst auf dem Marktplatz an vielen Siddhas vorbeigehen. Sei auf der Hut – gleich neben dir sitzt vielleicht ein Buddha, der den Kreis vollendet hat.

Im Osten verbeugen wir uns voreinander, in tiefer Erinnerung Gottes. Im Westen sagt ihr „Hallo", ihr sagt „Guten Morgen", „Guten Abend". Das sagen wir im Osten nicht. Wir sagen „Jai Ram" „Gott ist groß". Wir erkennen Gott im andern. Wir begrüßen Gott im andern. Wer weiß? – er mag den Kreis vollendet haben. In diesem tiefen Wiedererkennen reden wir nicht vom Morgen oder vom Abend oder vom Nachmittag oder von der Nacht. Das ist sinnlos. „Gute Nacht" ist nur eine Formalität. „Guten Morgen" – nur eine Förmlichkeit. Aber wenn jemand sagt „Jai Ram – ich verbeuge mich vor dem Gott in dir", ist es nicht nur eine Förmlichkeit. Es hat eine ungeheure Bedeutung. Es heißt: „Wer weiß? – ich bin nicht sehr bewußt, und der andere ist vielleicht Ram, ist vielleicht Gott selbst. Ich will ihm Ehrfurcht erweisen."

Wann immer ein Buddha den Kreis zu Ende gegangen ist, ist er wieder in die Welt zurückgekehrt. Dort fängt jeder an, und dort muß jeder aufhören.

Das ist das zehnte Sutra:

Barfuß und mit bloßer Brust mische ich mich
unter die Menschen der Welt.
Meine Kleider sind zerlumpt und staubig,

und ich bin immerzu selig.
Ich brauche keinen Zauber,
um mein Leben zu verlängern.
Nun werden vor meinen Augen die Bäume lebendig.

Barfuß und mit bloßer Brust,

...ganz gewöhnlich, genau wie ein Bettler.

Barfuß und mit bloßer Brust mische ich mich
unter die Menschen der Welt.

Sich unter die Menschen der Welt zu mischen, ist ein großes Erkennen, eine Erkenntnis, daß jeder göttlich ist. Es ist also nicht nötig, in den Himalaja zu gehen, sich in der Abgelegenheit eines Klosters zu verkriechen – nicht nötig, sich isoliert zu halten.

Sich unter die Menschen zu mischen heißt, sich mit Gott auf tausenderlei Weise zu vermischen.

Barfuß und mit bloßer Brust mische ich mich
unter die Menschen der Welt.

Jetzt ist die Unterscheidung zwischen Welt und Nirvana verlorengegangen. Diese Welt, jene Welt – wo ist der Unterschied? Das Profane und das Sakrale – wo ist der Unterschied? Jetzt ist alles profan – oder heilig – weil alles eins ist. Nenn es Welt oder Nirvana: es macht keinen Unterschied. Die Welt ist *Moksha*, die Welt ist Nirvana.

Solche Sprüche von Zen-Meistern beunruhigen andere religiöse Leute sehr. Die Zen-Meister sagen: „*Diese* Welt ist

Nirvana, *diese* Welt ist Erleuchtung; sie ist das Höchste, das Letzte, was es zu erreichen gibt. Und eine andere Welt gibt es nicht." Das beunruhigt und beängstigt andere „fromme" Leute, denn sie können nicht verstehen, wie das Alltägliche heilig sein kann, wie das Gewöhnliche das Außergewöhnliche sein kann, daß die Kiesel am Wegrand Diamanten sind. Aber es ist so. Und diese Zen-Einsicht ist absolut wahr.

Die andere Welt ist nirgendwo sonst – sie ist hierjetzt. Du brauchst nur Wahrnehmung, Klarheit. Wenn deine Augen klar sind, werden Kiesel zu Diamanten.

Wenn du Klarheit erhältst, werden alle Steine zu Ebenbildern Gottes. Wenn du dein eigenes Wesen erkennst, hast du plötzlich das Ganze erkannt. Es gibt keine andere Welt.

Diese Welt ist die einzige. Aber man kann sie auf zweierlei Weise sehen.

Einmal mit verbundenen Augen; da kann man überhaupt nicht von einer Sehweise sprechen. Es ist dasselbe, wie *nicht* zu sehen. Und dann gibt es eine andere Sehweise: mit offenen, reinen, klaren Augen zu sehen – wahrzunehmen. Dann ist plötzlich alles schön, göttlich, heilig.

Wo immer du bist, bewegst du dich auf heiligem Boden. Das Allerheiligste umgibt dich.

Barfuß und mit bloßer Brust mische ich mich
unter die Menschen der Welt.
Meine Kleider sind zerlumpt und staubig,
und ich bin immerzu selig.

Wieder gewöhnlich – du magst Holz hacken oder Wasser vom Brunnen holen, gewöhnliche Dinge tun: das Haus saubermachen, das Essen bereiten, den Gast bewirten.

Meine Kleider sind zerlumpt und staubig... zurück zur ge-
wöhnlichsten Gewöhnlichkeit des Lebens, *...und ich bin immerzu selig...* – aber wo immer ich bin, umgibt mich Seligkeit.

Jetzt ist es nicht mehr so, daß mir etwas geschieht; etwas ist
zu meiner innersten Eigenschaft geworden. Nicht, daß ich
manchmal selig bin und manchmal nicht. Es ist mir zur Natur
geworden: ich bin Seligkeit.

Nun werden vor meinen Augen die Bäume lebendig.
Ich brauche keinen Zauber,
um mein Leben zu verlängern.

Die Frage nach einem längeren Leben ist jetzt uninteressant:
man lebt ewig. Jetzt gibt es keinen Tod, warum also das Leben
verlängern?

Die Yogis haben sich seit je Gedanken darüber gemacht – bis
zur Besessenheit – wie man sein Leben verlängern, wie man
länger leben kann. Das Verlangen danach steckt tief in jedem
Menschen. Wenn jemand kommt und erzählt: „Ich hab im Himalaja einen Sadhu getroffen, der hundertfünfzig Jahre alt ist",
wird man plötzlich hellhörig. Warum? Was für einen Unterschied macht es ob er nun fünfzig oder hundertfünfzig ist?
Oder dreihundert? Was ist der Unterschied? Warum interessiert euch das? Ihr seid immer noch mit dem Körper identifiziert – und habt immer noch Angst vor dem Tod.

Ich habe von einem Sadhu im Himalaja gehört, der von sich
behauptete, eintausend Jahre alt zu sein. Ein Mann aus dem
Westen hatte ihn von weither aufgesucht, nur weil er gehört
hatte, daß er tausend Jahre alt sei: „Das ist unmöglich, aber vielleicht... im Osten gibt es gewisse Dinge..."

Er war gekommen, hatte den Mann beobachtet, konnte es

aber nicht glauben. Der Mann sah nicht älter als sechzig aus. Ein paar Tage lang beobachtete er ihn, aber er konnte nicht glauben, daß er tausend Jahre alt war – allerhöchstens sechzig. Selbst das war hoch geschätzt. Dann nahm er all seinen Mut zusammen und fragte einen Schüler, der der Hauptjünger zu sein schien: „Was meinst du? Ist er wirklich tausend Jahre alt?"

Der Jünger sagte: „Ich kann nicht viel sagen, ich bin erst seit dreihundert Jahren mit ihm zusammen." Und der Jünger war nicht älter als dreißig.

Aber... der menschliche Geist ist dumm.

Dieses Verlangen hat aber eine tiefe Bedeutung: Es zeigt, daß ihr Angst vor dem Tod habt. Wenn einer tausend Jahre alt ist, interessiert euch das. Vielleicht kann er euch ja auch dazu verhelfen. Er kann euch auch das Geheimnis verraten, irgendeine alchimistische Formel, einen Schlüssel, und dann könnt ihr auch lange leben. Aber Zen ist nicht an einem langen Leben interessiert, denn

Zen sagt: Hast du dich erst einmal selbst verstanden, dann ist das ewige Leben da. Wen kümmert schon ein langes Leben?

Langes Leben ist ein Wunsch des körper-identifizierten Menschen, der Angst vor dem Tod hat.

Ein Mensch mit Einsicht *weiß, daß es keinen Tod gibt!* Der Tod kommt nicht; er ist noch nie gekommen. Er kommt nur, weil du mit dem Körper identifiziert bist und dich selbst nicht kennst. Ja, vom Körper wirst du getrennt werden. Wenn du allzu identifiziert bist, sieht diese Trennung wie Tod aus. Wenn du aber nicht mit dem Körper identifiziert bist und dich als Seele kennst, die zuschaut, als Bewußtsein, als reine Wachheit, dann gibt es keinen Tod.

Ich brauche keinen Zauber, um mein Leben zu verlängern.

Aber eines geschieht doch:

Nun werden vor meinen Augen die Bäume lebendig.

Selbst tote Bäume – wenn ich an ihnen vorbeigehe, werden sie lebendig. Ein Mensch, der zu seinem innersten Wesenskern gefunden hat, ist so voller Leben, daß er sein Leben über alles ergießt, wo er auch hingeht. Es heißt, daß tote Bäume wieder lebendig wurden, und lebendige Bäume außerhalb der Jahreszeit zu blühen anfingen, wenn Buddha in einen Wald kam. Das mögen Märchen sein – aber bedeutsame. Mythologisch, nicht historisch, nicht wahr im Sinne von Geschichte, aber dennoch wahr in einem tieferen Sinn. Wenn du lebendig bist, wird alles lebendig, was du nur anrührst. Wenn du tot bist, tötest du, was immer du berührst. Deine Berührung wird giftig.

Der Prosa-Kommentar:

Innerhalb meiner Pforten kennen mich tausend Weise nicht. Die Schönheit meines Gartens ist unsichtbar. Wozu nach den Fußspuren der Patriarchen suchen? Ich geh zum Markt mit meiner Flasche und kehre heim mit meinem Stab. Ich suche den Weinladen und den Marktplatz auf, und wen ich auch ansehe, wird erleuchtet

Innerhalb meiner Pforten kennen mich tausend Weise nicht.

Die Wahrheit deines Wesens ist so unübersehbar groß, daß selbst tausend Weise sie nicht erkennen können. Sie ist unkennbar. Nicht nur unbekannt – sie ist unkennbar. Je mehr du sie kennenlernst, desto mehr fühlst du ihre Unkennbarkeit. Es ist ein Mysterium – kein Problem, das zu bewältigen wäre, kein

Rätsel, das zu lösen wäre. Es ist ein Mysterium, das immer mehr wächst, immer größer wird. Je mehr du eindringst, desto geheimnisvoller wird es. Es ist die tiefste Schicht unter allem anderen. Es ist das Allerletzte. Jenseits davon gibt es nichts mehr. Jenseits von dir gibt es nichts mehr. Du bist die eigentliche Basis der Schöpfung, der Urgrund des Seins. Freilich kann dieser Urgrund nicht zu Wissen werden. Er ist tiefer als alles Wissen. Er ist tiefer als jeder Wissende.

Innerhalb meiner Pforten kennen mich tausend Weise nicht. Die Schönheit meines Gartens ist unsichtbar.

Man fühlt es. Man fühlt es, aber man kann es nicht wissen. Man wird sich dessen bewußt, aber es ist fast unmerklich. Du kannst es nicht mit Händen greifen.

Du kannst es spüren, du kannst darin leben, aber du kannst es nicht packen, du kannst dich nicht daran festhalten. Es entzieht sich.

Wozu nach den Fußspuren der Patriarchen suchen?

Es ist unnötig. Warum sollte man sich Gedanken um die Buddhas machen, die Wissenden, die Erleuchteten? Jesus und Krishna und Laotse – wozu sich um sie kümmern? Die Suche ist vorbei. Du bist heimgekommen. Warum sollte man nach den Fußspuren der Patriarchen suchen? Jetzt ist es unnötig. Sobald du heimgekehrt bist zu deiner innersten Natur, brauchst du keine Heilige Schrift mehr, keine Lehre, kein Yoga, kein System und keine Wahrheitssuche.

Ich geh zum Markt mit meiner Flasche…

Hier ist Kakuan einmalig! Ein wirklich mutiger Mann. Nur selten findet man unter den sogenannten religiösen Menschen einen so mutigen Mann. Nur ein wirklich religiöser Mensch kann so mutig sein. Er akzeptiert die Welt in ihrer Ganzheit.

Ich geh zum Markt mit meiner Flasche und kehre heim mit meinem Stab. Ich suche den Weinladen und den Marktplatz auf, und wen ich auch ansehe, wird erleuchtet.

Jetzt wird nichts mehr verboten, nichts mehr geleugnet. Jetzt gibt es kein „Nein" mehr. Ein großes „Ja" umgibt dich. Alles wird eingeschlossen. Nichts wird ausgeschlossen. Nicht einmal der Weinladen wird ausgeschlossen. Nichts wird ausgeschlossen – das Ja ist allumfassend, total.

Man wird so allumfassend, daß man zum Markt geht, sogar in den Weinladen. Jetzt findet man in allem Gott verborgen. Jetzt hat man keine Verurteilung mehr für irgend etwas. Das Neinsagen ist völlig verschwunden. Und vergeßt nicht: Das Ego verschwindet erst dann völlig, wenn das Neinsagen völlig verschwunden ist. Wenn du immer noch irgendwelche Neins in dir hast, dann hängst du noch fest. Dann versteckt sich das Ego immer noch auf subtile Weise. Es sagt Nein und fühlt sich gut dabei.

Was Kakuan damit meint, ist: „Jetzt ist das Ja so total, daß Tempel und Weinladen für mich das gleiche sind. Jetzt sehe ich Gott überall. Jetzt ist Gott ‚Überallheit' und wen ich auch ansehe, der wird erleuchtet."

Das ist das letzte, was ihr euch merken müßt. Wenn du erst einmal erleuchtet bist, kannst du niemanden finden, der nicht erleuchtet ist. Nicht, daß jeder erleuchtet wird, aber wenn ich in euch hineinsehe, kann ich nichts anderes sehen: ihr seid erleuchtet. Darum höre ich nicht auf zu erklären, daß ihr alle

Buddhas seid. Buddhaschaft ist eure ureigenste Natur. An dem Tag, da ich in mich hineinsah, am selben Tag wurde die ganze Welt für mich erleuchtet. Ihr mögt das nicht verstehen – ich kann eure Verwirrung sehen. Ihr mögt euch fragen, was das für innere Schätze sein sollen, die ihr habt. Es mag euch nicht bewußt sein, aber ich kann sehen: Ihr tragt den größten Schatz des Lebens in euch. Ihr tragt einen Gott in euch. Ihr mögt es vollkommen vergessen haben! Ihr mögt völlig den Weg nach Hause vergessen haben, aber es gibt ihn trotzdem.

Und Kakuan hat recht:

Wen ich auch ansehe, wird erleuchtet.

Wenn ich euch ansehe, werdet ihr erleuchtet, denn für mich existiert jetzt nur noch Erleuchtung.

Was immer du bist – du wirst die Welt ganz genauso finden. Du findest in der Welt immer nur dich selbst. Die Welt ist ein Spiegel. Wenn du erleuchtet bist, bist du umgeben von erleuchteten Wesen. Es geht gar nicht anders. Du bist von einem erleuchteten Universum umgeben.

Die gesamte Existenz – die Felsen und die Flüsse und die Meere und die Sterne – alle sind erleuchtete Wesen. Es kommt auf dich an, wo du bist. Du erschaffst dir deine Welt.

Wenn du unglücklich bist, lebst du in einer unglücklichen Welt. Wenn du erleuchtet bist, lebst du in einer erleuchteten Welt. Wenn deine Energie in dir jubelt, wird das All zu einer jubelnden Symphonie.

Du bist die Welt.

Über Osho

In der Regel leben wir alle in der Welt der Zeit – Vergangenes zurückrufend, Zukünftiges vorausnehmend; nur in seltenen Augenblicken rühren wir an die zeitlose Dimension der Gegenwart: in Momenten von großer Schönheit oder plötzlicher Gefahr, in Begegnungen mit geliebten Menschen oder wenn das Unverhoffte an unsere Tür klopft.

Nur sehr wenige Menschen treten aus der Zeit und dem Reich unserer Vorstellungen heraus und beginnen ein Leben in der Welt des Zeitlosen. Und von diesen wenigen haben nur die wenigsten versucht, uns ihre Erfahrungen mitzuteilen: Menschen wie Laotse, Buddha, Bodhidharma – oder in unserem Jahrhundert Gurdjieff, Raman Maharshi und J. Krishnamurti. Regelmäßig werden sie von ihren Zeitgenossen für verrückt erklärt, als Ekzentriker oder arme Irre verschrieen. Nach ihrem Tode avancieren sie dann zu „Philosophen", werden zur Legende, blutlos abstrakten Wesen, allenfalls tauglich als Archetypen für unsere kollektive Sehnsucht, über all das Kleinlich-Platte und Sinnlose unseres Alltags hinauszuwachsen.

Osho wurde am 11. Dezember 1931 im indischen Bundes-
staat Madhya Pradesh geboren. Von frühester Kindheit an be-
wies er einen rebellischen, unabhängigen Geist und erforschte
seine eigene Wahrheit, statt sich von dem Wissen und Glauben
anderer Leute beeinflussen zu lassen.

Nach seiner Erleuchtung im Alter von einundzwanzig Jah-
ren schloß Osho sein Universitätsstudium ab und lehrte danach
mehrere Jahre lang Philosophie an der Universität von Jabalpur.
Zwischendurch bereiste er ganz Indien, sprach zu riesigen
Menschenmengen, traf sich mit Vertretern der gebildeten
Schichten und forderte das gesamte religiöse und politische
Establishment seines Landes in öffentlichen Debatten heraus,
wobei er mit brillanter Rhetorik die heiligsten Glaubenswerte
der indischen Kultur angriff. Er las unersättlich alles, was ihm
Aufschluß über Ursprung und Zusammenhänge der heute gel-
tenden Glaubenssysteme und Ideologien gab, kurz er studierte
die kollektive Psychologie des modernen Menschen.

Ende der sechziger Jahre entwickelte Osho seine einzigarti-
gen dynamischen Meditationstechniken. Der heutige Mensch,
sagt er, ist so befrachtet mit längst überholten Weltbildern und
Traditionen und so belastet durch die Ängste des modernen
Lebens, daß er einen tiefen Reinigungsprozeß durchmachen
muß, ehe er in den Zustand der völlig entspannten, von allen
Gedanken befreiten Meditation gelangen kann.

In den frühen siebziger Jahren wurden erstmals westliche
Therapeuten, Künstler und Intellektuelle auf Osho aufmerksam. Ab 1974 wuchs in Pune eine Kommune um ihn heran,
und der Besucherstrom wurde zur Flut. Osho sprach zweimal
täglich, Tag für Tag. Mit den Jahren hat er praktisch jeden ein-
zelnen Aspekt der Entwicklungsgeschichte des menschlichen
Bewußtseins durchleuchtet. In einer brillanten, humorvollen,

ebenso lockeren wie universal informierten modernen Sprache hat er speziell für uns Heutige herausgeschält, worauf es bei der spirituellen Suche ankommt – nicht aus der Warte des spekulierenden Intellektuellen, sondern aus ureigener Anschauung und Erfahrung.

Er gehört keiner Tradition an. „Ich bin der Anfang eines vollkommen neuen religiösen Bewußtseins", sagt er. „Bitte bringt mich nicht mit der Vergangenheit in Verbindung – sie ist es nicht einmal wert, erinnert zu werden."

Seine „Talks" zu Schülern und Suchern aus aller Welt füllen über sechshundert Bücher, in über dreißig Sprachen übersetzt. Er sagt über sein Gesamtwerk: „Meine Botschaft ist eine Wissenschaft der Transformation. Nur wer bereit ist, sich als das aufzulösen, was er ist, um in etwas Neues hineingeboren zu werden – so neu, daß es vorläufig nicht einmal vorstellbar ist… nur diese wenigen Mutigen werden bereit sein, mir zuzuhören; denn schon das Zuhören wird riskant sein. Indem ihr zuhört, habt ihr schon den ersten Schritt getan, um neugeboren zu werden. Es ist also keine Philosophie, aus der ihr euch einfach ein Mäntelchen machen könnt, mit dem ihr herumstolziert. Es ist keine Doktrin, in der ihr Trost für quälende Fragen finden könnt. Nein, meine Botschaft ist nicht irgendeine verbale Mitteilung. Sie ist weitaus riskanter. Sie ist nichts Geringeres als Tod und Wiedergeburt."

Osho verließ am 19. Januar 1990 seinen Körper, als Folge einer Vergiftung, die ihm durch US-Regierungsvertreter beigebracht wurde, nachdem man ihn 1985 unter dem Vorwand formaler Einwanderungsverstöße inhaftiert und mehrere Tage lang inkognito versteckt gehalten hatte.

Seine Kommune in Pune ist heute Treffpunkt und spirituelle Heimat von Hunderttausenden aus fast jedem Land der

Erde. Inspiriert von der Vision Oshos, ist dieser Ort eine Art Labor oder Experimentierfeld, um den neuen Menschen entstehen zu lassen, einen Menschen, der mit sich und seiner Umgebung in Harmonie lebt, frei von all den Ideologien und Glaubenssystemen, die heute die Menschheit zerreißen.

Die Osho Commune International

Die Osho Commune International in Pune ist nach wie vor das größte spirituelle Wachstums-Centrum der Welt. Internationale Besucher strömen zu Tausenden herbei, um sich hier inmitten von üppigem Grün und gepflegten Anlagen zu entspannen, an Meditationen, Therapien, körperlichen Regenerationsprozessen und kreativen Progammen teilzunehmen – oder einfach den Geschmack eines „Buddhafeldes" kennenzulernen.

Die Osho Multiversity der Kommune bietet Hunderte von Workshops, Gruppen und Trainings an.

All diese so verschiedenartigen Programme sind dazu da, jedem auf seine Art die Chance zu bieten, das Aha-Erlebnis der Meditation zu erfahren – jenen Kniff, einfach nur unbeteiligter Zeuge der eigenen Gedanken, Emotionen und Handlungen zu sein, ohne zu urteilen oder sich zu identifizieren.

Anders als in alten östlichen Traditionen ist Meditation in Oshos Kommune keine isolierte Disziplin, sondern untrennbar mit dem Alltag verbunden – Teil der Arbeit, des Umgangs mit anderen, der Lebensprozesse schlechthin. Die Folge davon ist, daß die Menschen hier sich nicht von der Welt abkehren, sondern vielmehr ihren Geist der Wachheit und des Feierns in sie hinaustragen, in tiefer Achtung vor dem Leben.

Fordern Sie unser kostenloses Gesamtprogramm an!

Osho Verlag
Venloer Straße 5-7,
D-50672 Köln

Tel. 0221/5740743
Fax 0221/523930
oshoverlag@aol.com

Für weitere Informationen über Osho:

Osho Commune International
17 Koregaon Park,
Pune 411001 MS, Indien
Tel. 0091·212·628562
Fax 0091·212·624181
World Wide Web: http://www.osho.org